话语研究的主体可及性分析模式探索

张 玮 著

科学出版社
北京

内 容 简 介

本书创建了"主体可及性"话语分析理论，进一步强化了体验哲学的语言融入度，明确了话语主体间的认知关系，提出了话语主体可及性研究的具体运作机制，以此将语境和话语要素归入话语主体层面进行整合研究，重构了语境和话语在话语分析中的类型和关系，将书面交际与口语交际的话语分析方法置于同一理论体系下加以区分，重新解析了主体的话语理解与生成过程，并对话语衔接和连贯的适用层级及其相应的衡量标准进行了重新诠释，拓展了话语分析的认知研究视野。

本书可为语言学、语言哲学、话语分析及相关研究领域的专家学者和研究生提供理论参考，亦可为语言类专业教学教改部门及相关教师提供切实可行的教学范式转变实施路径。

图书在版编目（CIP）数据

话语研究的主体可及性分析模式探索 / 张玮著. --北京：科学出版社，2024.10. --ISBN 978-7-03-079156-6

Ⅰ．H0

中国国家版本馆 CIP 数据核字第 20242SA047 号

责任编辑：杨 英 宋 丽 / 责任校对：贾伟娟
责任印制：徐晓晨 / 封面设计：蓝正设计

科学出版社 出版
北京东黄城根北街 16 号
邮政编码：100717
http://www.sciencep.com

北京华宇信诺印刷有限公司印刷
科学出版社发行 各地新华书店经销

*

2024 年 10 月第 一 版　开本：720×1000　1/16
2025 年 1 月第二次印刷　印张：18 1/2
字数：368 000
定价：128.00 元
（如有印装质量问题，我社负责调换）

本书为国家社会科学基金项目"话语研究的主体可及性分析模型研究"（项目批准号：15BYY180）的结项成果。

序

欣悉张玮教授的《话语研究的主体可及性分析模式探索》一书即将出版，我十分高兴，欣然作序。

张玮2008年到西南财经大学工作，现在已是教授、博士生导师，担任学院的系所中心主任，还是四川省学术和技术带头人、西南财经大学"光华英才工程"学术A类人才、国家社会科学基金同行评议专家、国务院学位委员会办公室博士学位论文评仪专家、四川省社会科学规划评审专家、四川省社会科学普及工作评审专家等。张玮还曾获得四川省高等教育优秀教学成果奖、唐立新优秀科研教师奖、西南财经大学师德先进个人、西南财经大学优秀教师、西南财经大学"我心目中的好老师"等众多奖项与荣誉称号。更为重要的是，张玮已在《外语教学与研究》《外国语》《现代外语》等著名刊物上发表论文30余篇，出版学术专著3部，主持并完成国家社会科学基金项目、教育部人文社会科学项目等多项高级别课题。

张玮曾在山东大学跟随我攻读博士学位。他善于钻研，刻苦认真，治学严谨。还有一点值得称道的是，他具有持之以恒的精神。我一直认为，要做好学问，除了其他必要的条件以外，还有一个必不可少的条件就是要有持之以恒的学术信念，即坚持不间断地、持续地、几年或几十年如一日地学习和研究。我本人曾在20世纪90年代在《现代外语》上发表过一篇学习心得式的文章《持之以恒——我的治学成长之路》，认为要做好学问就需要选择适合自己发展的研究方向，以坚忍的毅力排除治学道路上的障碍，树立良好的学风。张玮能够取得今天的学术成就，一个最突出的因素就是他的持之以恒，至少表现在两个方面：一是在时间上持之以恒，他在读博士期间和教学科研工作中，无论在任何境遇中都能坚持做研究，从不间断，通过多年的积累和钻研，提高了自己的学术水平和科研能力；二是在研究方向上持之以恒，他从读硕士开始至今，其研究方向一直保持在一定的范围内，即从认知、语用、语义的角度来探讨语篇分析问题。该书的研究也大致是在这个范围之内。

该书是张玮主持的国家社会科学基金项目"话语研究的主体可及性分析模型研究"（15BYY180）的最终成果，已经通过结项鉴定。语篇分析领域长期注重探讨语篇本体、语境，以及语篇和语境、认知的关系，未对话语主体及其关系问题给予充分关注，而该书则通过"主体可及性"机制系统探讨了话语的认知处理、信息分布和识解方式，彰显了话语生成与理解过程中的话语主体的构建作用，将话语分析和语境分析有机地统一于话语主体分析层面。

总体而言，该书的研究具备以下三个突出特点。

第一，该书具有独创性，首次提出了"主体可及性"话语分析理论及语篇分析模式，这一理论框架在国内外话语分析领域都是前所未有的尝试。

第二，该书研究视角新颖，以话语参与者为中心开展认知研究，拓宽了认知语言学在语篇分析领域的覆盖面，充分体现了体认哲学在语篇分析中的制约作用。该书从新的视角探索话语参与者通过双向型心理可及关系以产生并推进言语交际的认知构建模式，话语和语境可分别受制于三种具有系统性和层级性的主体可及机制，在话语和交际两个层面形成各种主体可及性效应，以此建立书面及口语交际连贯性的统一标准。此外，该书对主体的话语理解和生成机制予以重新解读，并重新界定了语篇衔接和连贯的等级划分标准。

第三，该书具有较高的应用价值，基于主体可及性话语分析模式，我们可以对传统的语言交际教学理论及方法进行改造与完善，为新时代的外语教学研究和建设打开一种全新的思路。

该书适合从事语言学和语篇分析研究的相关人士参考和借鉴，特别是对于从认知、语用和语义角度进行话语分析的学者和研究生而言，该书更是一本难得的高水平参考资料。相信该书提出的新概念、新理论和新视角会对语篇分析理论的发展产生很大的推动作用。

期待张玮教授再接再厉，继续勇攀高峰，取得更多的高水平研究成果，为认知语言学和语篇分析研究开拓更为广阔的学术空间！

张德禄

同济大学特聘教授、博士生导师

2024 年 1 月

前　　言

　　尽管近年来认知语言学在话语分析领域中的应用研究在国内外产出了一批重要的理论成果及分析模式，但仍存在很多研究缺陷。首先，大多数研究对于"话语"和"语境"的认知分析虽已向纵深发展，但未能将两者融于"参与者（主体）"层面进行深入考察，缺少针对"话语主体"之间的认知关系及其对话语控制力的专门研究，亦即话语分析尚未充分"主体化"。其次，一些经典的认知语言学理论仅被视为一种话语现象，成为话语分析的辅助工具，其深层的"元认知"谋篇机制没有得到充分展现。再次，有些认知分析模式虽在话语研究中自成体系，但其运作机理在一定程度上是相通的，可以进行适当的整合。最后，基于书面文本的认知理论模式在数量上远超口语文本，两者的研究模式相对独立，至今依然缺乏一个统一的分析标准。

　　值得注意的是，目前已出版的话语分析领域的相关著作尚未系统地把参与者、语境和话语这三个要素完全协同起来，或是各有侧重，或是前后脱节，这样便造成话语的表层和深层研究以及交际的静态与动态分析无法融为一体，导致一些话语分析理论与话语交际自身的特点相悖，口语文本与书面文本的话语分析范式不统一、不协调等弊端。

　　针对上述问题和不足，首先，本书融合了"经验观""突显观""注意观"这三大认知研究理念，运用主体的可及性机制在话语的认知处理、信息分布和识解方式三者之间寻求一个平衡点，系统阐释话语生成和理解的主体参与过程，深入解读由语言使用者把握的语境和话语的认知关系。

　　其次，本书梳理了话语研究的发展和现状，指出了目前话语分析理论存在的主要问题和不足，通过对与话语主体研究相关的理论和概念进行反思与修正，揭示主体可及性话语研究转向的必要性和可行性。在此基础上，本书构建了主体可及性话语分析框架与研究方法，对于两次主体可及的发生过程与联系、两次主体可及对于同一话语构建方式的影响差异、语境可及与话语可及之间的对应关系及两者各自的组成部分与体现层级在话语分析中的作用、话语主体可及性程度的衡量标准等问题展开了全面的探索与考察。

　　最后，本书还提出了依托于主体可及性话语分析理论的交际型教学范式改革理念（以外语专业本科教学为例），深入探讨了该理论在教学思维、教学体系、课程设置、教学方案以及考评标准等方面的应用和启示作用。

　　本书系笔者主持的国家社会科学基金项目"话语研究的主体可及性分析模型研究"（项目批准号：15BYY180）的最终结项成果。

　　在本书付梓之际，笔者感谢全国哲学社会科学工作办公室对本项目的资助，感谢所有匿名评审专家在本项目的结项鉴定工作中给予的充分肯定和宝贵意见。感谢西南财经大学"光华英才工程"对相关研究工作的支持。感谢西南财经大学科研处和外国语学院的各位同事以及我指导的博士生和硕士生对本书的关注、鼓励和支持。感谢著名语言学家、我的授业恩师、同济大学教授张德禄先生为本书热情作序。感谢科学出版社将本书列入出版规划，感谢杨英和宋丽两位责任编辑在本书的编辑审校工作中付出的辛勤劳动。最后，感谢我的家人和朋友们在我的工作和生活上给予的无微不至的关怀与体贴。

张　玮
2024 年 8 月
于西财学府尚郡

目　　录

第1章　导论 ··· 1
　1.1　话语研究发展简述 ·· 1
　1.2　当前话语研究的主要理论缺陷 ·· 3
　1.3　话语研究的主体可及性转向 ·· 5
　1.4　主体可及性话语研究的目标、意义及方法 ································· 7
　1.5　内容概览 ··· 8
第2章　话语主体研究的哲学和语言学溯源 ·· 10
　2.1　引言 ··· 10
　2.2　话语主体研究的哲学探源 ··· 10
　2.3　话语主体研究的语言学缘起 ·· 30
　2.4　小结 ··· 51
第3章　话语分析的主体性认知研究架构 ·· 52
　3.1　引言 ··· 52
　3.2　认知话语研究流派的互补性探析与"新认知主义"转向 ············· 52
　3.3　话语构建的主体性认知研究架构 ··· 58
　3.4　小结 ··· 65
第4章　主体互动的认知语用原则与主体可及性话语分析模式 ············· 66
　4.1　引言 ··· 66
　4.2　主体互动的语用原则 ··· 66
　4.3　主体互动的认知原则 ··· 68
　4.4　基于"人际映射"与"话语交际范畴化"的主体互动研究 ········· 69
　4.5　主体可及性话语分析模式总览 ·· 89
　4.6　小结 ··· 95
第5章　话语衔接的主体可及性分析路径研究 ···································· 97
　5.1　引言 ··· 97

5.2　衔接理论相关问题的反思与修正 …………………………… 98
　　5.3　基于 SA 的衔接与连贯研究定位 …………………………… 102
　　5.4　DA 模式下的话语衔接机制 ………………………………… 104
　　5.5　小结 …………………………………………………………… 133

第 6 章　**主体化连贯研究与主体语境的构建** …………………………… 135
　　6.1　引言 …………………………………………………………… 135
　　6.2　连贯主体和本体的 SA 界面研究 …………………………… 136
　　6.3　基于 SA 的连贯主体化生成理据 …………………………… 137
　　6.4　主体语境构建与 CA 连贯分析 ……………………………… 144
　　6.5　小结 …………………………………………………………… 164

第 7 章　**主体可及性作用下的话语连贯研究** …………………………… 166
　　7.1　引言 …………………………………………………………… 166
　　7.2　CA-1 和 DA 协同下的"语境—话语"合成机制 …………… 167
　　7.3　主体语境假设与"自主式"话语连贯分析 ………………… 172
　　7.4　主体语境匹配与"协作式"话语连贯分析 ………………… 176
　　7.5　主体语境转化与话语连贯分析 ……………………………… 190
　　7.6　小结 …………………………………………………………… 193

第 8 章　**主体可及性模式下的交际连贯研究** …………………………… 194
　　8.1　引言 …………………………………………………………… 194
　　8.2　CA-2 主导的局域性交际连贯形成机制 …………………… 195
　　8.3　CA-1 和 CA-2 共建的整体性交际连贯模式 ……………… 208
　　8.4　小结 …………………………………………………………… 224

第 9 章　**主体可及性视角下的交际型教学新范式探索** ………………… 226
　　9.1　引言 …………………………………………………………… 226
　　9.2　教学思维理念的转变：SA 模式下的教学体系新格局 …… 227
　　9.3　教学计划流程的优化：SA 框架下的课程设计新思路 …… 244
　　9.4　教学评价标准的重构：SA 视角下的教学考核新途径 …… 261
　　9.5　小结 …………………………………………………………… 264

参考文献 ……………………………………………………………………… 266
后记 …………………………………………………………………………… 279

图 目 录

图 2.1　主体的两种语义组合方式 …………………………………………34
图 2.2　主体的（形式主义）语义研究模式 ………………………………35
图 2.3　布氏和乔氏的形式主义主体论构架 ………………………………37
图 2.4　布氏和乔氏的形式主义语言研究模式对比 ………………………37
图 2.5　主体的功能主义语义研究维度 ……………………………………41
图 2.6　主体的语用研究维度 ………………………………………………45
图 3.1　认知话语研究的总体路线图 ………………………………………56
图 3.2　语言的主体化流程图 ………………………………………………57
图 3.3　话语构建的主体性认知研究总体架构略图 ………………………64
图 4.1　基于"管道隐喻"的话语交际模式略图 …………………………72
图 4.2　表层 IM 的工作机制 ………………………………………………73
图 4.3　深层 IM 的总体运行模式 …………………………………………74
图 4.4　范畴论与话语研究的对应关系 ……………………………………80
图 4.5　话语范畴体的层级性特征 …………………………………………83
图 4.6　话语原型范畴图解 …………………………………………………84
图 4.7　基于主体构建的话语范畴化认知模型 ……………………………85
图 4.8　交际范畴的总体构建模式 …………………………………………87
图 4.9　交际范畴化的基本原理 ……………………………………………88
图 4.10　主体可及关系的基本原理 ………………………………………90
图 4.11　话语研究的主体可及性理论分析架构 …………………………91
图 5.1　SA 作用下的衔接与连贯生成示意图 …………………………103
图 5.2　话题、过程和事件的基本关系构型 ……………………………120
图 5.3　DA 模式下的"篇章衔接"与"会话衔接"对比图解 ………129
图 5.4　DA 模式下的话语衔接研究体系 ………………………………134
图 6.1　连贯主体与本体的 SA 界面分析框架略图 ……………………137

图 6.2　P 和 R 的可及性连贯关系 ……………………………………… 138
图 6.3　言前语境的形成过程 …………………………………………… 154
图 7.1　主体语境认知成本直观图 ……………………………………… 166
图 7.2　主体语境认知辖域直观图 ……………………………………… 167
图 7.3　话语连贯分析的 CA-1 和 DA 组合机制示意图 ……………… 169
图 7.4　主体语境和话语成分对应关系示意图 ………………………… 170
图 7.5　从 P 到 R 的主体语境转化路径示意图 ………………………… 191
图 8.1　基于 CA-2 的交际连贯（R→P）运作流程（会话与篇章模式通用）…… 197
图 8.2　CA-1 和 CA-2 共建的交际连贯（P—R—P）模式 …………… 209
图 9.1　T 和 S 之间的 SA 交际关系模式 ……………………………… 228
图 9.2　基于 SA 的交际型教学体系架构 ……………………………… 232
图 9.3　CA-1 控制下的 T 和 S "协作式"主体连贯路径图 …………… 239
图 9.4　CA-2 作用下的 T 和 S 教学关系构架 ………………………… 241

表 目 录

- 表 2.1 西方哲学的主体研究发展简表 ……………………………… 28
- 表 2.2 主体的哲学研究与各阶段的语言研究概览 ………………… 30
- 表 2.3 功能主义主要学派的语言观概览 …………………………… 41
- 表 2.4 主体视角下的语言学研究范式简表 ………………………… 49
- 表 4.1 深层 IM 机制的整体架构及运作类型 ……………………… 75
- 表 4.2 话语范畴原型的构成方式 …………………………………… 85
- 表 5.1 话语事件衔接的构建模式 …………………………………… 120
- 表 5.2 DA 模式下的话语衔接机制（无标记状态）汇总 ………… 120
- 表 5.3 话题和过程协同下的事件衔接（句间）量化表 …………… 122
- 表 7.1 P→R 的"协作式"话语连贯"衍生机制"（不含"基础模式"）… 179
- 表 8.1 "自主式"交际连贯模式分类 ……………………………… 223
- 表 9.1 基于 DA 的交际型教学衔接关系等级量表 ………………… 233
- 表 9.2 依托 SA 的外语类专业核心及方向课程（语言文学方向）分类 … 246
- 表 9.3 SA 模式下的教学评价及考核标准体系 …………………… 261

缩 略 语 表

英文术语缩略语	英文术语全称	英文术语汉译
C	connection	连通
CA	contextual access	语境可及
CA-1	contextual access-1	一次语境可及
CA-2	contextual access-2	二次语境可及
CD	current discourse	当前话语
CDC	categorization of discourse communication	话语交际范畴化
DA	discursive access	话语可及
DE	discourse entity	话语实体
DR	discourse relation	话语关系
DS	discourse structure	话语结构
EC	external context	言外语境
FA	further access	二次可及
IA	initial access	一次可及
IC	internal context	言底语境
ICM	idealized cognitive model	理想化认知模型
IM	interpersonal mapping	人际映射
IMC	interpersonal mapping cell	人际映射元
LC	linguistic context	言表语境
P	producer	话语生成者
PD	preceding discourse	先导话语

续表

英文术语缩略语	英文术语全称	英文术语汉译
PG	particular grammar	个别语法
R	receiver	话语接受者
S（第2章）	subject	主体
S（第9章）	student	学生
SA	subjects' accessibility	主体可及性
SD（第5.3节除外）	source domain	始源域（喻源）
SD（第5.3节）	successive discourse	后继话语
T	teacher	教师
TD	target domain	目标域（喻标）
TN	turn	话轮
UG	universal grammar	普遍语法

第1章 导　　论

1.1　话语研究发展简述

话语研究（discourse studies）是针对话语生成和处理过程中产生的形式、结构、意义和功能展开分析的各类研究模式的统称。"话语"这一术语覆盖面较广，涉及语篇、篇章、文本、书面语、口语、会话等一系列相关概念。由于这些术语在实际研究中的概念边界往往并非泾渭分明，因此本书中会根据具体情况交替使用，不做严格区分。总体而言，话语研究分为"内在"和"外在"两种视角：前者聚焦话语的"本体"层面，通过语法、语义和语用等语言学研究路径，探讨句法和语义的互动关系在篇章或会话分析中的体现；后者注重话语的"主体"层面，主要借助社会文化与心理认知等非语言学研究成果对话语参与者生成和理解话语的过程和模式进行研究。由此，我们既可将"话语研究"视为语言学的一个分支，也可将其当作一个独立于语言学之外的自主学科体系（van Dijk 1999）。

1.1.1　话语本体研究

话语分析由结构主义语言学家泽里格·萨贝泰·哈里斯（Zellig Sabbettai Harris）发起，于20世纪60年代后期开始迅速发展，目前已成为现代语言学的主要研究流派（Harris 1952）。话语的本体研究通常被称为"语篇语法"或"语篇语言学"，主要包括"形式主义"和"功能主义"两种研究流派。

形式主义语言学将话语视作句子层级以上的语法单位，话语不仅在语言层次上高于句子，而且在结构和意义的复杂程度上也超越了后者，语篇语法也由此被认为是传统语法学或句法研究的延续（Berk 1999），也就是从语法的视角研究语篇。语篇语法主要关注句子之间的表层连接方式（Harweg 1968），以及如何沿用转换生成语法的分析方法研究语篇构建的规则（van Dijk 1972），并对书面语和口语各自的语法特征分别进行系统研究（Biber et al. 1999）。

功能主义语言学认为话语是动态的语义单位，而非静态的语法单位（Halliday & Hasan 1976；Halliday 1978），任何能够表达一个相对完整意义的单位都可被称作话语，不完全受句子语法的约束（胡壮麟 1994），仅仅通过句法规则来解释语篇规则是片面的。可见，功能主义话语研究不再简单地将话语视为一个语言分析层次，而是把它当作一种语言学的研究范式，即以语篇的视角研究语法，语篇语言学的研究范围也因此得以扩展，包含"语篇语义学"和"语篇语用学"两种理论模式。两者在理论基础、研究内容和研究方法上较为类似，不同之处在于：前者源自系统功能语言学框架下的语篇分析思想（Halliday 1985/1994；Martin 1992），主要以小句为分析单位，探讨语篇的功能句法、篇章组织及语义结构（姜望琪 2011）；后者在此基础上融入了语用学及其他功能主义语言学的语篇研究理论，探索小句和其他语法范畴（词类、语气、语态、时与体、句内成分等）的语篇功能及语篇对语法选择的制约（苗兴伟、秦洪武 2010）。

1.1.2 话语主体研究

在功能主义思想的影响下，话语逐步从语言学的研究对象转变为研究工具，话语研究的重心也由话语本体延伸到话语之外，意在揭示话语主体（参与者）在话语形成过程中的作用，即话语的产出和理解机制。话语主体根据其参与度存在"个体"和"群体"之分，可以通过"认知"和"社会"两个维度展开研究。

话语的认知研究主要探讨主体在处理话语过程中的心理机制和认知动因。20世纪70年代初，认知心理学和心理语言学开始融入话语研究，以此提供或检验相关心理分析的实验数据，如分析话语理解过程中的心理制约因素（Carroll & Freedle 1972），探讨话语的心理表征以及话语的记忆与提取问题（Kintsch 1974；Dressler 1978）等。不过这一时期的研究以一些启发性的观点为主，没有形成颇具影响力的系统的理论模式，因为当时的心理学与认知科学与语言学结合得不够充分，而且在结构主义和形式主义语言学的影响下主要用于词法和句法的结构分析。20世纪80年代初期，认知科学出现了两股重要的学术动向：一是心理学向纵深发展，如神经心理学、社会心理学以及连通主义信息处理等跨学科研究成果逐渐与话语分析接轨（de Beaugrande & Dressler 1981；Brown & Yule 1983）；二是认知研究与语用学结合，在会话交际和认知推理等方面取得了重要的理论成果（Sperber & Wilson 1986/1995）。这些因素促使话语的认知研究趋向理论化。90年代以来，基于体验哲学的认知语言学作为一个独立的语言学理论体系全面渗透到语言研究的各个领域，为话语研究提供了诸如认知语法、概念参照点、理想化认知模型（ICM）、概念隐喻和转喻、范畴化、象似性、向心论、概念结构论、语篇世界假设等更为丰富的话语分析模式和框架（Ariel 1994；Goldberg 1996；Walker et al. 1998；Langacker 1999，2001；Liao 1999；Nanny & Fischer 1999；

Radden & Kövecses 1999；Werth 1999；Lee 2001；Al-Sharafi 2004），话语的认知研究也由此走上了理论模式多元化的发展之路（van Hoek et al. 1999）。

话语的社会研究旨在揭示话语主体在构建话语过程中所体现的社会行为、角色关系、权力地位、意识形态等特征，主要集中在社会、政治和文化三个领域。此类研究源于社会语言学，20世纪70年代末兴起的批评话语分析为其提供了系统的理论基础和分析框架。批评话语分析主要包含两种研究路径：一是关注话语与特定的社会文化实践及社会生活环境的关系（Fairclough 1995，2003；Wodak & Meyer 2001）；二是分析话语与权力及意识形态等政治元素的关系（van Dijk 1993，2008）。这两种模式从不同侧面诠释了话语主体的社会属性及其通过话语表现出来的思想和行为上的控制力。随着批评话语分析不断向纵深发展，与之相关的"机构性"会话分析也由此展开，并逐步延伸到各类行业团体（如医生、律师、警察、教师、记者等）和组织机构（如医院、法庭、公司、学校、媒体等），试图从词汇选择、话轮设计、会话序列、会话结构等环节入手（Drew & Heritage 1992），剖析交际主体的社会关系（如医生与患者、法官与被告、雇主与职员、教师与学生、记者与读者等）特征、社会文化特征及相应的话语生成规律（Thornborrow 2002）。

认知和社会这两种维度在实际的话语分析中并不是截然分开的。托伊恩·A. 范戴克（Teun A. van Dijk）主张将两者结合起来，提出了话语研究的社会认知视角，将认知视为联系话语和社会的纽带，把社会看作话语认知的根本属性（van Dijk 1997）。基于社会认知的话语分析思想丰富了诸如话语和语境、话语和知识等论题的研究手段（van Dijk 2008，2014），也为话语的主体研究开阔了视野。

1.2 当前话语研究的主要理论缺陷

目前主流的话语研究大多将语法学、语用学、社会语言学、功能语言学、认知语言学等理论范式作为其分析依据，并在此基础上形成了相对独立的话语分析理论体系，然而其相关的学理基础及自身的理论体系均存在一定的缺陷。

1.2.1 相关理论基础存在的问题

语法学仅从句法形式和语法规则的角度解读话语现象，由于话语并非纯粹的语法单位，这种以结构主义理念研究功能的分析方法已被证明是行不通的。

以言语行为、合作原则、礼貌原则、预设等理论为依托的语用学研究先从局部发现相应的话语使用规律，再将其拓展到交际事件的全局中，但事实上局部分析往往无法反映整体交际的真实情况，因为后者未必总是遵循相对稳定的局部会话模式运作（Levinson 1983）。

语篇分析学者试图采取非结构性研究路径，在语用模糊、话语角色、交际目的和话语策略等方面对话语展开动态分析，进而发现语言使用的社会和功能理据（Thomas 1995；俞东明 1996；林波、王文斌 2003；俞东明、左进 2004；苗兴伟、殷银芳 2008），然而此类研究其实是经典语用学理论体系所产生的一种合力，增加了话语分析涉及的语用参数（如参与者的角色类型等）并突出了言语交际的社会性和文化性特征，可以说是继承并综合了语用学、社会语言学和功能语言学的话语分析理念。

以关联理论为代表的认知语用学派否定了语言和交际的必然联系，认为交际行为是一种认知活动，本质是交际双方能够在共享的认知语境中找到"关联"（Sperber & Wilson 1986/1995），开创了话语认知研究的路径。后来的认知语篇分析学家对此也有过类似的表述（Ariel 1994；Langacker 1999；Hoey 2001），强调话语交际的认知本质，简化了语用准则及分析流程，但对于交际关联的具体产生过程和形成机制未做系统研究，致使这一概念较为笼统宽泛，在实际分析中的可操作性并不高。

1.2.2 话语分析理论自身的不足

通常而言，话语交际活动指的是交际主体（参与者）之间在一定语境的制约下所产生的话语行为。也就是说，"参与者""语境""话语"构成了当代话语研究的核心环节。虽然目前的话语分析理论对于这三个要素均有所关注，但仍存在以下三个方面的缺憾。

首先，三者内部各个组成部分的层次与关系有待厘清。在参与者层面，话语生成者（P）和话语接受者（R）的关系不清晰。例如，语用学中的言语行为、话轮转换、语用预设、语用模糊等偏重于 P 的意图性，合作原则、会话含义等倾向于 R 的推导，礼貌原则和关联理论虽然主张将两者结合起来，但起主导作用的分别是 P 和 R。在语境分析层面，大多数语境理论倾向于采用并置分类法，如对情景语境的划分（Firth 1950）、S-P-E-A-K-I-N-G 语境解析法（Hymes 1974），以及情景语境三分法（Halliday 1978）等，而对于语境的内在性与外在性的区分并不明朗。就话语输出层面而言，一些经典理论模式的话语标记仅限于特定的动词性成分，如目前针对言外行为的划分实际体现于"施为动词"的差异上（Austin 1962；Searle 1969），而新格莱斯会话含义研究也主要适用于"等级式谓词"（Horn 1972；Levinson 1983）。

其次，对三者之间的整体协同研究以及相应的动态分析不够充分。一方面，语境研究与话语参与者发生偏离。部分语境理论将参与者也纳入其中，但在话语分析时反而削弱了交际者的主导作用，如认知语用学的认知语境体系（Sperber & Wilson 1986/1995）就淡化了对参与者交际动机的分析。事实上，话语交际往往是交际者临时建构的，即使是独立于参与者之外相对稳定的客观语境因素在交际过程中也会受到主观因素的影响，参与者常以其对同一事物的不同认知方式实施话轮转换。另一方面，语境分析与话语过程未充分融合。研究者一般会根据分析的需要择定相关的语境因素对相应的言语表达形式加以阐释，未能以一体化的方式将两者匹配并融入话语交际的各个层面，致使语境只充当了话语分析的"辅助"工具，降低了语境的话语解释力。研究者很少在话语和语境的动态关系中探索参与者合作的认知机制，因此其本质上仍属于一种静态分析。

最后，由三者促成的话语分析体系的表层与深层研究相脱节。一方面，话语分析理论受制于逻辑化与程式化的研究方法。一些经典分析模式依托话语产出的数量、方式、信息与相应表达形式的关系来设定相关的推理步骤与推导原则（Searle 1975；Levinson 1987；Horn 1988；Grice 1989；曾凡桂 2004；姜望琪 2014），但话语交际有别于一般的词汇语法研究，难以用缜密的逻辑算法对其进行解析。另一方面，"话语衔接""话语连贯""交际连贯"这几个核心概念缺乏明确的界定。目前基于前两者的研究成果较多，主要采用"相邻话对"或"言外行为序列"作为基本单位并以此建立各种类型的会话分析结构（Schegloff 1968；Goodwin 1984；Drew & Heritage 1992）。然而，针对更为深层的交际连贯及其衡量标准的相关成果并不多见，有的研究把话轮之间的表层衔接视为交际连贯，或是将话语连贯与交际连贯混为一谈。

1.3 话语研究的主体可及性转向

1.3.1 主体可及性转向的理据

根据前节所述，话语研究理论的问题症结可以归结为以下两点。

（1）研究对象

当前研究未能充分地将话语的本体和主体研究融合起来并形成一体化的理论模式，致使话语分析的主体化程度不够，且本体分析的系统性不高。

（2）研究范式

现有研究没有将话语交际的认知分析与语用分析有机地结合起来，前者较为宽泛且偏重于书面文本，后者过于烦琐且侧重于口语文本，两者在话语研究领域中尚未形成统一的分析框架。

从研究对象来看，尽管针对话语主体的研究成果不一而足，然而学界对于 P 和 R 在交际中的关系、地位及各自发挥的具体作用仍存有较大争议。虽然这是研究的侧重点和视角的差异使然，但仍可在一定程度上影响到话语分析结果的普遍意义。不仅如此，话语主体之间的互动过程分析仍流于形式而缺乏必要的理据。很多分析模式虽然专门探讨了主体互动（Coulthard 1977；Atkinson & Heritage 1984；Sacks 1992；Hoey 2001），但大多主要依靠话语的措辞方式或表达形式提供主体互动的表象证据，较少触及主体自身的认知语用交互过程。这表明目前对于话语主体的研究仍处在较为分散的阶段，尚未形成一个相对完整的理论体系。

就研究范式而言，关于话语和语境的认知分析虽然已向纵深发展（Goldberg 1996；van Hoek et al. 1999；Langacker 2001；陈忠华等 2004；何自然等 2006；王寅 2007），但未能被系统纳入话语主体层面进行深入考察。一些经典的认知理论仅被视为一种话语现象，成为话语分析的辅助工具，其深层的"元认知"语篇构建机制没有得到充分展现。目前针对书面文本的认知理论模式在数量上远超口语文本，且两者的研究模式相对独立，至今缺乏统一的分析路径。这在很大程度上限制了认知语言学的解释力。此外，一些认知分析模式虽可在话语研究中自成体系，但其运作机理实质上是相通的，可以进行适当的整合。

1.3.2　主体可及性的研究内涵

据此，本书尝试通过"主体可及性"（SA）这一理论模式重新构建话语分析框架以解决上述问题。"可及性"本质上是一个心理认知概念，起初用来考量话语主体与语篇中某一指称对象的心理距离或者语篇中的指称词在人脑中的活跃状态（Ariel 1988；Gundel et al. 1993；Chafe 1996）。"主体可及性"将可及性的研究层面由目前的"话语→主体"上升到"主体→话语→主体"，意在揭示 P 和 R 在话语交际中的交互方式，探索话语参与者之间在语境和话语层面形成的认同关系及其构建机制。话语交际受制于"经济性"与"合作性"，即交际主体会逐步在心智与现实世界之间达成一种认知平衡以减轻认知处理过程中的心理负荷，尽管交际双方的认知属性存在差异，但主体在交际过程中会试图寻求彼此的心理相似性，即为"主体可及"。

基于主体可及性的话语分析归属于功能主义话语研究范畴，它试图探索话语主体通过建立双向式的心理连通关系以触发话语理解与生成的元认知构建模式，从而在话语的主体和本体研究之间构建一个界面。在此过程中，话语和语境可分别提供几种具有系统性和层级性的主体可及通道，在认知和语用两个层面产生各种主体可及性效应，以此作为考察书面交际与口语交际衔接性和连贯度的统一标准。

1.4 主体可及性话语研究的目标、意义及方法

主体可及性话语分析理论的总体目标主要体现在以下几个方面。

（1）研究视角

本书旨在从话语参与者的角度开展认知可及性研究，拓展认知语言学在话语分析领域的适用范围，进一步强化体验哲学的语言融入度。

（2）研究框架

本书力图明确话语主体间的认知关系，提出"主体可及"的具体运作机制，以此将语境和话语要素归入话语主体层面加以整合研究。

（3）研究手段

本书尝试重新阐释语境和话语在话语分析中的类型和关系，使两者融合得更加系统紧密。

（4）分析模式

本书试图将书面交际与口语交际的话语分析方法置于同一理论体系下加以区分，重新解析主体的话语理解与生成过程，并对衔接和连贯的适用层级及其相应的衡量标准进行重新诠释。

（5）应用路径

本书尝试依托主体可及性话语分析模式对现有的交际型教学理论与实践环节加以改进与补充，为其开辟新的研究与应用渠道。

由此可见，与以往的话语研究范式相比，主体可及性研究的理论意义在于把"语境"和"话语"这两个要素系统地置于"主体"的框架内进行研究，将话语交际的表层和深层研究以及主体认知的静态与动态分析相融合，并充分整合和简化现有的话语分析理论与认知分析方法，由此探索出一个既适用于书面文本又适合于口语文本的多维度话语认知分析模式。

本书研究的应用价值在于可将主体可及性话语分析框架深入运用到"交际型教学法"这一与之直接相关的应用领域，对于交际型教学思维的转变、师生交际关系的重构、课程分类与施教策略、教学评价与考核标准等问题均有一定的实践意义。

据此，本书以认知语言学、语用学、语篇分析的研究范式为主，并结合应用语言学的相关研究方法展开研究，将理论阐释与语料描写相结合，兼顾书面文本和口语文本，并在此基础上进行系统深入的例证分析与比较研究。

1.5 内容概览

传统的话语研究尚未系统地把参与者、语境和话语这三个要素协同起来，造成话语的表层和深层研究以及交际的静态与动态分析相脱节，导致一些话语分析理论与话语交际自身的特点相悖。鉴于此，本书整合了认知语言学的"经验观""突显观""注意观"这三大研究理念，运用主体的可及性机制在话语的认知处理、信息分布和识解方式三者之间寻求一个平衡点，系统诠释话语生成和理解的主体参与过程，从以往的受语境制约的语言现象分析提升为由语言使用者操控的语境和话语的关系问题研究。

本书共有9章。本章作为全书的导论，在简要回顾话语研究的发展和现状的基础上，指出目前话语分析理论存在的主要问题和不足，由此提出主体可及性话语研究模式，并对其概念本质、理论体系、研究目的、研究方法、理论及实践意义等核心问题进行扼要的介绍与说明。

第2章分别从哲学和语言学视角阐述主体可及性研究的理论源起，通过对与话语主体研究相关的理论和概念进行系统的梳理与反思，揭示主体可及性话语研究转向的必要性和可行性。

第3、4两章系本书的理论构建部分，主要对主体可及性话语分析模式的认知语用基础以及总体研究框架展开探讨。其中，第3章主要讨论认知话语研究流派的互补性，并依此设计出话语构建的主体性认知研究架构。第4章提出了"人际映射"与"话语交际范畴化"这两个主体互动的认知语用原则，并在此基础上构建了主体可及性话语分析框架与研究方法，对于两次主体可及的发生过程与联系、两次主体可及对于同一话语构建方式的差异、语境可及与话语可及之间的对应关系，以及两者各自的组成部分与体现层级在话语分析中的作用、话语主体可及性程度的衡量标准等问题进行了总体解读。

第5—8章为本书的理论阐释部分，主要对主体可及性话语分析模式在话语层和语境层的具体运作方式加以详述，解读两次主体可及机制在构建书面文本与口语文本的过程中所发挥的重要作用。具体而言，第5章尝试运用主体可及性分析框架对"话语衔接"手段进行重新分类，并以话语主体视角对衔接运作机制进行重新解读，依托"话语可及"机制创建"话题类""过程类""事件类"三种"结构性"主体衔接模式以及在"类属"与"层级"这两个主体认知参数控制下的Ⅰ、Ⅱ、Ⅲ、Ⅳ级"非结构性"主体衔接机制。第6章试图在"连贯"的主体和本体研究之间搭设一个分析界面,将主体的两次可及机制充分融入话语交际过程中,为主体间在"话语"和"交际"两个层面上的连贯效应提供动态的认知理据,并以此构建了基于"主体语境"的话语分析体系,从而将主体的"话语可及"和"语境可及"有机结合起来。在此基础上,第7章剖析了主体在"一次可及"(IA)过程中如何采取"假设""匹配""转化"等语境可及机制构建"自主式"和"协作式"的主体性"话语连贯"。第8章进一步讨论了主体在"二次可及"(FA)阶段怎样借助相应的语境可及手段促成主体间的"交际连贯"。

第9章系本书的理论应用部分,主要探讨主体可及性话语分析理论在交际型教学领域中的具体实践,提出基于主体可及性的交际型教学范式改革理念,并以外语类专业本科教学为例,充分展示本书构建的新型话语分析模式在教学思维、教学体系、课程设置、教学方案以及考评标准等方面的启示作用。

第 2 章　话语主体研究的哲学和语言学溯源

2.1　引　　言

话语主体研究是话语分析的必由之路，因为话语处理的编码和解码过程均离不开主体的控制和参与，话语意义及其交际功能也同样受制于主体。关于主体研究的理论和著述始于西方哲学，经历了前主体性、主体性和主体间性三个发展阶段（成晓光 2009：9），体现了由传统存在论到近代认识论再到现代语言论（语言哲学）的转变，也由此促成语言学从音位、形态、句法的本体研究逐步扩展到语义、语用、认知、社会和文化的多元化研究。从语言哲学的角度讲，话语和交际是既有区别又有联系的两个概念，二者分别是主体性和主体间性的体现方式（Traugott 2010：35），前者使得 P 能够自我构建现实世界，后者通过主体之间的互动揭示在 P 之外如何对同一现实进行识解。可见，话语分析理论的发展也反映了从话语分析到交际研究这一转换过程。然而，无论是哲学领域还是语言学领域，在主体的本质属性、主体间的关系及交互作用、主体与语言本体的关系、话语分析的主体化等几个主要问题上争议犹存。

本章在梳理话语主体研究的哲学及语言学背景的同时，对上述问题也进行了重新思考，以揭示主体可及性话语分析模式的理论渊源。

2.2　话语主体研究的哲学探源

"主体"（S）一词的一般性哲学含义是指对客观存在的本体进行认识和实践的人，与之对应的英文词 subject 却同时包含"主体"和"对象"两种意义，而"对象"有时也可作"本体"或"客体"的代称。可见，西方学界对于主体与本体的认知界限并非泾渭分明。事实上，西方哲学在主体的阐释以及主体和本体的关系上的分歧由来已久，先后形成了基于"存在论""认识论""语言论"的三类主体观。

2.2.1 存在论视域下的前主体性研究

存在论始自古希腊的巴门尼德（Parmenides）关于"存在"（being）的论断，即世界的本原是将事物多样化的表象特征去除之后沉淀下来的抽象不变的存在状态，感知的经验并不真实可靠，唯有理性的东西才能展现事物的本质属性。存在论中的理性概念可以脱离主体，亦可控制主体，而主体对于理性来说是一种被动的甚至是无意识的存在形式。存在论哲学分为两个派别（阶段）：一是古希腊时期以苏格拉底（Socrates）、柏拉图（Plato）和亚里士多德（Aristotle）等为代表的古典派存在论；二是中世纪时代以安瑟尔谟（Anselmus）和托马斯·阿奎纳（Thomas Aquinas）等为代表的经院派存在论。

值得注意的是，存在论是本体论（ontology）的别称，此处的"本体"意为存在、客体、本质或本原，与本书中"本体"的基本含义和指涉范围（限指语言、话语、语境等）有所不同。为了避免两者产生混淆，本书采用"存在论"这一术语代替传统意义上的"本体论"。

2.2.1.1 古典派的主体观

古典派总体上继承了巴门尼德的形而上学思想，探寻感性现实背后的先验理性本质，但所走的研究路径不尽相同：苏格拉底和柏拉图主张以理性或理念（idea）的视角推知感性，"以不变应万变"；亚里士多德则力图从感性和经验入手反思理性，"万变不离其宗"。不难发现，尽管古典派没有正面承认或给予主体足够的重视，但其追求"理性存在"这一思想已经间接融入了主体元素，因为先验之物是构成经验的基本要素，是从人的经验之中逐步抽象剥离出来的，这一过程离不开人（主体）的参与。正如后来的理性主义哲学家伊曼努尔·康德（Immanuel Kant）所言，客观世界只是一些杂乱无章的感觉材料，经由人脑中固有的"先天认识形式"加工整理之后，便形成了其与后天经验的结合体（即"知识"），而其中的"先天认识形式"被后来的现象学家埃德蒙德·胡塞尔（Edmund Husserl）解读为一种"存在论的认识"。可见，如果真的有完全脱离于主体的理性存在，那么感性与理性之间相当于失去了联系的纽带，古典派的上述两种研究路径也就无法实现。事实上，古典派存在论者并未否认主体的存在，只是未能赋予其与客体同等的地位。

苏格拉底曾主张哲学研究应由自然哲学转向人学。然而，苏格拉底所理解的主体是被动依附于理性存在的，而非理念本身或其主导者。在他看来，先验的理念是固有的，人们只能追求而不能主宰知识，更不可能成为知识的一部分。主体的作用只是形式上的，主体不是知识的缔造者，而是知识的一种载体或符号。

相比之下，柏拉图对于主体的认识更接近于近代认识论，因为他至少认可主体在认知客体过程中的"主动性"与"独特性"（Jowett 1997：207）。柏拉图认为知识源于主体之间的"共通感"，只有与主体产生关系的知识才能成为知识（金惠敏 2005：48）。尽管如此，柏拉图在理念的先验性、绝对性和实体化等方面与苏格拉底的观点基本一致，他的主体观在其哲学体系中只能偏安一隅，虽与其标榜的理性存在论有自相矛盾之嫌，但也并非针锋相对。

同样，亚里士多德对于主体的认知也要比苏格拉底更为宽容。在《解释篇》（*On Interpretation*）中，他多次提到语言源自人的"内心经验"，虽然不同民族的语言符号存在差异，但内心经验对于所有人而言都是一样的（陈嘉映 2003：8）。他在《范畴篇》（*Categories*）中又将语词分为实体、数量、性质、关系、空间、时间、位置、所有、活动与承受十种范畴，反映了人类经验的不同归属，也是对超验理念体现方式的高度概括（物质性的质料与构造性的形式相结合）。与柏拉图不同，亚里士多德更注重主体经验的"共性"而非"个性"，而且完全赞同苏格拉底的主体被动思想，否认主体的主动性。由此看来，亚里士多德的主体观似乎比柏拉图更为保守一些。

针对主体（人的思维）和语言本体的关系问题，古典派存在论者持有"同一论""怀疑论""分立论"三种不同的观点。

第一种观点来自巴门尼德，他认为思维、语言和存在融为一体。思想与客体、语言与事物之间具有同一性，所有可想象和可言说的东西都是真实存在的（姚小平 2011：10-11）。这一论断源于福音书中的"逻各斯"（logos）一词，包含说话、语词、思考、理性、逻辑、格言、论证、原则、公式等多重意义，而且希腊语中表达"语言"和"思维"之意的语词具有同源的词根 leg-和 log-，所以主体和本体在语义和构词上原本也是相通的。正如汉斯-格奥尔格·伽达默尔（Hans-Georg Gadamer）后来所言，"人在本质上是一个语言存在物"（转引自王寅 2014：47）。

第二种观点出自高尔吉亚（Gorgias），他对巴门尼德的看法持怀疑态度，尤其是质疑思维和语言的关系。他认为语言既非存在，也有别于主体，作为主体的存在物不能转换为语言，语言由此无法将知识准确地传达给他人（苗力田 1989：195）。确切地讲，高尔吉亚否认仅凭某一知觉（如视觉）所产生的某个语词能够全方位（运用人的所有感官）地捕捉到所指事物的全部特征。换言之，主体无法通过语言本体来感知，本体不能体现主体的存在，因而语言本身带有欺骗性。

第三种观点始于苏格拉底，他主张把语言、思维和存在视作三个分立的世界，但它们均植根于抽象不变的理性本质（姚小平 2011：25），也就是主体和本体之间是对立统一、求同存异的关系，而存在则是培育这种关系的土壤和根基。这一论点整合了由克拉底鲁（Kratylos）和赫莫杰尼斯（Hermogenes）引发的"自然论"

(naturalism)与"约定论"(conventionalism)之争。前者认为语词(名称)的使用应符合自然法则,其对错不受社会的约束,夸大了客观现实的作用;后者指出语词都受制于社会规约而绝非自然形成,抬高了主体的理性地位。虽然苏格拉底总体上支持克拉底鲁的看法,但同时也不完全排斥约定论,他认为语词虽能模仿事物的本性,但在实际使用中还要靠约定来补充(陈嘉映 2003:7)。但如前文所述,苏格拉底已将主体工具化和符号化,认为其对于语言本体的作用十分有限,在本体的构建体系中居于次要位置,这在一定程度上束缚了柏拉图、亚里士多德及以后的古典派学者对于主体作用的认知。

2.2.1.2 经院派的主体观

尽管与古典派同为形而上学的哲学形态,始于中世纪的欧洲经院派对于"存在"的诠释更为抽象。由于这一时期的经院哲学(教父哲学)是天主教会培养神职人员的思想工具,因而经院派哲学家局限在基督教教义的范围内讨论世界的本原,除此以外的任何关于存在的观点均不可接受,这意味着存在与人的理性和经验完全分离。

安瑟尔谟可谓经院派中思想较为极端的代表。他既否定客观存在,又否认人的主体性作用,因为万事万物(包括人)都要绝对服从于真理,而真理的唯一来源就是神明(上帝)。可见,古典派所追求的"理念"在他看来即为"神的意志"。前文所述的苏格拉底的主体被动论在安瑟尔谟这里变成了"主体虚无论"。按此逻辑,如果非要承认主体的存在,那么这样的主体只能由神来担当,与人无关。然而,这种"宗教"大于"理性"的神学取向必然会将哲学研究引入歧途,使人开始怀疑"理性"的作用,由此否定了形而上学的基础(王寅 2014:27)。自14世纪开始,形而上学慢慢被纳入信仰领域,以逻辑分析为主的哲学研究逐步兴起,致使神学与哲学分道扬镳。

经院派的另一位代表人物阿奎纳的主体观则备受争议。基督教传统信仰于13世纪中期在亚里士多德哲学思想的冲击下出现了几股异端思潮,阿奎纳试图在基督教与亚里士多德思想之间达成某种妥协,借助后者的"四因说"捍卫基督教的正统教义。"四因"包括"形式因""质料因""动力因""目的因"。其中,"目的因"最为重要,因为亚里士多德认为自然界任何事物的存在和运行均有其目的。阿奎纳赞同亚里士多德从感性经验到理性存在这一研究思路,并认为在神学体系中,人占有重要地位,人的意志是理性和自由的结合体。正因如此,阿奎纳的立场一度被认为是前后矛盾或"两边倒"。实际上,主体的作用从未在阿奎纳的哲学体系中得到真正的重视,他虽认可人的意志自由,但这种自由应以符合神的意志为前提。尽管接受了"四因说",但他坚信推动事物发展的原动力是神的力量，理性终究让位于信仰。可见，阿奎纳表面上汲取了亚里士多德的思想，但只是将其作为维护基督教教义的工具，是对传统经院哲学的一种曲线式回归，其主体观与安瑟尔谟大同小异。

正是因为经院派几乎全盘否定了人作为主体的作用，这一时期罕有关于主体和语言本体关系的讨论或争议。尽管经院派的哲学思想看似玄妙空泛，但其对问题条理细节的注重以及追本溯源的探索精神却给语言本体研究带来极大的动力（姚小平 2011：81）。中世纪的语言研究在传承古希腊词法和句法（命题）研究的基础上，继续向纵深拓展，产生了思辨语法以及共相研究：前者助推了语法学的建立，对后来的认识论和逻辑学研究影响颇深（陈嘉映 2003：11），也为后来诺姆·乔姆斯基（Noam Chomsky）的普遍语法（UG）提供了学理上的可能；后者则引发了"唯名论"（nominalism）和"唯实论"（realism）两大哲学阵营的对立，为 20 世纪形式主义和功能主义语言学的产生和发展奠定了哲学基础。其中，唯名论者认为"个体名词"具有实指对象，而"类属名词"没有明确的指称对象；唯实论者则认为这两类名词都有实指对象。早期经院派都是唯实论者，中后期在亚里士多德的影响下开始倾向唯名论。

2.2.2 认识论视域下的主体性研究

认识论的基点是作为主体的人。就哲学术语而言，认识论其实是一个广义的概念。由于存在论（古典派）间接认可了主体的作用，所以古希腊时期的存在论也可称为"存在认识论"（金惠敏 2005：50），只不过主体并非认识的核心要素。从哲学转向来看，近代的认识论转向本质上是一种"主体性转向"，也就是从存在认识论发展为主体认识论。由文艺复兴运动引发的人文主义思潮促使哲学界摆脱了存在论的抽象与玄泛，开始"以人为本"，重新思考真理之来源、理性之本质及其与感性之间的关系。近代认识论主要分为"经验派"（empiricism）和"理性派"（rationalism）：前者认为经验出真知；后者主张真理决定于理性能力。虽然两派皆认同主体在认识中的重要作用，但在主体的认识方式以及主体与语言本体的关系等问题上存在较大争议。

2.2.2.1 经验派的主体观

经验派的哲学观点虽然在一定程度上得到亚里士多德经验观的启示，但研究理念与其截然不同，很多是在反亚里士多德的立场上论述主体作用的。经验派内部又分为"唯物主义"和"唯心主义"两大阵营。

唯物主义经验派一改存在论者对于主体感知的漠视，认为一切知识始于真实可靠的感觉和经验。表面上看,这与亚里士多德"从感性到理性"的哲学思路是一致的,但实际内容确有本质差别。

首先,从对"经验"的理解来看,唯物主义经验派的领军人物弗朗西斯·培根(Francis Bacon)认为亚里士多德所谓的"感性"经验仍是一种先验的存在,实际上并未真正触及经验和事物本身,因而与"理性"一样都是空泛抽象的,其结果等同于否认主体体验世界的主观能动性。在培根看来,亚里士多德标榜的思辨哲学不仅没有给古希腊时期的自然哲学研究带来任何推动作用,反而使之陷入了纷繁复杂的逻辑范畴而毫无实践价值。

在此基础上,另一代表人物约翰·洛克(John Locke)将主体的认知过程解读为一种"自我意识",其初始阶段好像一块"白板",在"观念"的作用下不断得到充实和延展。洛克将"观念"分为"感觉"(外部世界的直接感受)和"反思"(内心世界的间接体察)两类,两者均由主体自主实施并作为获取知识的唯一来源。

其次,就研究方法而言,亚里士多德推崇的演绎式逻辑分析一般是在先哲们提出的理论和原则的基础上,一味地通过理性的思考来寻求与其相吻合的各种事实与观点。这种绝对理性主义的分析方法在培根看来是对创新思维的一种束缚,导致人们只能囿于现存的理论框架和思维方式认知事物,极大地限制了人们的思想。为此,培根在《新工具》(*Novum Organum*)中首次提出"归纳推理法",主张从主体感官感觉到的经验出发来认识事物,经过主体的归纳整理之后,这些分散的经验最终成为主体可以掌控的知识,从而将主体从纯粹的理性思维中逐步解放出来。

最后,唯物主义经验派在亚里士多德的基础上进一步强化了语言本体对于主体的制约作用。认识论引发的主体性转向促使语言本体研究摆脱了中世纪神学的挟制,语言再次回归其工具地位(王寅 2014:53),但唯物主义经验派认为语言的作用不止于此,语言还会影响甚至控制主体的思维,主要表现在以下两方面:

(1)语言是主体认识世界的主要渠道和体现方式;
(2)语言也能阻碍和误导主体对经验的理解。

为此,培根形象地指出误用语词往往会产生诸如"族类""洞穴""市场""剧场"这四种偏见或假象(汪子嵩等 1972),致使主体对某些事物先入为主或误以为是,妨碍其获取正确的知识。也就是说,语言有时会成为主体认知与其经验感知之间的绊脚石,通过语言构建或映射的世界未必是真实的。

洛克进一步指出,语言对主体的种种误导其实源于主体本身。他认为语言是主体各种"观念"的标记,在观念和语词之间存在密切的联系,如果不先把语言的本质和功能解释清楚,就不可能清晰明确地谈论知识(姚小平 2011:157)。

同时，并非所有的观念都有相应的语词，某些语词没有明确的所指对象，且同一语词在不同文化中的外延与内涵各不相同等现象，也是由主体对某些事物的区分不够精细，或者个别主体对于同一事物的观念存在差异等造成的。

由此可见，培根和洛克对于主体和语言本体的关系看法有所不同，前者提升了本体的地位，强调其对主体认知的"反作用"（主体有时受制于本体）；后者则在此基础上再次明确了主体的约束作用（主体牵制了本体的具体运用）。

相比之下，唯心主义经验派虽然也肯定主体感觉和经验的重要性，但认为这种经验并不依赖于客观世界，一切事物都是主体感觉的集合。该派的标志性人物乔治·贝克莱（George Berkeley）否认物质世界的真实存在，坚称存在就是被感知到的东西，经验是主观内省而非现实反映，所谓客观世界都是主体感知的派生物，甚至连时间和空间都是由主体内心虚构而来的。尽管贝克莱本人也崇尚"天主"的力量，但其并未完全陷入中世纪经院哲学的泥潭，反而进一步提升了人作为主体的地位和作用。

在洛克和贝克莱的共同影响下，主观唯心论者大卫·休谟（David Hume）进一步强调了"感觉"对于主体的控制力，他认为人的意识源于特定的感觉，人是由各种感觉积攒而成的，而这些感觉不属于任何事物，主体存在于各种感觉之间的因果和相似关系中（Harris 2015：82）。同时，休谟又不能确定感觉的具体内涵及运作方式，遂倾向所谓的"不可知论"，认为主体既无法感知构成现实世界的物质，也无法知晓除了感觉之外的其他事物。

无独有偶，这一时期路德维希·安德列斯·费尔巴哈（Ludwig Andreas Feuerbach）所持的主体观同样具备唯物和唯心的双重特征。从表面看，费尔巴哈是一位坚定的唯物主义者，他认为人先有感性再有理性，感性是对物质世界的反映，也就是人源于自然界并与之构成不可分割的物质统一体。然而，费尔巴哈的唯物论仅限于对自然界的阐释，将其视为独立于人的客观存在，但在人类社会和历史发展等问题上却持有唯心史观。他没有把历史进程看作一种物质性的发展过程，而是将人的"精神"与"思想"摆在首要位置，认为是人的思想决定了物质世界的总体发展方向。

唯心主义经验派的上述主体观使其在解读主体和语言本体关系问题时基本上遵循了洛克的相关思想，即本体反映或受制于主体的观念。与洛克不同的是，贝克莱和休谟认为语词并不直接指称对应于实体或事物的观念，而是指称对应于现象的特殊或简单观念（陈嘉映 2003：13）。值得注意的是，唯心主义经验派采用的哲学分析方法既不同于亚里士多德，又有别于唯物主义经验派的研究路径，这对语言研究方法也产生了一定的影响。

亚里士多德的纯理性推演方法同样不被唯心主义经验派所接受。由奥古斯特·孔德（Auguste Comte）创建的"实证主义"（positivism）研究在这一时期发展迅猛,成为西方哲学从近代转入现代的重要标志。孔德从自然科学的角度出发,试图建立"科学主义"(scientism)的哲学范式,他认为只有经过主体经验证实的知识方能成为哲学意义上的真理,实证主义是人类思想继神学和形而上学之后的第三阶段,也是人类精神发展的最高阶段。孔德将构成主体的感性和理性(智慧)要素分别看作推动社会发展的基础和工具,而实证思维便是贯穿始终的根本实现途径,并由此创立了社会学。孔德倡导的实证分析方法为语言本体研究融入了自然科学理念,学者们开始尝试运用生物进化论、物化分析、机械论等方法进行词源学、形态学、音系学、历史比较语言学等相关研究(王寅 2014:57)。当然,孔德的研究过分强调了主体的决定性作用,认定社会进化的原动力唯有人的精神,忽视了社会生产力等其他重要因素,甚至在其晚年建立了将人神化的"人道教",这些其实都背离了自然科学的初衷。

与此同时,由培根开创的被誉为近代科学主流范式的"归纳法"也受到了唯心主义经验派的质疑。休谟认为归纳法的基本逻辑是从复杂的个别经验得出一般性的普遍结论,但问题在于经验本身具有不可穷尽性,因而依靠归纳法形成的结论是不具备普遍意义的。休谟甚至怀疑归纳法的经验基础,认为归纳法基于先验的事实,并试图以此推导出未知的事实,这样会引发循环论证,因为主体无法凭借从归纳分析得来的经验来证实归纳分析自身的有效性。此外,休谟在《人性论》(*A Treatise of Human Nature*)中还对"因果推理法"进行了反思,认为所谓的因果关系只不过是主体通过观察的方式在事物之间建立起来的表象联系,这种联系并非物质世界的本质特征或自然属性,而是人们的主观意识和心理习惯造就的,从而强调了因果关系的或然性。休谟对于"因果"和"归纳"问题的重新思考为后来的语言任意性、模糊性以及语境论等语言学思想提供了哲学依据。

2.2.2.2 理性派的主体观

在"主体性作用"这一问题上,理性派无疑是最为彻底的"主体决定论"的维护者,主体的理性能力被认为在知识获取以及语言处理的过程中居于首要地位。尽管有很多经验派学者也非常看重主体的作用,但他们始终认为感性是第一性的,并未完全承认理性的决定作用。由此可见,理性派归属于唯心主义哲学范畴。值得注意的是,理性派没有从根本上否认感性经验的存在,而是认为真理始于经验而归于理性,这种基于"身心"二分法的思想导致理性派在解释感性与理性、语言本体与主体的关系问题时各有侧重,出现了理性主义"二元论""一元论""多元论"的对立局面。

二元论(dualism)思想实质上是对亚里士多德心灵哲学的继承和发展。心灵哲学的核心问题是"身体"与"心灵"的关系,但哲学界对亚里士多德的身心观给出了不同的解读：一种观点认为身体和心灵是相分离的，否认心灵的实体地位及其对身体的作用；另一种观点则主张身体与心灵不可分离，两者基于"质料"和"形式"的关系而存在于彼此之中（曹青云 2018：33）。正因如此，亚里士多德所谓的"身心问题"被贴上了"弱性二元论"的标签（Heinaman 1990：86）。理性派二元论的两位代表人物勒内·笛卡儿（René Descartes）和康德分别在上述两种观点的影响下，形成了各自的二元论主体观。

笛卡儿之所以被誉为"近代哲学之父""欧洲近代哲学的奠基人""理性主义的开创者"，根本原因是其倡导的"主体性原则"和"数理演绎法"构建了一套完整的近代认识论哲学体系及理性主义研究方法（张志伟 2004：200-205）。笛卡儿的主体观以"怀疑"作为出发点，认为只要没有经过主体亲自揣摩过的问题，无论其有多么权威，都是值得怀疑的，也就是通过感官知觉得来的知识均不可信，那些看似理所当然的事物可能是虚假的，主体对于客观世界的认识本质上就是一种对其不断产生怀疑的理性思考过程，只有"我在怀疑（思考）"是不容怀疑的。由此，笛卡儿在《方法论》（*Discours de la Méthode*）中提出了"我思故我在"这一哲学命题，赋予主体思想上的绝对统治力。该命题在思考和存在之间建立起一种因果关系，前者决定后者（即理性支配感性）。在笛卡儿看来，有下述两种独立的"实体"：

（1）以思维为属性的独立精神实体；
（2）以广延为属性的独立物质实体。

这样一来，"我"就有两种存在形式：一种是精神层面的"我"；另一种是物质层面的"我"。主体的思想活动决定了主体自身的存在，但并不影响物质世界的形成与发展，主体所认识的世界与现实世界是并行的，两者互不干涉。显然，虽同属主观唯心主义，但笛卡儿的二元主体观与唯心主义经验派费尔巴哈的人本主义思想有本质的区别。

值得注意的是，笛卡儿提出二元论的初衷是反对欧洲经院哲学和神学，强调人对于自然界的控制作用，但是"我思故我在"的思想无法掩盖笛卡儿的天主教背景及天赋观，因为他认为"我"存在的前提是有一个使"我"得以存在的更高的存在体，也就是能够主宰物质和精神的存在体，这无疑只有上帝才能办到。

此外，笛卡儿还在《方法论》中阐述了基于数理逻辑的方法论，提出"怀疑一切""由繁化简""由易到难""查漏补缺"四个研究原则（步骤），不仅为近代数学和几何学研究奠定了基础，也为现代语言哲学和逻辑语义学的兴起和发展创造了条件。在笛卡儿的二元论思想的影响下，语言研究不再限于语言本体分析，而是逐渐与主体研究相结合，试图从主体身上探索语言本体的形成机制。乔姆斯基在《笛卡儿语言学：理性主义思想史上的一章》（*Cartesian Linguistics: A*

Chapter in the History of Rationalist Thought）中依托笛卡儿的哲学思想和主体观确立了"语言结构的普遍原则"（Zimmer 1966：202），以此构建基于理性主义的生成语言学理论体系。

康德的二元论源于其"批判哲学"认识论，以此揭示主体认识及知识产生的先验性。他认为知识来自主体在两个事物或概念之间建立的关系，即所谓"判断"，包括"分析"和"综合"两类：前者只是对已有知识的解释，不能产生新的知识，此类知识是先验的，具有普遍必然性；后者则是通过主体的经验扩充的新知识，又有"先天"与"后天"之分，只有"先天"的综合判断既具有普遍必然性，又可产生新的知识，因此成为一切科学知识获取和发展的推动力（陶渝苏 2013：269-271）。据此，康德先后提出基于先验性思想的感性论、分析论、理性认识论和实践理性论来构建他的哲学体系：一方面指出经验本身也包含了先验的知识，不然也无法构成所谓的经验；另一方面强调主体先天的主观认识能力对于客观世界的决定作用，认为事物（客体）只有符合主体的"自我意识"，才有其存在的价值并被赋予相应的意义，即"人为自然界立法"。由此看来，康德的唯理思想与笛卡儿的天赋论和主体观异曲同工。尽管康德的理论著述没有涉及语言研究，但其身心结合的二元论学说给基于体验哲学的认知语言学带来很大的启发，例如"人通过自身的认识方式认知世界""时空观""十二先天范畴"等思想已被认知语言学部分接纳并加以改进（王寅 2014：65）。值得注意的是，虽然同持二元论，但康德并不赞同笛卡儿的身心分离观，而是主张主客相结合。

首先，康德试图通过批判传统哲学来调解经验派和理性派之争。康德承认主体的知识离不开经验，同时又指出经验的普遍必然性是先天的，等于说知识是由主体的经验及其认识能力共同形成的，只不过理性是感性的充分但不必要条件而已。

其次，康德哲学没有将存在于主体意识之外的"物自体"与独立于现象之外的主体的绝对"理性"能力完全割裂开来，而是经由"感性"和"知性"将两者连接起来。作为认识的第一阶段，主体的感受能力与认识对象直接关联，但是这种关系是松散且直观的，建立在不规律且被动的感官刺激之上。从感性到知性是认识的第二阶段，也是一个将感受之物重新梳理并发现彼此联系的过程，最终形成有意义的科学知识。

由于承认身心两种实体的存在，二元论一直在理性派中占据主流地位，而理性主义一元论和多元论主要是对二元论思想的扬弃。传统的一元论者大多出自经验派，要么认可物质实体（如洛克），要么主推精神实体（如贝克莱）。相比之下，理性派一元论者旨在解决笛卡儿哲学中物质和精神的对立问题，试图通过唯一的实体促成两者的对立统一。其代表人物之一巴鲁赫·德·斯宾诺莎（Baruch de Spinoza）认为物质和精神并非不同的实体，而是同一实体的两个部分或两种属性，该实体便是通过自然法则来主宰一切的神祇，它不仅控制了主体的身心世界，而且涵盖了身心之外的无限属性。在他看来，个别物质和精神现象并不是实际存在的东西，只是神这一实体的具体表现形式。

尽管斯宾诺莎的泛神论似乎又在走经院哲学的老路，但其实体一元论思想消融了思维与存在的二元分立，受到同为一元论者的格奥尔格·威廉·弗里德里希·黑格尔（Georg Wilhelm Friedrich Hegel）的褒扬，后者在《小逻辑》（Wissenschaft der Logik）中主张用"绝对理念（精神）"来统一主体与客体，即个体存在与否都不影响绝对精神的永恒存在，与笛卡儿的"我思故我在"针锋相对。黑格尔与斯宾诺莎的区别在于以下几点。

首先，黑格尔没有将绝对理念完全凌驾于主体和客体之上，他认为自然、社会和人类思维都是绝对理念在不同阶段的体现形式，并以此建立由逻辑学、自然哲学和精神哲学构成的哲学体系，分别对应绝对精神自我发展的三个阶段。

其次，黑格尔并未将绝对理念视为一种固化的实体，而是运用辩证法的思想，认为精神和物质世界均处于不断的运动和变化之中，并试图阐释两者在变化和发展过程中的内在联系。

最后，黑格尔的绝对精神理论没有割裂主体与客体的关系，而是强调两者的同一性。他认为认识始于感知，此时只有对客体的意识，而后通过对感觉的怀疑与批判，认识成为纯主体的认知，并最终达到自认识阶段，此时实体即主体，主体与客体不再有区别。可见，黑格尔并未如斯宾诺莎那样贬低人作为主体的存在。

在其辩证主体观的影响下，黑格尔持有"工具论"和"存在论"双重语言观：在现象学中语言作为精神的客体存在，表现为思想的工具；而在逻辑学中语言则是逻辑本身，代表了精神的本质，即为主体存在（邓晓芒 1992：139）。由此看来，黑格尔的上述观点已然指向了一个无法回避的问题，那就是哲学研究终究是对语言问题的思考，为现代语言哲学的产生做好了铺垫。

值得注意的是，在黑格尔之后理性派内部出现了一种反理性主义的哲学倾向，主张从人的本性出发而不要一味强调理性，即反对将主体视为"纯理性"的，而是将主体的意志和欲望当作万物之始源，理性或理念只是依附于意志，主体的意志是完全自由的，不受制于理性且位于理性之上。据此，阿图尔·叔本华（Arthur Schopenhauer）和弗里德里希·威廉·尼采（Friedrich Wilhelm Nietzsche）先后提出了"生存意志"和"权力意志"的非理性主义一元论主体观：前者认为人类的所有行为仅是对生存的渴望，而这种渴望最终是无法被满足的，因此人生必然以悲剧收场；后者则指出生存只是人类最基本的需求，而追求和实现自我超越才是人生的本质和终极目标。叔本华和尼采的"唯意志论"试图把主体从理性的窠臼中解脱出来，扭转了主体与理性的关系和地位，实现了对传统人本主义思想的超拔。

戈特弗里德·威廉·莱布尼茨（Gottfried Wilhelm Leibniz）是理性派多元论的代表人物。作为与笛卡儿和斯宾诺莎齐名的17世纪三位最伟大的理性主义哲学家之一，莱布尼茨充分汲取了两位前辈的思想，他认为心灵与身体分属不同的实体（笛卡儿的观点），且精神和物质互不影响（笛卡儿和斯宾诺莎的观点）。同时，莱布尼茨也对二人的理论提出了质疑。他认为斯宾诺莎过于强调世界的单一性，而未能充分论证看似二元分立的世界究竟是如何实现统一的，其泛神论思想似乎缺乏有力的证据。此外，他还认为世界是由无限多的实体构成的，并将它们称为"单子"（monad），这是一种典型的多元论思想。在他看来，单子并非物质实体，而是一种纯粹的思维，由此将欧洲理性主义哲学推向了巅峰。莱布尼茨认为单子本身是不可分割的，单子之间不能相互作用，每一个单子都以自身为中心并以各自的角度指向世界，因此主体的理性思维可以分解为一系列逻辑运算，即人类的观念都是由简单的观念复合而成的，由此促成了现代逻辑学与分析哲学的萌芽。同时，莱布尼茨继承了笛卡儿的天赋观和普遍语言观，试图建立基于数学逻辑分析的"人工语言"模式，说明其深受经院哲学的影响，主张运用先验性定义得出结论，而不是依赖于实证分析或实验数据。费尔迪南·德·索绪尔（Ferdinand de Saussure）在《普通语言学教程》（*Course in General Linguistics*）中指出类推（analogy）是语言演变的推动力之一，这一观点显然受到了莱布尼茨逻辑主义认识论的启发。

2.2.3　语言论视域下的主体间性研究

与存在论相比，认识论的优势在于"不再独断什么东西存在，而是通过对人类怎样认识世界来确定什么东西存在"（陈嘉映 2003：14）。然而，无论是经验派还是理性派，基于近代认识论的主体观都不可避免地暴露出两大问题。

第一，主体研究与语言本体分析结合得不够紧密，一些涉及主体论的哲学思想未能在语言层面上系统地体现。如前文所述，古典派和经院派存在论者在弱化主体研究的同时反而凸显了对语言本体的关注度，在词法和句法研究以及语法学等方面形成了较为系统的理论体系。相比之下，大多数经验派认识论者虽承认语言本体对主体思维的影响，却认为语言（尤其是自然语词）往往会折射出错误甚至虚假的表象来左右主体的认知（因为语言源于人们模糊笼统的知觉），故而将其与主体对立起来。经验派语言分析的目的与其说是构建理论体系，不如说是告诫人们要警惕语词意义的迷惑性和不确定性及其可能带来的负面作用。尽管一些理性派认识论者设法将主体理性的先验性和普遍性特征借由语言天赋论和语言逻辑分析充分地展现出来，但当时居于统治地位的主客二元论思想却割裂了主体与语言本体的关系，语言分析一方面依赖于主体，另一方面又要排斥主体的人为影响，语言由此兼有主体和客体的角色，对其的定位似乎并不明朗，致使语言的形式分析长期受到"心理主义"的干扰（陈嘉映 2003：16）。可见，近代认识论的核心在于主体认识了什么，而不是如何将认识的东西表达出来。换言之，语言被视为认识的工具之一，并非认识的首要载体。

第二，主体性研究倾向于以"自我"为中心，忽略了主体的社会性，破坏了主体概念的完整性。经验派虽将人的感知和体验视为知识的来源，却认为人的主观能动性基于人的自我认知视角；理性派则在此基础上进一步强化了主体自我意识的先验性、绝对性、决定性和自明性，体现了一种片面且极端的人类中心主义思想。近代认识论的这种"个体主义"主体观实质上并未揭示出主体的全貌。以"我思故我在"为例，笛卡儿认为其中作为物质实体存在的那个"我"是有限的、不完备的，这就等于承认"我"并非唯一的存在，在"我"之外一定还有"他"（成晓光 2009：11），但笛卡儿宁可借助上帝来弥补"我"的缺陷也不愿认可"他"的存在地位。更为重要的是，这一"舍我其谁"的主体论从某种意义上抹杀了主体的社会交互性以及语言的交际作用，也极大限制了语言本体的研究范围。

认识论主体研究的上述缺陷和不足逐步改变了西方哲学界对待语言本体研究的态度，引发了20世纪初哲学研究的"语言转向"。语言论者力图揭示语言对于主体认识活动的构建作用，并以此突破个体主体的研究范式，将主体的内在与外在研究通过语言分析结合起来，使得主体研究从单一化走向多元化。具体而言，认识论存在的第一个问题（见上文）催生了"逻辑语言学派"（Logistic Language School），旨在以科学主义的方法探析语言的表征与建构。认识论产生的第二个问题引出了"日常语言学派"（Ordinary Language School）、"欧洲人本主义哲学"（European humanist philosophy）及"后现代哲学"（postmodernism philosophy），三者均依托于人文主义思想基础：日常语言学派研究语言的使用机制及其主体依赖性；后两者则探讨由话语交际所触发的主体间性。

2.2.3.1 逻辑语言学派的主体观

逻辑语言学派（又称"形式语言学派"或"理想语言学派"）是在近代认识论的经验派（孔德的实证主义）和理性派（笛卡儿和莱布尼茨的数理逻辑分析）的共同影响下发展起来的：前者为其搭建了自然科学主义的研究平台；后者为其提供了现代逻辑主义的研究范式。该派的主要代表及其研究包括弗里德里希·路德维希·戈特洛布·弗雷格（Friedrich Ludwig Gottlob Frege）、伯特兰·阿瑟·威廉·罗素（Bertrand Arthur William Russell）和早期的路德维希·约瑟夫·约翰·维特根斯坦（Ludwig Josef Johann Wittgenstein）的逻辑符号论、维也纳小组的逻辑实证论、阿尔弗雷德·塔尔斯基（Alfred Tarski）的真值条件论、鲁道夫·卡尔纳普（Rudolf Carnap）、威拉德·冯·奥曼·奎因（Willard van Orman Quine）和纳尔逊·古德曼（Nelson Goodman）的逻辑实用论等。与传统的逻辑主义哲学相比，逻辑语言学派具有以下三个显著特点：

（1）拓宽了研究格局，将逻辑法则充分融入实证研究，试图打造一个理性与经验相结合的知识架构；

（2）迁移了研究重心，将语言与世界的关系通过逻辑分析予以表征，以此解释语言的意义问题，把中世纪以来的逻辑语法学逐步推向逻辑语义学；

（3）改进了分析方法，依托"新逻辑"理念创建了一套更为系统全面的形式化符号体系，以弥补传统逻辑在量化分析上的短板。

然而，逻辑语言学派对待主体作用的态度是消极的，因其秉承了"客观主义"哲学思想。王寅（2007：54）将客观主义研究的主要特征总结为：

（1）世界范畴的客观性与独立性；
（2）人类思维的分离性与镜像性；
（3）心智结构的非隐喻性与原子性；
（4）概念结构的符号性与对应性；
（5）意义系统的固定性与组合性。

从中可以看出，逻辑语言学派认为主体须屈从于绝对的、无条件的客观真理，削弱了人的主观能动性，试图在语言分析中尽可能排除主体的影响，从而隔断了主体与语言本体的联系。事实上，语言无法完全抛开主体的因素而同客观世界直接对接，主体认知的模糊性赋予语言意义以不确定性，语言对世界的表征不可能如同数学运算一般精确无误。可见，逻辑语言学派的初衷原本是要改变近代认识论者重主体而轻语言的研究观念，但其过于理想化的形式主义语言分析模式最终使之走向了另一个极端，依然没有摆脱传统的形而上学主体观。

2.2.3.2 日常语言学派的主体观

所谓"日常"，主要有两层含义：其一，以自然语言为研究对象，以语言的用法为研究导向，反对高度形式化的人工语言分析模式；其二，以言语交际为研究平台，强调主体对语言意义及用法的实际控制作用，反对形而上学的虚化主体观。本着上述原则，日常语言学派积极探索将语言研究生活化的各种分析路径，形成了"剑桥学派"和"牛津学派"两大理论体系。

作为剑桥学派的创始人，乔治·爱德华·摩尔（George Edward Moore）被认为是日常语言研究的发起者。摩尔在其早期的数理逻辑研究中发现,自然科学与人文科学在方法论上不可兼容,也就是理性与感性之间的对立是无法调和的。他认为语言是伴随人类生活实践而生的自然之物,借助纯理性的逻辑分析来固化语言会漏掉语言本身的很多自然属性和动态特征,无法展现主体在使用语言时的真实心理和生活状态。摩尔相信能够被主体感觉到的事物以及常识性的东西就是真实的物质存在,主体的"直觉不是主观的感觉,而是客观的、确定可靠的东西"(转引自陈嘉映 2003:214)。尽管这种排斥理性逻辑分析的语言论曾一度被视为一种哲学上的倒退,但摩尔的观点却将主体研究的重心从"理性主体"重新转向了"感性主体",也为后来语言的概念分析和功能主义研究打下了基础。

剑桥学派最具代表性的语言论者当属维特根斯坦,因为在从逻辑哲学转向实用哲学的日常语言学者当中,维特根斯坦无疑是转变最为彻底且哲学体系最为完整的一位,其研究论题可以被视为整个语言哲学或分析哲学的缩影。维特根斯坦早期和后期的主体观截然相左,分别体现于《逻辑哲学论》(*Tractatus Logico-Philosophicus*)和《哲学研究》(*Philosophiscal Investigations*)这两部著作:前者旨在通过精确的逻辑语言来解构哲学,注重哲学的言说性而淡化其主体性;后者试图通过回归自然语言的方式在日常生活中建构哲学,以此凸显主体对于语言和生活的主观能动作用。维特根斯坦的思想架构颇为宏大,其对于主体和语言本体关系的基本论点可以归结为下述三个方面:

(1)语言研究不能脱离主体的经验;

(2)语言规则及使用原则(包括语言的意义和用法)受制于主体的日常生活习惯和方式;

(3)语言和哲学的逻辑分析及相关理论构建意在揭示主体思维的局限性,这样反而束缚了主体创造性思考的无限可能性,而后者更能反映真实的人类生活形式,因此维特根斯坦反对一味地构建哲学理论,提倡回归生活实践,甚至认为哲学研究是无用的,最终会走向自我消亡。

与摩尔和维特根斯坦类似,牛津学派的先驱吉尔伯特·赖尔(Gilbert Ryle)也经历了由逻辑主义向实用主义的转变,其主体观的核心源于对笛卡儿身心二元论的批判。赖尔以行为主义视角诠释了身心的同一性,认为主体的精神活动并非完全脱离于肉体活动。在此基础上,他指出物理和心理范畴在逻辑上的错置导致了语言混乱,言说语言与使用语言两者不可混淆,否则自然语言会因其固有的形式和结构引发一系列概念的误解和语词的误用。由此,赖尔认为句子只可用来言说,语词才真正具有意义,而意义即为语词在特定语境下的具体用法。

赖尔和后期维特根斯坦的"意义即用法"这一观点对牛津学派的约翰·朗肖·奥斯汀(John Langshaw Austin)启发很大,奥斯汀据此进一步深化了语言本体和主体的实质性联系。奥斯汀的主体观主要表现为以下两点。

第一,主体思维的模糊性决定了语言使用的含混性。人的思想观念和考虑问题的方式往往笼统而随意,不可能绝对精准且面面俱到,因此人类控制下的语言系统也无法像数理逻辑那样精确无误。日常生活的多变性无须依赖缜密的语言表达,只需满足明确的意向传递需求即可。人工语言和自然语言最大的不同在于前者只能表征理想的、静态的逻辑意义,而后者可以用来构建现实的、动态的使用意义。

第二,说话就是做事,语言使用是主体行为的体现,即"言语行为"。"陈述性"(constative)话语和"施为性"(performative)话语本质上都是施为性的。言语行为是主体交际意图的体现(意义即行为),也是连接交际双方的关系纽带和言语交际的基本单位。奥斯汀的言语行为理论标志着语言哲学研究开始从语言的本体性转向语言的主体性和主体间性(王寅 2014:31)。此外,奥斯汀的主体观还催生了约翰·罗杰斯·塞尔(John Rogers Searle)的言语行为分类规则、赫伯特·保罗·格莱斯(Herbert Paul Grice)的合作原则与会话含义理论、杰弗里·利奇(Geoffrey Leech)的礼貌原则、会话结构分析等一系列经典语用学理论体系的形成。

与赖尔和奥斯汀相比,同为牛津学者的彼得·弗雷德里克·斯特劳森(Peter Fredrick Strawson)对待逻辑主义语言学的态度相对温和,采取了扬弃的立场。一方面,他反对罗素等人采用单一的语言逻辑分析法,认为语言无法直接反映世界,真正与世界同构的是语言使用者(主体);另一方面,斯特劳森不赞成全盘否定形而上学分析法,而是对其加以改造,将基于语言用法的概念图式和推理模式充分应用于自然语言分析,从而创建一种名为"描述性形而上学"(descriptive metaphysics)的新范式。

2.2.3.3 欧洲人本主义及后现代哲学的主体观

逻辑语言学派和日常语言学派代表了西方分析哲学的研究方法,分别从形式和功能两种路径来解构语言本体,由此形成了截然对立的主体观(理性主体与感性主体)。尽管如此,两派大多仍从语言本体的角度研究主体,即以语言表征及使用方式为出发点推知主体的行为和认知特征。在此基础上,以胡塞尔等人为代表的欧洲人本主义哲学以及由马丁·海德格尔(Martin Heidegger)等人开启的后现代哲学进一步拓展了分析哲学的主体观,主张直接从主体自身出发研究主体及其与语言本体的关系,将以往的"话语主体"转向为"交际主体",依托交际参与和话语互动过程来揭示主体之间的关系及相应的话语构建机制,从而实现从"主体性"向"主体间性"的跨越。主体间性旨在摒弃西方传统哲学的主客二分法原则，脱离基于唯我主义的先验主体观思想的束缚，试图在自我与对象之间建立一种平等交互式关系，以取代以往的主控从属式关系。总体上讲，主体间性理论的发展主要包括胡塞尔的现象学、海德格尔的生存论、伽达默尔的解释学、马丁·布伯（Martin Buber）的对话主义论、尤尔根·哈贝马斯（Jürgen Habermas）的社会交往论这几个阶段。

胡塞尔所构想的现象学意在寻求被先验的主观意识"还原"的现象本质，而非通常而言的"客观事实"现象（金惠敏 2005：56），可以说是沿袭了笛卡儿和康德等人的理性主义认识论的老路。然而，胡塞尔认为传统认识论中的个体主体观会削弱现象学还原过程的哲学意义和伦理价值，毕竟一个"无他而唯我"的世界有可能是主体仅凭自己的空想幻化出来的产物。为此，他通过"主体间性"这一概念把先验主体从自我延伸至他者，将自我及其认知对象（客体）均视为主体，这两种主体的交互作用构成了为两者所共享的"生活世界"。概言之，胡塞尔的主体间性理论的核心在于为"我"和"他"之间提供一个以"我"作为参照点的融合通道。一方面，他在《笛卡儿式的沉思——现象学导论》（*Cartesian Meditations: An Introduction to Phenomenology*）中提出了以"类比统觉"（analogical apperception）为机制的移情理论，将"我"假设或想象成"他"，赋予了"他"与"我"同样的认识主体地位；另一方面，既然在"我"的意识世界中存在着"他"，那么两者便可共同构筑属于自我的世界，对于客观对象会形成相同的认识，"我"的世界也由此变成了"我们"的世界。尽管如此，胡塞尔的主体间性似乎仍未摆脱先验唯我论的桎梏，"我"与"他"的关系依然受制于自我的意识。然而，胡塞尔认可了"他"的主体地位并将传统的单数主体转化为复数主体，为主体间性理论的后续发展奠定了基础。

海德格尔同样采用现象学方法构建主体间性理论，但他没有如胡塞尔那样将主体关系主观意识化，而是试图通过生存论哲学关于人的存在方式的阐释将主体间性的本质进一步显性化。他认为，自我的存在（即"此在"）与他者之间构成一种"共在"（即主体间性）关系，因为自我的世界里随处都能找到他人存在和活动的印记，"此在"孕于"共在"之中。相对而言，胡塞尔旨在从"我"的角度来推知"他"，海德格尔重在以"他"来映射"我"，后者将前者的主体间性理念由"共识"发展为"共在"，其非理性主义化的色彩相对更浓郁一些。海德格尔指出"共在"的真正意义在于自我不妨碍和限制他者的自由展现，以此达到自我与他者的平衡（赵敦华 2000：176），进一步削弱了唯我论的控制力。值得注意的是，他后期还力主消解主体间性的人类中心属性，借助其提出的"四方游戏"学说将"共在"关系从人与人拓展到人与整个世界（天、地、神）。此外，海德格尔的存在主义凸显了语言在主体关系中的作用，认为语言不但是主体认知的对象和描述世界的工具，更是承载世界之物和主体理解事物的源泉，这也为后来的现代解释学做好了铺垫。

在海德格尔的启发下，伽达默尔的哲学解释学将重心从"认识"转向"理解"，从"意识"导向"语言"，并由此在文本（话语）、作者和读者之间建立起一种主体间性关系。伽达默尔的主体间性理论有两个显著特点：其一，文本具备主体性。文本及其解读者均可视为主体，文本也能够同主体对话，两者最终达到一种"视域融合"的理解状态。可见，在伽达默尔看来，语言已非客体的存在，而是被赋予了主体的地位。其二，理解具有历时性。伽达默尔认为理解本质上是一种历史活动，主体与文本的"视域融合"也体现在不同历史时期的理解主体之间。也就是说，历史的演进建立在基于理解的主体间性关系之上。

不难发现，胡塞尔、海德格尔、伽达默尔等人的主体间性理论都在围绕"我与他"的关系展开，而布伯则选择了另一条路径。他认为"我与他"的关系模式仍然将除"我"之外的存在物当作根据自我的理解和需要所认识并利用的对象，实质上还是主客二分法的产物。存在主义哲学家让-保罗·萨特（Jean-Paul Sartre）更是将"我与他"的关系完全对立起来，甚至视其为一种"主仆关系"。布伯在《我与你》（I and Thou）中提出了基于对话主义的主体间性思想，第一次用主体间关系本身来直接构建主体间关系模式（张再林 2000：14）。他指出"我与你"之间并不是一种认识与被认识的关系，"你"作为"我"以外的存在者不再是受控于"我"的认知对象，而是与"我"完全平等的主体性存在，可以与"我"直接"对话"，这样，"我与你"便可建立起一种更为切实的交互式主体关系。值得注意的是，布伯特别强调了主体之间的内涵及作用，认为"之间"既是主体间性研究的出发点（而非"我"或"你"），也是"我与你"进行对话的唯一通道和终结之处。"之间"是游离于你我之外的精神领域，它可以促使你我"相遇"，又能够让你我保持一定距离，不会改变各自的本原特征。

哈贝马斯在针对 20 世纪资本主义社会出现的种种现实危机进行批判的背景下，试图将主体间性研究从意识范畴转为实践范畴，故而提出了基于社会交往的交际行为理论。他把社会行为分成"目的""控制""戏剧""交往"四类，认为只有最后一种行为才是缓和资本主义人与人之间信任危机的最佳方式。他强调主体间性必须社会化，自我和他人只能在社会实践和群体交往中才会产生实质性的交互关系，否则就连个体主体都将不复存在。由此可见，哈贝马斯的社会交往论与日常语言学派的基本理念（尤其是后期维特根斯坦的语言游戏论）颇为类似，两者均反映了源于现实生活实践的主体观。尽管注重社会实践，但哈贝马斯并未否认理性的存在，指出理性并非个体主体的认识工具，而是主体之间的交往平台，这种"交往理性"通过具体的语言使用体现在社会交际之中。

2.2.4 从主体间性到主体可及性研究：批判与继承

综上所述，主体研究的发展历经先验论到实践论、符合论到交互论、认识论到理解论、中心论到整体论的多重转向过程，并围绕着主体的地位和作用、主客体之间的关系、主体和语言本体的关系这三个核心问题展开激烈的论争。从古希腊的主体被动论到中世纪的主体虚无论，再到近现代的主体控制论、决定论和实用论，直至后现代的人本主体观，由"主客二分"逐步发展为"主主合一"的主体间性理论，在扩展了主体研究范围的同时，建立了人与人、人与自然之间和谐共生的伦理观和价值观（表2.1）。

表 2.1　西方哲学的主体研究发展简表

主体研究	存在论（前主体性研究）		认识论（主体性研究）		语言论（主体间性研究）	
	派别	主张	派别	主张	派别	主张
主体的地位和作用	古典派	不承认主体的地位；不否认主体的存在（先验主体）	经验派	知识源于主体的感性经验（唯物观）或主观感知（唯心观）	逻辑派	虚化主体观（理性主体、形而上学）
					日常派	主体依赖性（感性主体、实用主义）
	经院派	否定人作为主体的作用（神学主体）	理性派	知识归于主体的理性意识（唯心观）	欧洲人本主义及后现代哲学	主体间性（交互主体、反对唯我主义）
主体与客体的关系	古典派	主体被动论（主体依附于客体）	经验派	主体控制论（主客一元论）	逻辑派	主客二分
					日常派	主客合一
	经院派	主客虚无论（否认主、客体的存在；两者均服从神的意志）	理性派	主体决定论（主客二元论、一元论、多元论）	欧洲人本主义及后现代哲学	主主合一
主体与语言本体的关系	古典派	语言和思维的关系（同一论、怀疑论、分立论）	经验派	语言既依赖主体又制约主体	逻辑派	语言分析排除主体的影响；割裂主体与语言本体的联系
					日常派	主体的行为和认知体现为语言的具体运用
	经院派	—	理性派	语言既是客体又是主体；主体本身蕴含语言本质	欧洲人本主义及后现代哲学	从主体自身出发研究主体和语言本体的关系（语言的主体化）

尽管如此，当前的主体间性及其同类研究同样存在以下几点值得商榷之处。

第一，标榜的理念与其实质内容有自相矛盾之嫌。现象学、存在主义、哲学解释学和对话论其实都没有真正实现对先验认识论的超拔，在很大程度上仍然囿于主体在精神和意识层面上的互动，即便是哈贝马斯基于社会实践的交往行为论也主要在强调一种精神而非物质的交往。此外，无论是"我与他"还是"我与你"的建构模式，本质上都是以"我"作为支点来诠释"非我"，主体间所谓的平等关系并未真正确立。可见，上述主体间性理论均未能彻底改变"唯我论"这一根本出发点。

第二，理论自身的不完整导致在学理上顾此失彼。胡塞尔、海德格尔、萨特、伽达默尔等人的理论体系中的"他者"更多是源自客体，也就是自我的认知对象或工具（世界万物或语言本体等），并非都指的是"他人"。布伯的"我与你"模式把人与物的关系提升至人与人的关系，这样虽然更加接近于纯粹意义上的主体间性，却又在无形中排斥了"我与他"关系的存在。事实上，主客关系是人类对象化活动的基础，与主体间关系是并存的，不可厚此薄彼（高鸿 2006：57）。从人类的认识规律来看，主客关系是通向主体间性的必由之路，前者是后者的起步阶段，后者是前者发展的高级形态。也就是说，认识对象本质上没有改变，只是其角色由客体变成了主体。通俗地讲，无论"他"也好，"你"也罢，必先充当"我"所认识的客体，而后才会成为可与"我"互动的主体。由此可见，主客关系应归属于主体间关系，作为其组成部分。照此逻辑，通过完全抛弃主客二分法的方式来建构主体间性实不可取，因为一旦主客关系被否定，主体概念也会随之消失（例如当代美学研究中的"非主体性"或"后主体性"思想把审美经验视为一种可以脱离主体的活动），毕竟主体是主客二元论思想的源头（苏宏斌 2009：5-6）。若如此，主体间性研究也就失去了根基和存在的价值。

第三，针对主体间"中介"的相关研究没有系统化，致使主体间性的运作机制显得模糊化。如前文所言，主体间性理论的核心理念是主体间的"互动"关系，那么问题随之而来：首先，主体之间为何会产生互动？其次，这种互动具体是如何体现的？上述相关理论大多聚焦于第一个问题，以各自思辨性的视角探讨了主体间性形成的理据以达到批判个体主体论的哲学目的，而对第二个问题则阐释得不够系统深入。这表明，主体间性研究其实尚未完全从"主体—主体"模式进阶到"主体—中介—主体"的系统研究阶段，中间有一块明显的空缺需要填补。布伯的对话主义已将"我与你"交互关系的基点定位于你我"之间"，其实已为主体间的"中介"研究做好了铺垫。所谓"中介"，指的就是主体互动的体现方式和关联机制，不把这个问题研究透彻，主体间性只会作为一种高度抽象的哲学理念而无法成为系统的理论体系。无论"中介"是精神层面还是物质层面的存在，它都要通过具体的话语和交际活动运作于主体之间，最终都要通过由主体控制下的语言的本体输出体现。伽达默尔的解释学将语言（文本）同样视为主体，在一定程度上混淆了主体以及主体的体现方式这两个概念。换言之，我们可以借助文本来体现文本产出者（主体）

的思想和意图,但文本绝非主体本身,而是主体交互的一种"中介"手段并受制于主体。欧洲大陆人本主义开启的主体间性研究早已置身于"语言转向"的哲学背景下,但其针对主体间性的语言互动机制的系统分析却未能及时跟进,反而还稍逊于逻辑语言学派和日常语言学派关于语言的主体性研究,这一点值得反思。

据此,本书在对存在论、认识论和语言论各自相应的主体观进行梳理和扬弃的前提下,融合理性主义和经验主义各自的思想优势,以 20 世纪语言哲学及后现代哲学关于主体性和主体间性的基本理念为主要依托,尝试运用"主体可及性"理论深入探讨主体间的认知关联机制及其在话语交际过程中的系统体现,并试图通过"话语可及"这一机制来开拓主体间赖以互动的"中间地带",并以此构建话语主体和语言本体的动态关系。

2.3 话语主体研究的语言学缘起

从表 2.1 可以看出,西方哲学界对于主体的研究始终与语言本体分析紧密联系在一起。一方面,语言是主体思想的主要体现方式,我们通常更易于借助语言手段来把握主体的思维活动;另一方面,主体之间的交际与沟通也主要以语言作为媒介来相互传递交际意图以实现彼此思想的交融。如前节所述,即使一贯主张主体虚无论的中世纪经院哲学也未曾轻视过语言研究,而近现代哲学更是大多从语言本体出发解读主体的本质,甚至将语言主体化并赋予其与主体同等的地位,使得语言哲学和现代语言学的主要论题同质化,这一时期的一些代表性语言学家,如索绪尔、乔姆斯基、韩礼德(M. A. K. Halliday)、奥斯汀、塞尔、乔治·莱考夫(George Lakoff)等也同样被视为语言哲学家。也就是说,主要语言学流派的产生、发展和转向与主体的哲学研究几乎是同步的(表 2.2)。

表 2.2 主体的哲学研究与各阶段的语言研究概览

语言研究	存在论（前主体性研究）		认识论（主体性研究）		语言论（主体间性研究）	
	派别	主张	派别	主张	派别	主张
各个阶段的语言学研究及流派	古典派	词法和句法研究	经验派	归纳推理（语义学）；实证主义（词源学、形态学、音位学、比较语言学、语言类型学)	逻辑派	形式主义语言学
					日常派	功能主义语言学
	经院派	思辨语法（语法学）和共相研究	理性派	数理逻辑（逻辑语义学、人工语言）	欧洲人本主义及后现代哲学	功能主义语言学

由表 2.2 可知，关于主体的哲学研究以及主体与客体界定上的哲学对立最终引发了当代语言学形式主义和功能主义两派的分歧，针对主体和语言本体关系的论争也逐渐从哲学界拓展至语言学领域。

2.3.1 形式主义与功能主义语言学的划分标准及其存在的问题

自 20 世纪 70 年代以来，关于语言学的形式主义和功能主义两大流派的对比研究一直是语言学界的焦点问题，学者们纷纷从各自的角度对两派进行了系统的区分（Hymes 1974；Dik 1981；Leech 1983；Newmeyer 1983；Kuno 1987；Schiffrin 1994；Givón 1995a；Butler 2003）。总体上讲，目前对形式主义和功能主义的划分主要依据狭义和广义两种标准。

其中，狭义标准基于语言本体层面，主要体现在以下三个方面。

（1）语言研究对象

形式主义将语言视为一个具有封闭性和自主性的模块系统，研究语言内部的音、形结构及其自身的固有意义；功能主义将语言研究与其外部因素结合起来，分析语言的社会功能及其对语言结构和表达方式的影响。

（2）语言分析路径

形式主义以词汇和句子作为基本单位，通常借助自下而上的语法描写来分析词与句的组合方式与结构特征；功能主义视话语（语篇）为基本单位（或不明确设定具体的语法单位），一般通过自上而下的语境和功能分析来探索话语的生成、理解和表征机制。

（3）语言学科体系

形式主义一般包括音系学、词汇学、句法学、语义学等传统普通语言学的主要分支；功能主义主要涵盖普通语言学以外的带有应用或跨学科性质的语言学范畴（如语用学、文体学、社会语言学、功能语言学、认知语言学等）。

相对而言，广义的划分标准旨在从语言本体出发阐释语言和主体的关系，主要可归结为以下三点。

（1）语言与主体活动

形式主义将语言当作主体心理活动的产物，语言是主体思想表达的工具；功能主义将语言视为主体社会活动的载体，语言是主体交往沟通的渠道。

（2）语言与主体发展

形式主义主张语言源自主体遗传的天赋能力，这种先天的能力一般会随着主体习得的语法单位复杂性的提升得到逐步展现；功能主义认为主体是通过后天培养和学习的方式接触语言的，主体往往会结合自身的体验或知识确定一个总体的话语范围或认知框架，任何语言单位均可作为其构建手段。

（3）语言与主体需求

形式主义以规则为导向，试图展示主体应具备的最为系统和最具约束力的语言能力，以此成为一个理想化的话语主体，即主体需要正确地使用语言；功能主义以目的为导向，尝试发现语言具体运用的规律和特点，主体也可根据实际需要调整相应的话语策略，即主体需要恰当地使用语言。

不难发现，狭义和广义标准内部的各个要素之间基本上是对应的：形式主义和功能主义在语言的研究对象上分别体现了主体活动的内在性与外在性；在分析途径上分别表明了主体发展的阶段性与整体性；在学科体系上分别揭示了主体需求的规约性与动态性。然而，上述两个划分标准都是以语言作为立足点，也就是仅从语言的角度去阐释语言及主体，致使形式主义和功能主义语言学的边界依然不十分清晰，其主要根源在于以下几点。

首先，语言研究的"二元论"使得两者在学理上不可分割。索绪尔指出语言符号由"能指"（signifier）和"所指"（signified）两部分组成。前者原指音响形象，后来泛指语言的各种符号形式；后者原意为概念，后来泛指语言形式所体现的意义或功能。丹麦符号学家路易·叶尔姆斯列夫（Louis Hjelmslev）在此基础上将能指和所指扩展为"表达层"（expression plane）和"内容层"（content plane）这两个概念，进一步深化了语言二元论的思想。据此，"形式"和"功能"在语言系统中形成了一种"对立统一"的二分关系。其中，对立关系源于语言的"任意性"（arbitrariness），即语言的形式和功能之间不存在任何理据，某种形式约定俗成地对应于某种意义。统一关系基于语言的"象似性"（iconicity），即语言的形式与功能产生一种有动因的耦合，某一形式在特定的语境下表达某一功能，且同一形式会因语境的改变而对应于不同的意义，反之亦然。由此可见，以上两种关系分别奠定了形式主义和功能主义的学理基础，前者从形式的角度分析意义（如形式语义学、逻辑语义学等），后者从语用的视角解读意义（如语篇语义学、语篇语用学等），现代语言学的研究路径由此可归为"形式""语义""语用"三个核心板块，"语义"也就成为形式主义和功能主义的联系纽带，而意义的不确定性在很大程度上造成了两派边界的模糊性。由此可见，若将"功能"完全等同于"意义"，容易将功能主义的研究泛化，从而混淆了其与形式主义在学理上的差异。

其次，语言系统的"二重性"（duality）促使两者的研究模式发生重叠。简言之，语言二重性包括两个特征：一是语言系统具有上、下两层结构，下层的形式单位（原指语音单位）体现并构成了上层的语义单位；二是每一层结构都具备一定的形式单位的组合规则。尽管这两个特征分别代表了功能主义和形式主义的语言研究范式，但是从中也可明显看出两者的融合性：一方面，语言的形式和功能本就是一体的。通俗地讲，形式是具有功能的形式，功能是形式具备的功能。如此，两派的研究内容甚至方法难免会出现交叉。例如，有的形式主义学者开始涉足语篇分析领域的相关论题（Kamp & Reyle 1993；Kiss 1995），而部分功能主义学家也试图接受句法自主观的模块论思想（Kuno 1987；Prince 1988）。另一方面，语言的形式归于功能，前者是后者的体现方式。换言之，虽然形式和功能未必总是一一对应，但形式最终必然要表现为一定的功能才有存在和分析的必要。如前文所述，功能主义语言学通常将话语（语篇）作为基本单位，而话语可以表现为具有完整意义的任何形式单位（音位、语素、词汇、小句等），因为话语本身属于语义单位而非形式单位。正是由于功能包含了形式，所以当前关于形式主义和功能主义语言学的对比研究大多出自功能主义学者之手，但由此也易引发一种错觉或误解："形式主义重形式、轻语义，功能主义两者并重。"事实上，形式主义学家从未否认语义和功能研究的重要性，更未割裂语言能力和语言运用之间的联系。

既然依靠语言本体尚难以明晰形式主义和功能主义的区别，本书尝试换一种路径，从主体的视角出发阐释主体和语言研究的关系，以此重新解读两大流派的差异和分歧，进而揭示主体研究的语言学基础。

2.3.2 主体的形式主义研究

形式主义语言学的研究初衷并非囿于形式结构的描写，而是将语言形式作为意义的表征并以语法规则和符号结构的方式展现出来。可见，语义研究从一开始便是形式主义学派关注的核心问题，形式研究仅为其实现手段。但是由于语言的形式描写相较于语义分析更为直观系统，且在语言哲学时期之前的语法学、类型学、逻辑学等结构主义和实证主义的研究范式一直统治着语言学研究，所以人们更倾向于将这一时期的语言学视为专门针对语言形式符号的解析和分类研究，并将其模块化，"形式主义"也因此得名。据此，形式主义仅代表了语言学的一种实证研究方法，并非指其具体的研究内容，"形式"只是对形式主义的片面理解。意义是语言符号产生的根本理据，可以有无形式的意义，但不存在无意义的形式，且两者都离不开主体的参与。下文将分别从"语义"和"形式"两个方面探讨主体在形式主义语言学中的介入方式、研究维度和表征方式等一系列问题。

2.3.2.1 主体的（形式主义）语义研究

依托于形式主义的语义研究源于19世纪后期的历史比较语言学，起初主要研究意义的变化及理据，后来在 20 世纪欧美结构主义语言学和逻辑实证主义研究的推动下日趋成熟，构成了传统语义学的基本理论体系，主要包括面向词汇的结构主义语义学以及基于句子的形式（逻辑）语义学。

由于此时的语义研究深受客观主义哲学的影响，主体因素似乎被排除在语言分析之外，主体在形式主义语义学中所发挥的作用被极大地弱化了。然而，对于语言意义和世界关系的考察无法彻底摆脱主体的介入。形式主义的意义研究具有内在性（即"内部语义学"）（Jackendoff 1996：540），其本质在于人类理解世界的手段或者人类思想的形式特征，直接表现为人类与语言和世界的对应，这一切均在人脑中进行布局。笔者认为，主体对于（形式主义）语义研究的介入方式主要表现为下述四个特征。

（1）映像性

意义连通着客观世界，独立于主体意识之外，主体无法自主地创造意义，主体的作用是将已然存在的意义如实地揭示并描述出来。

（2）单一性

主体不具备对意义的构建性，故不予区分"生成者""接受者"等具体的主体角色，此时主体作为一个独立且抽象的思维存在形式，倾向于以"内省"（introspection）的方式获取意义，并通过"自洽"（self-consistent）的手段解读意义，从而形成各种相对稳定的语义范畴。

（3）隐性化

意义无法像语言形式和结构那样可见，主体介入意义的过程也由此难以显性化。主体只关注意义生成的结果（如图 2.1 中的 S_n），并不试图解释其形成的过程。对于语义研究而言，主体更像是一个旁观者而非实际参与者。由此，主体在语言分析中仅仅归属于相应的语法范畴（如"主语""宾语""补语"等）。

（4）组合性

语义系统的固化主要源于主体的"历时"和"共时"这两类组合认知方式，如图 2.1 所示（S 代表主体）。

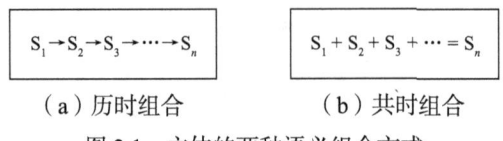

$$S_1 \rightarrow S_2 \rightarrow S_3 \rightarrow \cdots \rightarrow S_n \qquad S_1 + S_2 + S_3 + \cdots = S_n$$

（a）历时组合　　　　（b）共时组合

图 2.1　主体的两种语义组合方式

从图 2.1 可知，历时组合体现了主体在不同时期对于同一意义实施的"累进式"认知，即 S_n 包含并扩展了 S_{n-1}；共时组合展现了主体在同一时期对于不同意义采取的"合并式"认知，即 S_n 和 S_{n-1} 彼此相对独立。图 2.1 中的 S 既可指理想化的个体主体，也可指由其组成的群体主体。

形式主义语义学对于意义的研究是一维单向性的，试图揭示特定的意义是如何对应于与之关联的语言形式或者在此基础上是如何由特定的形式组合而成的，这种对应和组合具有无标记性和象征性，也就是主体对于意义的常规性认知，最终表现为具体的语言形式和结构。据此，我们将主体认知视角下的（形式主义）语义研究分为两个层面（阶段），如图 2.2 所示。

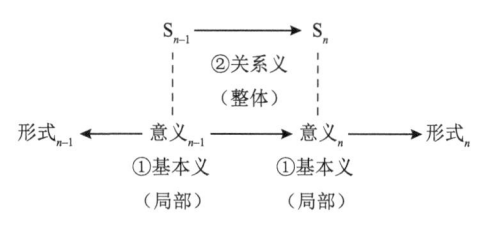

$$S_{n-1} \longrightarrow S_n$$
$$②关系义$$
$$（整体）$$
$$形式_{n-1} \longleftarrow 意义_{n-1} \longrightarrow 意义_n \longrightarrow 形式_n$$
$$①基本义 \quad ①基本义$$
$$（局部）\quad（局部）$$

图 2.2　主体的（形式主义）语义研究模式

图 2.2 表明，意义的产生是由 S 主导的从"基本义"（basic meaning）到"关系义"（relational meaning）的进阶过程。基本义指的是语言形式本身所固有的意义，反映了 S 对于个别事物或概念的局部性初级认知。关系义源自基本义，是指在基本义之间进一步建立起来的语义关系，体现了 S 对于不同事物或概念之间的联系及相互作用的整体性高级认知。不难发现，基本义和关系义分别是上文提到的 S 介入意义的"映像"与"组合"这两种方式的产物，S 既源于基本义，又促成了关系义。换言之，意义即是主体，语义关系实质上就是主体关系。由此可见，主体使用语言的结果是将自身演化成了语义的载体，而语言形式则作为主体语义化的工具。正是主体的这种语义介入模式奠定了传统语义学的研究体系。

具体而言，基本义可以分化为词汇及句子层面的语义"本体"研究：前者主要探索单个语词的系统义（内涵与外延）和指称义（专有名词、名词词组、代词等）以及词义变化等；后者主要讨论单句命题的真值、谓词逻辑（语词、公式、句法）和普通量词（限定词）对句义的控制作用等。两者均聚焦于对自然语言的某一部分进行确定性的语义研究，旨在间接地揭示主体是如何客观真实地观察世界的。

相比之下，关系义具体表现为词汇及句子层面的语义"关系"研究：前者主要阐释词义的分解方式（语义成分分析）以及词义的各种组合（搭配、矛盾、失谐等）与聚合（同义、反义、上下义、部分与整体、多义、同音异义等）关系等；后者主要探讨复合句的意义关系（时间、空间、转折、让步、原因、结果、目的、条件、方式、比较等）以及复式命题的真值条件或命题逻辑（否定、合取、析取、蕴含、预设、等同、矛盾等）等。两者均试图证实意义的整体等于其部分之和，词汇（或句子）形式的组合对应于词义（或句义）的组合，以此表明主体理解世界的手段是可以形式化的，且严格遵循一定的对应关系与逻辑顺序。

2.3.2.2 主体的形式研究

一般认为，语言的形式主义研究始自索绪尔开创的结构语言学，但结构主义在20世纪30年代初期出现了分化。其中，"布拉格学派"和"哥本哈根学派"重在研究结构和功能的关系，后被归入功能主义范畴，而基于经验主义的"美国描写语言学"是结构主义发展最为完善的一个学派，成为当时主流的形式主义语言学范式，主要代表人物是莱昂纳德·布龙菲尔德（Leonard Bloomfield）。20世纪50年代后期，乔姆斯基的"转换生成语言学"从根本上改变了美国结构主义的语言分析方法，将形式主义语言学引向理性主义之路。

结构主义的根本宗旨在于"意义出现在结构之中"（陈嘉映 2003：83）。然而，主体对于语言形式和结构研究的介入方式与（形式主义）语义研究有所不同，且在布龙菲尔德和乔姆斯基各自的理论体系（以下简称"布氏"和"乔氏"）中存在较大差异。

布氏的主体观和语言论是对布莱恩·魏斯（Brian Weiss）的行为主义心理学、弗朗兹·博厄斯（Franz Boas）的人类学以及"萨丕尔-沃尔夫假说"（Sapir-Whorf Hypothesis）的继承和发展。布氏依托行为心理学，指出语言是一个主体受到"刺激"后使另一主体做出"反应"的过程，似乎已将主体因素纳入语言分析中来，但事实并非如此。一方面，布氏的行为主义仍旧将主体的直觉和思维排除在外，不能揭示语言的实质发生过程，从而无法通过语言将人类和动物区分开来；另一方面，布氏的语言分析采取的是基于观察和描写的"归纳法"，试图打造经验主义语言科学体系，这样便进一步弱化了主体的作用。由此，布氏持有一种极端形式主义的观点，将主体高度形式化，即人只会说话，本身并无思想，思想归结为语言形式。此外，布氏认为语言并非为个体主体所有，而是属于社会群体（言语社团），且主体不能先天获取语言，只能凭后天经验习得语言。

尽管乔氏也承认语言研究系心理学的组成部分，但乔氏对于主体的看法几乎跟布氏截然相反，主要表现在三方面：第一，语言形式源于主体思维。乔氏将语言学的终极目标定位于"揭示人脑的实质、人的知识的本质和人的本质"（刘润清 1995：211）。第二，主体直觉具备一定的语言解释力，无须通过主体经验的验证。乔氏借由认知心理学，重启曾被行为心理学否定的自我观察法（内省法），通过假设和演绎式分析将主体的直觉与经验一并用于句法研究。第三，主体的语言习得是先天性和后天性、群体性与个体性的统一。乔氏认为语法构造虽有主体天生的因素在起作用，但主体后天的经验也同样重要，两者共同促成了完整的语法或句法系统。前者代表了"普遍语法"（UG），是语言研究的最高层次，集观察、描写和解释充分性于一身，具有群体效应；后者催生了"个别语法"（PG），限于观察和描写，带有个体特征。个体特征有两层含义：一是泛指不同的语言（如英语、汉语等）；二是专指个体的"语言能力"（linguistic competence），所谓"生成语法"就是主体的这种能力被形式化的产物。此外，乔氏指出语法规则是个体主体内在的心理机制，而非社会群体的共同规范，即使和其他主体说的话都不一样，个体仍可能在遵循语法规则（陈嘉映 2003：309）。

综上所述，我们不妨将布氏和乔氏的形式主义主体观大致整合为图 2.3 中的模式。

$$S \dashleftarrow\dashrightarrow 共同主体 \rightarrow 布氏+乔氏（UG）$$
$$S_1 \quad S_2 \quad S_3 \cdots S_n \dashleftarrow\dashrightarrow 个体主体 \rightarrow 乔氏（PG）$$

图 2.3 布氏和乔氏的形式主义主体论构架

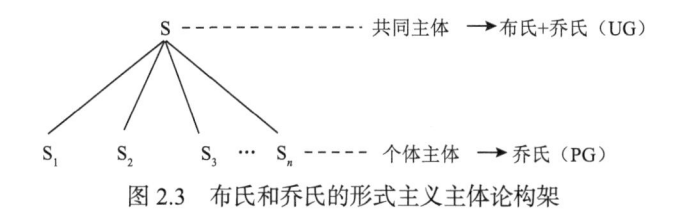

图 2.3 表明，乔氏的主体观在总体架构上融合了布氏。布氏和乔氏在 S（共同主体）层面分别凸显了 S 的社会及认知属性。值得注意的是，与前文探讨的（形式主义）语义视角下的主体研究不同，布氏和乔氏对于主体的形式研究并不依赖于 S_1、S_2、$S_3\cdots S_n$（个体主体）之间的组合性，而是通过 S_1、S_2、$S_3\cdots S_n$ 各自的规则性以及 S 的抽象性来概括并阐释语言系统的共性特征及一般规律。

总体来说，布氏语言学试图将无限的语言形式总结为有限的语法类型，乔氏语言学旨在运用有限的句法规则生成无限的语法结构。尽管两者的研究方法有很大差异，然而语言的形式研究同样具有一维单向特征，但与语义研究的方向正好相反。布氏和乔氏都是先从形式入手，再试图以此揭开意义的本质，从而间接显示了话语主体的作用。两者的区别如图 2.4 所示。

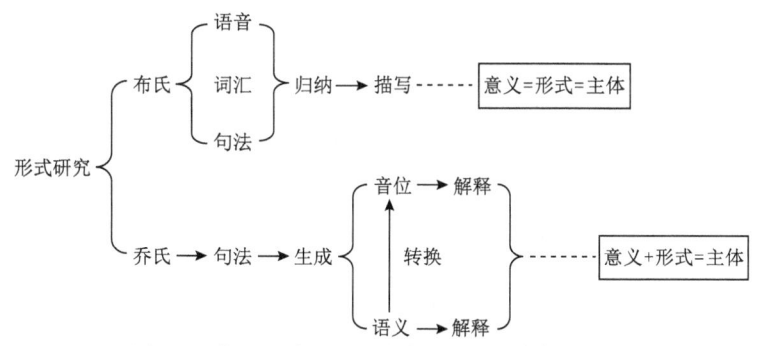

图 2.4 布氏和乔氏的形式主义语言研究模式对比

由图 2.4 可知，布氏以语音形式为起点，对语言的表层结构尤其是各类形式的分布特征和替代关系进行了系统的研究，开创了语言结构的"直接成分分析法"，旨在借此对意义进行同样的分类式描写。这表明布氏提倡"对应论"的形式主义逻辑，即我们能够观察到的形式就是意义，主体要如实地反映并描写意义，因而主体就是形式。

乔氏从句子结构出发，注重语言的深层结构（语义）及表层形式（音位）之间的内在联系，并探索由深层向表层结构转换过程中的各种句法规则，希望以此来区分句法和语义。乔氏将句法和语义视为两个独立的模块，分别起到"生成"和"解释"的作用，但后来乔氏又将语义解释扩展到了表层结构，完全基于结构来界定语义，即"解释语义学"。可见，乔氏的形式主义研究倾向于一种"合成论"：形式不等于意义，但结构的转换会引发意义的改变；主体依赖于形式（主体的语言能力植根于句法结构），但同时也受制于意义的解释。据此，乔氏理论中的形式和意义经历了一个"由分到合"的过程，两者的边界似乎并不明朗。

布氏和乔氏的理论体系由于对意义研究的贡献不大而饱受诟病，甚至两人的研究路径（先形式后意义）被认为犯了路线性错误（陈嘉映 2003：299）。其实，两人并非不重视语义研究，只是试图通过语言结构分析来间接阐释意义。

布氏认为以人类目前的认知能力还无法直接碰触意义本身，要实现这一目标，就必须先对语言形式做出精确科学的描写，以此逐步还原意义的本貌。布氏在《语言论》（*An Introduction to the Study of Language*）中仅有第 9 章、第 24 章两章（"意义"和"语义变化"）专门讨论了语义问题，无非是想表明：意义的共时研究大多只能借助形式手段实现，直接针对意义的研究暂时只能是历时的。事实上，语言形式的确定性和语义的模糊性之间看似不可调和的矛盾催生了布氏的研究理念：对意义的确定性研究必须依赖于语言形式，否则很难对意义进行书面研究。同样，对于主体的显性研究和系统分析也会因语言形式和结构的分析变为可能。

乔氏虽将句法和语义模块化，但是生成和解释这两种机制是紧密相连的，两者几乎贯穿于各种句法规则。生成语法中的语义解释有点类似于语境在功能主义语言学研究中的作用，为很多特殊的句法结构转换提供了必要的逻辑理据。正如形式语义学家理查德·蒙太格（Richard Montague）的两个基本假设所言：自然语言的语义与句法有构成关系；自然语言的逻辑形式与语言的表层句法非常接近（束定芳 2000a：13）。从图 2.4 可见，乔氏对待语义研究持有比布氏更为包容的态度，在一定程度上也为后来的美国功能主义语言学以及主体的功能主义研究做好了铺垫。

2.3.3 主体的功能主义研究

功能主义语言研究源自普罗泰戈拉（Protagoras）和柏拉图创建的"描写-人种学派"（Dscriptive-Ethnographic School），该派提倡以人为本的主体观，并以句子作为基本单位和突破口，将主体的作用通过句子的各种语义成分和功能类型充分体现出来。这种句义分析模式得到了始于 20 世纪 20 年代和 60 年代的欧洲与美国功能主义学派的继承和发展，直至韩礼德于 70 年代提出了系统功能语法理论，功能主义思想体系也由此完全建立起来。对于功能主义语言学通常会存在一种误解，即除去语言形式研究以外的语言学都应归入功能主义范畴，似乎语义研究即为功能研究。如前文 2.3.2.1 小节所述，形式主义语言学并非仅限语言形式研究，某些语义研究也可归为形式主义。总体上讲，功能主义语言学具有以下三个显著特征。

（1）用语义的功能分析取代语义的形式分析

前者是对语言形式的定性式语义分析，即功能成分一旦确定，一般不会因其形式结构的改变而改变，但语言形式会因其功能类型的变化而被贴上不同的语义标签；后者是对语言形式的定位式语义研究，即形式与语义是机械对应的，形式的组合便是语义的组合（详见 2.3.2.1 小节）。

（2）将语言分析由词汇和句子层扩展到语篇（话语）层

这种扩展不仅是分析层次在语言单位上的提升，更是一种语言观的进化，把语篇（话语）视为语义单位而非形式单位，并将表达完整意义的所有单位都归于其中。

（3）将语境因素（尤其是言外语境）系统融入话语分析

文化语境、情景语境、社会语境、认知语境等各类语境理论既为话语分析的可行性创造了条件，又为其可靠性提供了必要的解释依据。语境和话语之间构建了双向预示机制。

同时，上述三个特征也粗略勾勒出功能主义语言学的基本发展脉络：从欧美的结构功能论和交际功能论，到基于系统功能语法的话语分析模式，再到当前语境论促动下的多维化、跨学科的话语功能研究，最终形成了以语篇（话语）为基础平台，以结构和语境为分析路径的"一体两翼"的功能主义研究架构。具体而言，第一个特征和第二个特征的结合构成了话语的"语义"研究（话语结构的功能分析）；第二个特征和第三个特征的融合产生了话语的"语用"研究（话语使用的语境分析）。虽然主体对于语言本体的作用已从形式主义时期的隐性参与者发展为功能主义阶段的显性构建者，然而学界目前尚未针对主体的功能主义研究进行专门系统的梳理。据此，本节拟从"语义"和"语用"两个视角总览主体在功能主义语言学中的介入方式、研究维度及语言表征方式。

2.3.3.1 主体的（功能主义）语义研究

功能主义思潮是在经验主义认识论的引导下发展起来的，此时的意义研究不再采用分析哲学基于符号运算的形式推导法，而是注重以语言的内在与外在因素相结合的方式探讨意义的本质。总的来说，西方功能主义不再只关注语言的句法或语法功能，而是倾向于语义的实用性和目的性研究，可以说是对布氏和乔氏形式主义思想的一种针锋相对的回应。

在非客观主义体验哲学的推动下，功能主义学者将主体的感性经验与主观感知同语义研究直接联系起来，突出主体对语义的制约或限定作用，主体的功能也因而从"介入"转为"融入"。语言不是一个独立的形式模块，而是在各个层次对人类经验进行概念化的工具之一（Albertazzi 2000：10），词法和句法形成了一个由象征系统构成的连续体，作为供个人选择使用的象征资源总和，意义是主观概念化、情景化和动态化的，依赖于人们的心理过程。由此，我们可将主体的（功能）语义特性概括为以下四个方面。

（1）主观性

意义一部分源于客观世界，一部分来自主体意识，与主体不再分立。主体不再只是意义的镜像，更可以自行产出并构造意义，直接表现为语言的形式和功能互不对应。此外，主体在使用语言时不会仅仅是为了适从客观世界，更要充分考虑或试图符合话语对象主体的思想或认知。

（2）多样性

主体不再被高度抽象化和单一化，而是变得多样化。总体上讲，主体角色可分为"言内主体"和"言外主体"两类：前者给予和主体相关联的语言成分各种语义标签（如"施事/动作者""受事/目标"等），以阐释不同类别的语言功能；后者使得话语"生成者"和"接受者"具有了语言学意义，并可体现为若干具体的话语角色（如"发话人/作者""受话人/读者"等），以应对不同类型的话语分析（口语/书面语）。

（3）显性化

主体在语言分析中不仅有语法功能，更被赋予了独立的语义地位。由此，主体不仅是言语活动的旁观者或研究者，同时也是其实际参与者，形成了"以主体来分析主体"的语言研究模式。

（4）向心性

对于语言成分的功能分析在很大程度上是以主体为中心展开的。小句中的功能成分分析体现了"言内主体"的存在方式（如"施事""受事"等）以及行为状貌（如"工具""给予""使成""方位""受益""伴随""起点""终点"等）。语篇（话语）层面的语义分析在此基础上还包含了受制于"言外主体"的谋篇手段（如"主位结构""信息结构"等）。

由此可见，主体的功能主义研究使其与意义和形式不再只是简单的对应和组合关系，而且意义与形式之间也不再呈现出形式主义视角下的单向式研究维度，两者在主体的控制和作用下形成了二维双向式的研究路径（图2.5）。

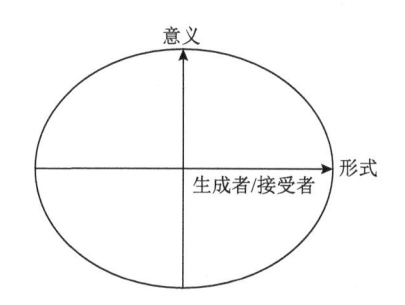

图2.5 主体的功能主义语义研究维度

如图 2.5 所示，语言的形式研究代表了语言成分的组合模式和配列关系，语义研究反映了语言成分的聚合模式和选择关系，两者分别标示为图中坐标系的横轴与纵轴。主体（主要指 P 或 R）是整个坐标系的原点，作为形式和意义研究的出发点与交汇点，分别构成"主体→形式"以及"主体→意义"这两个以主体为中心的语言研究维度。从 P 的角度看，主体先生成话语意义，后输出话语形式；从 R 的角度讲，主体先处理输入的话语形式，再理解相应的话语意义。然而，由于功能主义语义研究尚未给予语境因素太多的关注，大多数研究成果仍停留在语义分析本身，所以这两个维度并未系统地融为一体，P 和 R 之间的话语交际研究尚未完全成型。

功能主义对于主体、意义和形式的上述研究维度和路径构成了其核心语义观，也直接决定了其语言观的整体架构。从宏观上讲，功能主义可按照地域划分为欧洲和美国两大学派，各自的代表性观点如表2.3所列。

表2.3 功能主义主要学派的语言观概览

地区	主要学派	基本语言观
欧洲	布拉格学派	先研究语言功能，后分析语言形式；语言具有系统性；语言的共时研究重于历时研究；不限制语言素材，研究各种文体；语言标记性
	伦敦学派	语言是多重系统；注重语义研究；区别系统和结构；强调语篇及语言变体

续表

地区	主要学派	基本语言观
欧洲	哥本哈根学派	强调语言事实研究；划分内容和表达；区分形式与实质；区别系统和过程
	系统功能学派	语言是社会意义系统；语言是行为系统；强调语言的变异性和功能性；级阶成分分析法；语言分为语义、词汇语法、音位三个层次；划分概念、人际、语篇三大纯理功能；语言事实是或然的
	法国学派	语言是双重分节的（表义性单位+区别性单位）；语言分析的经济原则；语言研究的现实原则
	荷兰学派	区分语义、句法、语用三种功能；语言功能的积淀与销蚀；降低语法的抽象性，增强语法的普遍性
美国	法位学	语言分为语音、语法、词汇三个层次；法位是空位（语法功能）与填充物（语法类别）的结合
	层次语法	语言分为义位、词位、形位、音位四个层次；语言是体现与配列关系结合的关系网络；区分简单和差位体现；区分交替、配列、符号模式；神经认知网络
	格语法	区分格关系（深层语义—结构关系）和格形式（表层语法现象）
	功能句法	强调句法结构的语义、语用、交际功能
	切夫语法	语义主义、语义分类、语篇语法
	角色与指称语法	结构特征决定于功能角色；区分核心、中心、外围三个层次及连接关系

注：根据胡壮麟等（1989）、胡壮麟（2000）、朱永生等（2004）的研究整理而成

从表 2.3 中不难发现，欧美两派的功能主义语言观都将意义置于首要地位，在此基础上同时赋予语言系统性、层次性、体现性、现实性和连接性这五大功能特征。语言的音位、语法和语义结构受制于使之起作用的社会功能（Lyons 1981：224）。功能主义视角下的语言系统是一种社会交往的工具，功能语言学是一种调查某个社会人为了与他人交流而习得和使用语言的研究方法（Richards 1985：114）。很显然，上述五个功能特征的共核就是语言的主体性。

从微观的角度看，功能主义语义研究的代表性理论成果在所有语言单位中都有所体现，主要包括以下方面（由于篇幅所限，在此不一一展开详细介绍）。

（1）音位层

包括尼古拉·特鲁别茨柯依（Nikolay Trubetzkoy）和罗曼·雅各布森（Roman Jakobson）的"功能音位学"、约翰·鲁珀特·弗斯（John Rupert Firth）的"韵律语音学"等。

（2）词汇层

包括威廉·马泰休斯（Vilém Mathesius）的"功能名称学"、查尔斯·菲尔墨（Charles Fillmore）的"语义格切分"、约瑟夫·哈罗德·格林伯格（Joseph Harold Greenberg）的"词序类型"等。

（3）小句层

包括马泰休斯的"句子功能观"、詹·费尔巴斯（Jan Firbas）的"交际动力论"、韩礼德的"功能语法"、西蒙·迪克（Simon Dik）的"小句功能分配"等。

（4）语篇（话语）层

包括查尔斯·弗里斯（Charles Fries）的"主位结构"、华莱士·切夫（Wallace Chafe）的"信息结构"、威廉·曼恩（William Mann）和桑德拉·汤普森（Sandra Thompson）的"修辞结构"、泰尔米·吉翁（Talmy Givón）的"话题连续性"、米哈伊尔·巴赫金（Mikhail Bakhtin）的"复调论"、朱莉娅·克里斯蒂娃（Julia Kristeva）的"互文性"等。

当然，欧美两派功能语言学研究还是存在一些差异的，主要表现为以下两点。

首先，研究目的不同。欧洲派主要是为了批判布氏的结构主义语言观，故基本围绕结构功能论来构建各自的理论体系；美国派大多致力于弥补乔氏的形式主义在语义分析方面的欠缺，并在"生成语义学"的带动下，逐渐脱离了形式主义阵营，转而对语言的深层语义结构展开了系统研究。

其次，研究对象及路径不同。欧洲派和美国派分别侧重于语言的社会功能与认知功能：前者重在解释主体作为一种外在的社会群体如何通过语言来实现某种社会行为或达成某种社会文化共识；后者旨在阐明主体作为一种内在的认知个体怎样借助语言来向彼此展现自我的思想或身份，以便在主体之间实现更为有效的交际。这样，欧美两派的功能语言学研究为后来拓展性更强的功能主义语用研究指明了方向。

2.3.3.2 主体的语用研究

话语的语用研究既自带功能主义属性，同时又有别于功能语义研究。一方面，它完全打破了传统语法单位（语音、词汇、句子等）之间语义分析的壁垒，将语法和语义统一于语篇层面进行研究；另一方面，它通过语境对语言使用的外部因素予以最大限度的考量，实现了语言研究由内而外的全面扩展，是语言学跨学科研究的必由之路。话语交际是语用研究的核心论题，而主体又是话语交际的发起者与终结者，因此语用研究在很大程度上就是针对主体自身的研究。笔者认为，主体的语用特征主要表现为以下几点。

（1）构建性

主体是语义的直接缔造者，意义完全受制于主体意识。主体的作用不仅限于描写话语，更在于解释和构建话语。话语形式和结构是主体行为与认知方式的体现，话语组织是主体"元认知"构建的基本手段。主体构建主要源自"言外主体",既发生在多个主体之间,又存在于单个主体之内:前者通过不同主体各自产出的话语之间的连贯机制实现;后者借由某一主体生成的话语内部的衔接机制体现。

(2)多元性

在语义层面,主体分解为话语"生成者"和"接受者"及各自附属的话语角色(如"发话人/作者""受话人/读者"等)。在语用研究的促动下,这些话语角色在社会、文化、心理、认知等不同领域形成了不同的话语机制。不仅如此,在"言外主体"的积极作用下,口头话语研究与书面语篇分析并驾齐驱,甚至一些经典语用理论(如言语行为、合作原则、会话含义、礼貌原则、会话结构等)往往更适合于口语交际分析。由此一来,主体的研究视域和分析平台更为开阔,主体的语义多样性也逐步发展为语用多元性。

(3)语境化

语境分析是语用区别于语义研究的根本所在,主体及话语的构建过程是在语境的协同和制约下进行的。主体和话语既受制于语境,本身也可以作为语境去限制其他主体或话语。总体上讲,主体的语境化包括以下四种方式("X→Y"表示"X充当Y的语境"):

(i)主体→主体;

(ii)主体→话语;

(iii)话语→主体;

(iv)话语→话语。

其中,(i)统领了(ii)、(iii)和(iv);(i)和(iv)分别是言外语境和言内语境的源头;(ii)和(iii)各自控制了话语的生成和理解过程。

(4)互动性

语用研究依托主体的交际行为,而交际的本质以及交际延续性的根本保证在于主体间的互动,主要表现在下述四个环节:

(i)主体间话语信息的互换;

(ii)主体间语境信息的叠合;

(iii)主体间交际意图的互显;

(iv)主体间话语角色的轮换。

综上可知,主体的语用研究在语义研究的基础上增加了"主体→语境"这一维度,以此为主体间话语意义的传导以及交互式言语行为建立了联系纽带,从而形成了以主体为中心,形式、意义和语境相互协同的三维立体的话语研究模式(图2.6)。

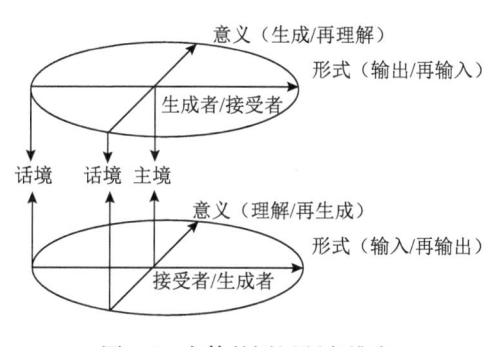

图 2.6 主体的语用研究维度

图 2.6 中的纵向中轴线（标示为对向箭头）分布着促成 P 与 R 交际关系的核心语境要素，也是两者的"主体语境"（本书第 5 章还会对此展开专题探讨）的共享、交汇和转换之处，其余的纵线（标示为对向箭头）则反映了受制于主体语境的"话语语境"（因图 2.6 中的布局所限，分别简称为"主境"和"话境"），由话语的意义和形式分别构建和体现。具体说来，P 产出了话语义，并通过话语形式向 R 输出，R 对于输入的形式实施意义解读。值得注意的是，如图中双向箭头所示，R 之后可能又会生成新的话语以做出回应，再次产出话语义并输出相应的话语形式，然后由原先的 P 对新输入的话语再次进行意义理解。这一过程如此循环往复，形成了主体间的话语交际互动。

主体的语用研究源于以赖尔和奥斯汀等人为代表的"日常语言学派"（参见 2.2.3.2 小节）所推行的实用主义和行为主义的主体观及语言观，后来逐步形成了由言语行为、合作原则、会话含义、礼貌原则、指示、会话分析等理论组成的普通语用学经典架构。其中，前四种理论聚焦于主体如何通过话语实施相关的交际行为（P 与 R 生成并理解话语的过程、策略和机制），后两种理论集中在交际性与机构话语的类型和结构分析上。语言是一种社会文化行为，结构发挥了认知或交际功能（Givón 1995a：9）。据此，普通语用学逐渐向"社会"和"认知"这两个功能主义跨学科领域拓展，将话语的多元化分析与主体研究系统地融合起来。

话语的社会研究始于美国民族方法论（Garfinkel 1967），其通过会话分析对社会结构分布特征的研究，后来发展为专门针对主体的意识形态及思想活动在话语交际中的展示、传播、交流和冲突等相关研究（van Dijk 1997；Geluykens & Pelsmaekers 1999）。社会层面的话语主体研究主要得益于社会语言学及批评话语分析的推动：前者突出了主体的社会变异性，即不同社会领域和语类文本中的主体活动的差异；后者揭示了主体的社会共同性，即通过统一的社会话语分析方法，探讨主体怎样通过话语中隐含的权力和意识对其他主体产生影响和制约。

具体而言，依托社会语言学的话语分析主要涉及下述五个语类的主体活动情况。

（1）政治语类

政府机构或从政人员通过政治类演说、文件、宣传、评论、辩论等文本中的词汇、句法、语义及相应的话语策略展示出相应的政治理念和施政目标（Wilson 2001；Chilton 2004）。

（2）职业语类

各类公共机构工作人员在话语交际中体现出机构角色、话轮类型及权利义务等方面的不对等（Thornborrow 2002）。

（3）传媒语类

媒体记者与媒体受众在生成和理解新闻类话语中表现出叙事角度、舆论引领、权力因素、社会阶层等方面的差异（Cotter 2001）。

（4）性别语类

主体借助某些话语方式来构建性别身份，尤其是女性主体在言语交际中通过选取特定的语词、句式或话语结构以体现性别差异或表明女权主义及反性别歧视的态度和诉求（Walsh 2001；Weatherall 2002；Coates 2003；Sunderland 2004）。

（5）生活语类

主体在各类社会文化及日常生活中以话语沟通作为处理和解决各种社会问题并维系人际关系的有效途径（Lee & Poynton 2000；Coupland 2003）。

批评话语分析实质上是一种话语研究方法论，旨在运用一套完整的话语分析原则和程序将主体的社会语用研究系统化和规范化。话语分析从宏观意义上可分为描写、说明和解释这三个方法论维度，批评话语分析属于解释维度，用以探索主体的话语处理及其社会文化实践之间的关系（Fairclough 1995：98）。在此基础上，批评话语分析遵循以下八条原则（Fairclough & Wodak 1997：267-273）。

（1）批评话语分析面向社会问题；
（2）权力关系表现在话语之中；
（3）话语构成了社会与文化；
（4）话语是意识形态的表征；
（5）话语具有历史性；
（6）话语和社会的关系可以调解；
（7）话语分析具有说明性和解释性；
（8）话语属于一种社会行为。

此外，范戴克认为批评话语分析应聚焦于重音和语调、词序、措辞风格、连贯、局部语义推进、话题选择、言语行为、图式组织、修辞格、句法结构、命题结构、话轮转换、话语修复和话语迟疑这 14 个核心要素，并在此基础上提出了话语的宏观语义结构分析、局部语义分析、话语标记分析、整体和局部话语形式分析、具体语言体现分析及语境分析这 6 个具体的话语分析步骤（van Dijk 2001：359-363）。总之，当前批评话语分析的理论与实践大多围绕上述论题及路径展开。

话语的语用研究与主体的心理和认知因素的结合又为话语分析另辟蹊径，并于 20 世纪 80 年代形成了三种影响比较大的认知话语分析模式。

基于连通主义的以关系网络描写为主的话语操作程序模式（de Beaugrande & Dressler 1981）整合了话语内部各种概念和关系之间的激活与组合方式，将话语的操作具体划分为规划、概念化、发展、表述和解析等五个程序，分别可以帮助话语主体确定语类和主题、连接关系网络、寻找能体现概念结构的表达方式以及将词法和句法的现实化。该模式考虑到了话语的概念与形式以及语言单位间的互动性与操作过程中话语主体的自我调节性。

话语分析的心理表征理论（Brown & Yule 1983）认为话语的连贯性本质上是话语主体的心理构建结果。从 R 的角度讲，话语连贯是其通过类比原则强加给特定话语的，与该话语有无显性的衔接机制无关；从 P 的角度看，如果 P 的意义表征与已在意识中固化或由一定场景促动的背景知识（如图式、脚本、草案、计划、框架等）相符，那么所产出的话语便是连贯的。

丹·斯珀伯（Dan Sperber）和迪尔德丽·威尔逊（Deirdre Wilson）依托关联理论，将言语交际视为话语主体之间的一种"明示—推理"过程，即寻求最佳话语关联性的认知活动，主体试图以最小的处理努力获取最大的语境效果（Sperber & Wilson 1986/1995）。话语关联性主要体现在两方面：①句子（语段）之间的认知语境相关；②句子（语段）之间的命题内容相关（Blakemore 2002）。运用关联理论，我们可以对一些由于缺乏衔接手段或违背合作原则而表面上不连贯的话语做出连贯的解释。

在上述三大理论体系的影响下，伴随 20 世纪 90 年代以来依托经验现实主义和体验哲学的认知语言学的蓬勃发展，话语及其主体的认知语用研究逐渐向多元化纵深迈进。由于篇幅所限，我们只介绍认知语言学领域几个比较有代表性的话语分析模式。

隐喻和转喻作为主体思维的两种基本方式（Lakoff & Johnson 1980），其研究范围逐渐从词汇句法层扩展到语篇层。廖美珍认为主体的隐喻性思维的系统性和类比机制可使文章中的各语块紧紧围绕一个隐喻性主题展开，形成由同一个隐喻式控制的语篇内部的多种映射与蕴含关系，并促成语块之间的意义延伸，从而在语篇的整体或局部之间形成概念上的连通（Liao 1999）。转喻机制体现了主体思维上的邻近性，可以通过一个概念实体为另一个概念实体提供心理可及的方式（Radden & Kövecses 1999：21），从而在不同的语篇构块之间建立联系，故语篇中常见的几种衔接手段实际上都受到转喻机制的影响，语篇中相关概念之间的替代关系也可由此加以分类（Al-Sharafi 2004）。

　　罗纳德·韦恩·兰盖克（Ronald Wayne Langacker）认为任何语言单位都具有连续性，话语（语篇）自然也不例外（Langacker 2001）。他把认知语法和语篇分析结合起来，并运用"当前语篇空间"假设，指出不同的语篇空间可以组成前后接续的语篇流，交替地进入主体的注意范围，从而实现了新旧信息的更替与转换，促进了话语意义的动态推进。无独有偶，概念合成理论（Fauconnier & Turner 1998）详细阐释了由主体构建的不同的心理空间在语篇中的转换机制并设计出新概念域产生的全过程，这与兰盖克的上述观点颇为类似。

　　话语处理过程中的象似性理论（Nanny & Fischer 1999）主张话语的连贯性应建立在各种形式的手段与特定认知模式的对应关系上。话语的象似性可以是无标记的，也可以是有标记的，分别体现了话语形式与主体认知在距离、顺序、数量、时间和空间等方面的一致性和突显性。两者看似矛盾，却均反映了话语主体的某种交际目的和心理期待，既能产生话语连贯效应，又可创造出一定的文体效果。

　　王寅（2005）将ICM与背景知识结合起来，形成话语构建的"认知世界"分析理论。该模式不仅用ICM整合了传统的框架、意象图式、脚本等理论，更有利于解释话语连贯的整体效应，而且通过ICM和背景知识之间的互动，力图平衡话语处理中主体认知上的普遍性和特殊性的矛盾问题，从而实现话语内外的和谐一致。

2.3.4　从形式主体到功能主体研究：演进与反思

　　由上可知，主体研究与语言学的发展相伴而生。从形式主义语言学的语义和形式研究到功能主义语言学的语义和语用研究，其间各类语言学理论体系与研究方法均在不同程度上体现了主体的思维方式及行为特征。同时，主体在语言分析过程中的介入方式、研究路径及其相应的语言表征也对现代语言学的方法论和研究论题起到了导向和制约作用。由此，主体和语言本体在语言学层面形成了充分对接，并促使主体研究实现了由单一形式化到多元功能化的推进，以及受制于主体的语言分析模式从"一维形义分立"到"二维形义体现"再到"三维形义构建"的根本性转变（表2.4）。

表 2.4 主体视角下的语言学研究范式简表

主体视角	形式主义语言学		功能主义语言学	
	语义	形式	语义	语用
主体的介入方式	映像性 单一性 隐性化 组合性	布氏：行为主体（形式化、群体性、后天性） 乔氏：认知主体（直觉化、群体性+个体性、先天性+后天性）	主观性 多样性 显性化 向心性	构建性 多元性 语境化 互动性
主体的研究路径	一维（主体=意义→形式） 主体=意义对应（基本义/局部） ↓ 主体=意义组合（关系义/整体）	一维（主体=形式→意义） 布氏：对应论（主体=形式=意义） 乔氏：合成论（主体=形式+意义）	二维（形式←主体→意义） 主体=P（话语生成=意义生成→形式输出）/R（话语理解=形式输入→意义理解）	三维（主体→语境↔语境←主体） 主体=P↔R （意义生成/形式输出→意义理解/形式输入→意义再生成/形式再输出→意义再理解/形式再输入→……）
主体的语言表征	词义（本体→关系） 句义（本体→关系）	布氏：归纳+描写（语音+词汇+句法） 乔氏：句法生成+语义解释（语义→音位）	宏观：欧洲功能学派（社会功能）+美国功能学派（认知功能） 微观：音位+词汇+小句+语篇（话语）层的语义功能	语篇（话语）构建（话语的语用研究→社会话语分析+认知话语分析）

然而，目前针对主体及语言本体的形式主义和功能主义研究也各自存在一些值得我们反思的地方，分别体现于表 2.4 中三个纵向的主体研究层面。

首先，在主体的介入方式环节，形式主义语言学并未给予主体充分的"自主权"，无论是语义研究还是形式分析都主要依托于自我观察式的"内省主体"，致使很多语言分析的过程和结论在很大程度上是基于研究者对语言现象的总结性考察和直觉性推断，且往往借助某一语言假设去证明或否定另一假设。尽管布氏和乔氏分别从行为和认知的角度间接承认了主体对语言意义和形式结构的制约作用，但两者对语言本体的精确性和封闭式的研究诉求使得主体似乎成了游离于语言系统之外的不确定因素，这也是形式主义学者始终没有将主体真正融入语言学理论体系的根本原因。在他们看来，主体通过语言形式被动地反映客观世界，语义是客观存在的，并非因主体而生成，也不会随主体的意志发生改变。由此，主体也就不必直接参与到语言分析中来，更无须将其显性化并区分具体的主体角色了。

相比而言，主体的能动性和控制力在功能主义语言学体系中得到了最大限度的发挥，但这样一来针对语言形式的系统性研究以及语言形式和意义之间的无标记的对应和体现关系研究也会由此受到一定的压制。尤其是在"语境化"趋势的带动下，语言形式与功能的非对应性以及语义的不确定性等理念持续强化，进一步拉大了言外主体和言内主体、语言分析者和使用者、语言分析的精确性和语言表达的模糊性、语言和言语之间的距离，同时也导致功能主义语言学过于依赖语境因素，主体研究也由此出现了"泛化"的倾向。

其次，在主体的研究路径方面，形式主义语言学将意义和形式的关系平面化，并机械地以"对应"或"组合"的方式还原主体对于语言的处理，主体被视为语义或形式产出的结果或输出端，而且这种产出是在无标记状态下完成的，主体也由此被高度"理想化""抽象化""程式化"。这样一来，主体和语言本体完全被对等起来了，那么主体研究本身就失去了其独立存在的意义。

功能主义的主体研究路径正好相反，主体不再是语言的产物，而是作为语言产生的根源，也是连接语义与形式以及不同主体的关系枢纽。由此，主体和语言本体就不同属一个研究层次了，后者成为前者研究体系的一部分，主体研究也从平面化转向立体化，由一维分析转变为多维研究。但问题在于，主体的活动机制此时已充分体现在话语的实际生成和理解的过程之中，而这一过程是由"语境化"而非"理想化"的主体控制的，再加上语境自身的复杂性和多变性，那么如何处理话语、语境与主体的关系，这三者又是如何围绕主体协同运作的，同时又该怎样对这一运作机制加以系统的描述、规定和分类，功能主义学者对此尚未充分厘清。一言以蔽之，为了提升话语分析的心理现实性，我们应寻求一种能够将话语和语境充分"主体化"的话语分析路径，而非只是将主体和话语宽泛地"语境化"。

最后，就主体的语言表征来说，形式主义语言学和功能主义语言学分别代表了两个极端：前者针对语言系统的描写与解释过于烦琐和固化（主要表现在词类和句法及其语义关系的分类上），极易导致话语分析的格式化和语法化（例如"篇章语法"这条路已被证明是行不通的）；后者借助"话语（语篇）"这一功能性单位来统一指涉各个层次的形式单位，淡化了语言层次间的差异性，但是这样也会多少造成话语分析的模糊性和随意性。由此，我们应充分基于主体本身的认知特点以及主体间的交际方式对语言形式及其层次结构的类型进行限定。也就是说，话语既非纯粹的"形式单位"，亦非笼统的"语义单位"，而是将两者协同起来的"主体单位"。

综上所述，本书倡导的"主体可及性"话语分析理论在对主体研究的形式主义和功能主义语言学背景进行总结和反思的基础上，以功能主义主体观和语言观为基本架构，并辅之以形式主义的部分语言观，充分彰显了这两大语言学派在主体研究方面的长处，同时力图规避两者在话语分析上的不足，通过"话语可及"和"语境可及"这两个层面深入探索"主体和主体""主体和话语""话语和话语"这三个环节之间的认知语用联动和协同机制，以此将语言的形式和功能研究、话语和交际分析借由主体化研究更为紧密地融为一体。

2.4 小　　结

从"主体的话语研究"到"话语的主体研究"是哲学和语言学发展到现阶段的必然趋势。从狭义来看，话语主体研究与欧洲人本主义及后现代哲学的主体间性及当代功能主义语言学直接相关：前者为其创造了可行性条件；后者为其设置了话语分析平台。就广义而言，西方语言哲学和现代语言学各个阶段和流派的主体观与语言观均在不同程度上为当前的话语主体研究提供了理论背景和参考依据：古典派存在论虽未直接承认主体的独立性，但也未完全否认主体的存在，等于间接认可了主体的作用，并已开始关注语言和人类思维的关系。近代认识论从经验和理性两种视角以及唯物和唯心两条路径系统地研究了主体的决定性作用及其在语言本体中的具体表现，同时也关注语言对于主体的制约作用。现代语言哲学的日常语言派从感性和实用主义角度揭示了主体在语言运用和话语交际中的主导作用，为其后的功能主义语义和语用研究以及人本主义主体间性理论指明了方向。值得注意的是，尽管存在论中的经院派和语言论中的逻辑派对主体研究似乎采取了回避的态度，但是两派在语言学领域所取得的丰硕成果（特别是结构主义和形式主义语言学针对词汇、句法和语义的相关研究）对于本书的"主体可及性"话语分析模式的构建同样起到了至关重要的启示作用。

第3章 话语分析的主体性认知研究架构

3.1 引　　言

　　主体可及性理论作为一种主要依托于功能主义的话语研究范式,旨在系统阐释主体如何通过调取源于"语境层"和"话语层"的相关信息来确定并推进话语义,进而构建一个完整的话语交际活动。话语交际本质上是一种人类活动,它既是认知对象又是认知过程,因此话语分析的根本方法论只能是认知科学方法论(陈忠华等 2004:3)。与现有的话语分析不同,主体可及性模式下的语境和话语并非一般意义上的语义或语言单位,而是被"主体化"了的认知单位。主体在言语交际过程中的认知状态决定了由主体自主激活何种语境要素,选用何种话语类型,并生成何种相应的语言形式。同时,主体可及性作为一种话语分析理论,其研究重心自然是探求主体心智在语境和话语中的体现方式,有别于传统"认知主义"逻辑范畴,即认知心理学、神经科学、人工智能等关联领域针对主体大脑活动及思维运算的研究,我们也不可以笼统地把和认知科学有关的语言研究均归入认知语言学。由此可见,主体可及性研究依赖于"主体化的语言分析"和"语言化的主体研究"相结合的学理解释,而融合两者的界面即为认知话语分析模式。

　　为此,本章旨在从认知话语研究流派的互补性出发,探求话语构建的主体性认知研究架构,进而初步梳理主体可及性话语分析的学理依据。

3.2　认知话语研究流派的互补性探析与"新认知主义"转向

　　提起话语的认知研究,我们一般会误以为诸如范畴化、隐喻、意象图式、认知语法、象似性等基于体验哲学的语言学理论就是认知话语研究的全部。这在一定程度上混淆了研究论题与研究流派之间的区别,致使话语的认知研究辖域被人为缩小,相应的语言分析方法也偏重于"经验化"。事实上,当代认知语言学的理论起点比较高,有些学说尚处于前沿探索阶段,并在一些问题的认识上存在误解,导致其理论定位较为模糊,易倾向于某一学派的理念而缺乏综合性和整体性的把握。

鉴于此，本节尝试重新梳理认知话语分析三大流派之间的互补关系，在此基础上重新界定认知语言学的理论原则和学科归属问题，为主体可及性话语分析构筑一个基本的认知理论平台。

3.2.1 当代认知话语分析三大流派的联系

总体而言，认知话语研究理论体系目前主要包括以下三个流派。

（1）形式派：以转换生成语法理论为代表的形式主义认知语言学。
（2）神经派：以层次语法和神经语言学为代表的神经认知语言学。
（3）体验派：依托于体验哲学的经验主义认知语言学。

不可否认，在认知话语研究中居主流地位的当属体验派，主要表现在以下几点。

第一，该派强调语言的认知研究是主客观互动的结果，这既克服了客观主义和主观主义语言学单向研究的弊端，又为本派奠定了具有一定心理现实性的研究基础。

第二，该派的方法论灵活多样（文旭 2002），在很大程度上拓宽了其研究范围，相对于形式派和神经派，其理论覆盖面更广。

第三，体验派以自然语言为研究对象，很多理论构想与主体的语感和日常经验非常接近。虽说该派的理论构架尚未"一体成型"，但是很多研究论题（如隐喻、图式、范畴化等）已成为被运用得最多的认知话语分析范式。

由此可见，体验派可作为当前狭义认知语言学的代名词（王寅 2004：2）。尽管如此，这并不意味着我们可以淡化形式派和神经派的作用，相反，体验派的发展离不开其他两派在理论和方法论上的支撑。

3.2.1.1 体验派和形式派的关系

很多体验派学者对形式派做出了尖锐的批评，并与之划清界限（Langacker 1982，1988；王寅 2002；文旭 2002）。这些批评主要来自以下两个方面。

首先，形式派的研究方法过于逻辑化和数理化，其句法自主性原则忽略了语义的动态性和特殊性，而且其主张的内省法忽视了意义的体验性。

其次，以乔氏为代表的形式主义语言学标榜的"认知"缺乏心理实证基础，只能将语言与认知的关系搞得更加神秘。因此，虽然形式派和体验派都曾许下认知的承诺，但"前者与后者代表的却是两个极端，所以前者也就不属于今天公认的认知语言学"（文旭 2002：91）。

上述对形式主义认知观的批评固然有一定道理，不过形式派的积极作用同样不容忽视。从某种意义上讲，体验派理论是对形式派学说的继承。形式派所依托的唯理主义的客观主义哲学与体验派所代表的非客观主义思想并非格格不入。事实上，客观主义的真正对立面是归于主观情感的主观主义，而"认知语言学中提到的'非客观主义'不是主观主义，它是客观主义和主观主义的中间道路"（赵艳芳 2001：206）。这表明，非客观主义吸收了客观主义的部分思想，是对后者的批判性继承，是由后者逐步衍生而来的。很多体验派学者曾是形式派的重要成员，后来由于与乔氏在语义和深层结构等问题上存在分歧，才逐渐倾向于经验主义思想。从心理学的角度看，正是乔氏对语言和心智的论述将认知心理学从行为心理学的桎梏中解放出来，拉近了话语和认知之间的距离，使人们重新认识到二者的联系（桂诗春 2000：27-29）。更为重要的是，认知语言学自此从传统心理学体系中分离出来，走上相对独立的发展道路。

形式派对体验派的启示主要还是来自语言本体研究。石毓智指出了以兰盖克为代表的体验派认知研究的七点不足，并结合形式派的有关理论予以修正，认为当前的认知语言学虽然克服了形式主义的一些缺点，但"同时它也走向了另一个极端，抛弃了其他学派的合理的地方"（石毓智 2004：28），"缺乏语法的系统观念是认知语言学的最大缺陷之一"（石毓智 2004：30）。换言之，体验派往往认为"根本不存在一个稳定的语法系统，我们所看到的任何语句，都是一串词汇根据自身的语义和上下文临时组成的符号序列"（石毓智 2000：7）。

石毓智的观点无疑给当前过于追求语言体验性和实时性的认知研究敲响了警钟。无论何种语言学理论，如果背离了语言形式这一基本立足点，其研究结果必然缺乏系统性，这在某种程度上也解释了为何认知语言学至今难以形成一个统一且固定的模式和框架（赵艳芳 2001）。其实，两派的研究方法可以互补，如果我们把形式语言学的逻辑演绎法适当地运用于认知语言学研究，并与后者提倡的归纳法结合，那么语言的认知研究可能会更具科学性和严谨性。况且，不论是形式主义还是功能主义，其理论的完整体现都要依赖于语言形式的系统输出，否则只会给人一种"空中楼阁"之感。

由此看来，形式派与体验派的互补以及分析经验化和理论抽象化的结合不但可行，而且十分必要。一定程度的形式化可被视为认知话语研究的一条重要原则，因而形式派理应成为当代认知语言学的一个重要组成部分。

3.2.1.2 体验派和神经派的关系

体验派的一个重要特色是尽量使分析方法贴近主体的语感，力图克服形式主义先入为主的内省法。然而，内省只是一个程度问题。虽说没有形式主义那么极端，但主张体验的认知理论大都无法与内省研究彻底剥离，多少还是受到研究者某种主观操控和直觉假设的影响。例如，合成空间理论（Fauconnier & Turner 1998）虽说较为全面，但主体在建构或理解某一话语时是否真的经历了四个空间的复杂合成过程还很难说。又如许多实验表明，主体处理隐喻性话语的速度不一定比理解意义直白的话语的速度慢。兰盖克运用了大量图式结构直观地阐释其认知语法模式（Langacker 1987），不过我们在分析某些语法结构时真的需要依赖这些图式吗？抑或凭借这些图式就能深入浅出地把握话语的结构特征吗？这种问题恐怕很难正面回答。由于我们的认知能力和研究手段存在局限性，无论是演绎性还是归纳性的分析都不可避免地会存在主观色彩。我们已经意识到了语言符号是主客观互动的结果，那么就应力图在研究方法上体现出这种互动。当代认知语言学将传统的内省观发展为体验观，顺应了这一趋势，但还不够充分，尚缺乏足够的融合于主体的可行性论证，导致一些理论既不能完全推翻，也无法彻底证实。体验派的这一不足可以通过神经派的某些研究理念加以弥补。

与形式派相比，神经派与体验派的距离似乎更近一些。其代表人物西德尼·兰姆（Sydney Lamb）认为虽然大部分理性主义者也表达了对心智（认知）研究的浓厚兴趣，但他们的抽象符号系统与主体自身并无明显关联，因此兰姆的神经语言模式非常注重主体对于话语操作与推进的可行性（程琪龙 2001：1）。可见，神经派也带有一定的经验主义色彩，可与体验派一起并入非客观主义范畴。两者的差别在于对"经验"的理解角度不同：后者注重研究经验的表象（外部经验）；前者善于探求经验产生的内在机制（内部经验）。

体验派力图解释语言结构是如何被某种认知机制促动以及最终能产生何种心理效应的，却并没有深入细致地挖掘由经验激发到功能输出这中间复杂的主体操作过程和相应的形式机制。这种研究实际上仍囿于对语言表象的分析，没能真正与主体自身紧密相连，降低了认知话语理论的解释力。以隐喻研究为例，目前一个广为认可的说法是把隐喻义视作由"始源域"（SD）向"目标域"（TD）进行概念映射的结果（束定芳 2000b：170），这在解释具有一定相似性的范畴之间的关系时确实能发挥作用，而在阐释两个相似度很低的概念域之间的联系时，映射论便显得牵强附会了。原本没有联系的事物之所以能联系到一起，仅靠"映射"这类过于单薄的解释不足以说明问题的实质。问题在于发起映射的主体动因是什么，映射的激活途径和手段是怎样的，主体是何时开始调动映射机制的，以及在映射过程中不同概念域在主体思维中的存在状态如何等。大部分隐喻理论尚未对上述问题做出全面并令人信服的回答，致使隐喻研究陷入循环论证（用隐喻去解释隐喻）。可以想见，认知语言学若不充分重视对主体内在认知机制的深度研究，就无法再被冠以"认知语言学"这一称谓（Peeters 2001），其研究的可信度也会大打折扣。

此外，神经派的"层次观"思想也值得体验派借鉴。兰姆指出主体的神经网络研究应由语言系统的不同层次（概念层、语法层和语音层）连接而成，各层之间的体现关系反映了主体大脑神经元在语言处理过程中的活动状况（Lamb 1966, 1999）。兰姆所说的"层次"虽然只是神经关系网络的一个组成部分，但是这一层次观完全可以作为认知话语研究的一种必要手段。当前，多数体验派学者依然呈现出一种撒网式、罗列式的"横向"研究模式，这多少导致了研究点零散、理论覆盖层次不够充分的局面。不可否认，大量的认知话语研究目前还局限于词汇层和句法层，尚未系统深入音系层和语篇层，而神经派层次论的"纵向"体现的话语分析方法可使认知语言学研究的脉络更为清晰完整且一体成型。

综上所述，虽然形式派和神经派表面上不如体验派那样具有丰富多彩的研究视角，但是两者确实拥有体验派无法比拟的学理优势。两派的融入不仅会增强认知话语研究的系统性和科学性，也能使其研究范围得到进一步拓展。更何况，一贯推崇"概括原则"（Lakoff 1990：43）的体验派理应从其他两派那里汲取营养，不应对其他认知学派（尤其是形式派）的合理成分避而不谈。我们认为，神经派、体验派、形式派这三种流派实际上代表了语言认知研究的三个宏观原则：

（1）主体控制原则；
（2）体验现实原则；
（3）形式输出原则。

上述原则不是原有理论体系的简单相加，而是在部分吸收各派理论方法的基础上重新整合的结果。其中，前两个原则分别代表了经验主义的内在和外在体验这两个环节，并以语言表达的方式最终输出。由此，我们可以构拟一个全新的认知话语研究的总体路线图（图3.1）。

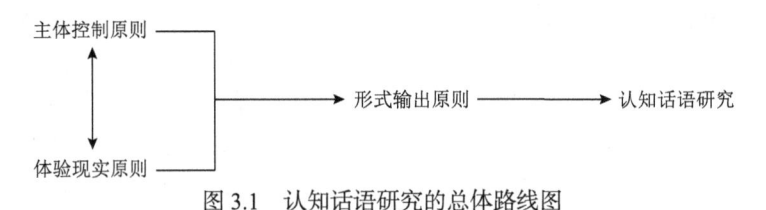

图 3.1 认知话语研究的总体路线图

3.2.2 认知话语研究的共性模式及"新认知主义"主体观

索绪尔在《普通语言学教程》中指出语言符号是一个由概念和声音表象组成并相互作用的心理实体（Saussure 1959）。同样，任何语言学理论的构建都无法脱离认知心理活动的主体，因为语言是人类特有的机能。认知话语研究更要从认知主体出发形成自身的理论构想。具体说来，主体在生成语言符号之前须对外部世界有所经历，并由主体的思维活动进一步过滤、排列、分类与整合，最终形成主体对客观世界的体验。其中，一部分体验被储存在主体的长期记忆里，另一部分则与新的外部经历接触，并继续受到主体思维的操控。可见，主体思维的始源在于主体、客观世界、主体经验三者的互动。值得注意的是，某一主体的思维方式往往代表了一种社会性的意识形态。为了交换和体认彼此的主体思维，人们借助一些语言符号来实现思维的沟通，从而形成了各种话语交际活动。

由此看来，语言不单纯是表象的、静止的符号形式，也并非只是具体的话语使用，而是在主体思维的促动及参与下的一种动态加工过程，其间会产生以下三个方面的互动：

（1）由主体思维控制的语言符号运用；
（2）体现语言运用或功能的形式符号；
（3）语言形式对主体思维的反向体现。

如图 3.2 所示，以上三个环节是并行作用的，没有严格的先后顺序，最终产生了主体化语言。确切地讲，语言的主体化实际上经历了两次认知加工：主体、主体经验、客观世界三者之间的第一次加工先生成了主体思维；主体思维、语言运用和语言形式之间的第二次加工才输出了主体化语言。由图 3.2 可知，"主体→主体思维→主体化语言"作为认知话语研究的中轴线，神经派、体验派和形式派的理论研究均由此展开，并凸显了其中的不同环节：形式派注重主体思维和语言形式的直接关联；神经派和体验派分别聚焦第一次和第二次认知加工过程和机制。

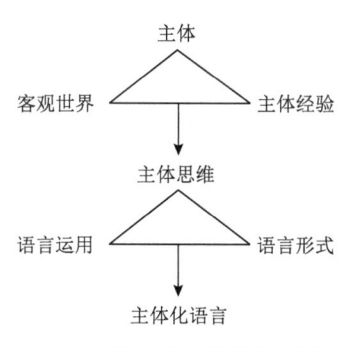

图 3.2 语言的主体化流程图

那么我们该如何通过这一模式对认知话语研究进行定位呢？认知语言学的归属问题在学界存在不少争议。在哲学界，有人认为认知语言学本质是理性主义的；

有人强调其经验主义特征；有人主张两者兼而有之；有人甚至认为它既非经验主义，也非理性主义（王寅 2002：82）。在语言学界，有的学者认为它是心理语言学的一个分支，可用形式主义的方法研究，而较为主流的观点主张将其归于功能主义语言学体系，凸显其社会和语用色彩（赵艳芳 2001：155；文旭 2001：34-35）。

综合图3.1和图3.2，我们认为认知话语研究既不能同形式主义画等号，也无法全部归入功能主义范畴。此外，当代认知语言学又不能被简单地视为形式主义与功能主义互补的产物，因为这里涉及一个理论层次的问题。从图3.2中可以看出，认知因素决定了主体化语言的最终生成；认知思维在语言符号（形式）和语言运用（功能）的互动过程中起到了总体调控的作用。因此，认知在该模式中位于上层（控制层），而功能与形式则位于其下层（体现层），功能经由形式进一步体现并最终输出。据此，认知话语研究基于主体控制层与话语体现层之间的互动。所以说，无论是单从形式主义或功能主义角度出发，还是从两者互补的角度出发，研究都无法体现当代认知语言学的全貌。换言之，话语的认知研究已然超越了形式主义和功能主义的界限。从这个意义上讲，我们不妨将这种依托主体的多层次互动的认知研究范式定义为"新认知主义"（neo-cognitivism）。

传统意义上的"认知主义"（cognitivism）最早由约翰·豪格兰（John Haugeland）于20世纪80年代提出，试图通过数理计算和逻辑推导的方式来认知世界（Smith 1999：153），是一种典型的基于理性主义和形式主义的研究思路，与布氏的结构主义思想针锋相对，摒弃了实证方法论和行为主义心理学（袁毓林 1996：1）。相比之下，本书倡导的"新认知主义"代表了一种介于理性主义与经验主义之间的非客观主义主体观，将话语研究围绕主体化的认知模式展开，意在最大限度地将形式主义和功能主义语言学思想联系起来，发挥它们各自的优势，在此基础上构建一个层次分明的多维式认知话语分析框架。

3.3 话语构建的主体性认知研究架构

根据上文讨论的"新认知主义"主体观，我们将话语构建的主体性认知研究从学理上分成以下三大宏观板块：

（1）话语构建的主体性认知基础；
（2）话语构建的主体性认知机制；
（3）话语构建的主体性认知效应。

下文将对此分别予以阐释。

3.3.1 话语构建的主体性认知基础

3.3.1.1 话语认知资源

话语犹如一件产品，在生成之前需要一定的原材料储备，即"认知资源"。构建话语的认知资源主要包括"外部资源"和"内部资源"：前者指的是主体面对的客观世界；后者又分为"生理资源"与"知识资源"。其中，生理资源是指主体的大脑以及各种神经感知系统。主体对外部世界的感知经由神经元激活并传导，在大脑中加以过滤、排列、分类与整合，而后由感性转化为理性，形成相对稳定的知识资源，包括世界知识、百科知识、背景知识、文化知识等各种知识类型，在认知研究中常被描述为 ICM、图式、长期记忆等相关概念。知识资源具有一定的社会性特征，部分知识结构逐步成为特定范围或群体的统一认知模式、知识体系或意识形态。需要指出的是，知识资源是借助生理资源提取而来的体验认知，是主体对事物深入认知或重新认知的先决条件。二者结合成为一种"离线认知语境"（off-line cognitive context），作为主体生成和理解话语的必备资源。

3.3.1.2 话语认知主体

话语的认知主体即为 P 和 R，既是认知资源的提取者和使用者，也是话语的实际控制者。在话语处理中，P 和 R 从各自的认知资源中提取由该话语激活的语境要素，构成"在线认知语境"（on-line cognitive context）。如果 P 和 R 的在线认知语境在话语交际的某一位置重叠，就会形成该话语的局部连贯；一旦双方在线认知语境的重合点贯穿于整个话语交际活动，则该话语的整体连贯便由此产生。在线认知语境可使表面上缺乏语义联系的话语通过 P 和 R 的主动识解临时建立联系，交际双方的话语意图、心理状态、工作记忆、注意程度等主观因素也会在这一过程中展现出来。值得注意的是，认知主体还可能有多种存在方式（例如交际中有一方也许处于暂时或永久离线状态），而且在线认知语境还会受到主体视角及情感因素的影响（姜望琪 2014）。此外，认知话语分析比较偏重于话语理解研究，认为话语构建主要依赖于 R 的控制，而将 P 和 R 充分融合起来的系统研究其实并不多见（Stubbs 1983：96）。

3.3.1.3 话语认知本体

总体而言，一个具备完整意义的话语即为认知本体。由于话语的各个层面（音位、语素、词、词组/短语、小句、复句、语段等）都可构成相对完整的意义，话语既可作为上述层次单位的集合体，也可是其中的任何一个单位。从认知的角度讲，这些单位之间并非泾渭分明，它们构成了一个连续体，只因主体视角上的差异而突显为不同的层次（文旭 1999：39）。确切地说，每层单位都与主体大脑中的概念域相连，话语的作用是将这些概念域符号化并加以延伸，以确保主体思维的连续性。因此，话语形式和主体思维在组构原则上是一致的，某一话语形式可能代表一个或几个认知域。系统功能语言学注意到了语义层、词汇/语法层、音系/字系层之间的体现关系，却没有对具体的体现原则以及深层的认知过程做出详细阐释，而且在解读话语过程时主要依赖语法层的小句结构，这似乎背离了话语单位的"连续体"特征。

大多数话语分析是由语言形式直接展现的，属于"显性话语"，包括口语和书面语。当然，话语亦可通过"伴语言"或"非语言"的手段来体现（如语气语、拟声语、身势语、行为举止、心理或生理反应等），也就是"隐性话语"。这两类话语都具有符号性和概念性，在揭示主体的认知结构方面作用是等同的。一些学者认为话语分析是一种纯粹的心理认知研究，淡化了话语形式的作用（Brown & Yule 1983），这等于是间接否认了话语认知的本体层面，致使话语研究"超出语言学研究的范围，成为一套空洞的评论和论述"（张德禄 2005：36）。

3.3.2 话语构建的主体性认知机制

3.3.2.1 宏观机制

从宏观的角度讲，话语构建源于话语的认知资源、认知主体以及认知本体三者的互动。由于认知资源相对稳定，我们姑且视之为常量，那么话语的组织便主要依靠主体与本体这两个变量之间的动态关系。结合前文的讨论，我们认为话语构建主要存在以下三种宏观机制。

（1）互动机制

话语认知主体必须体现为 P 和 R 两个实体，而认知本体可分为以下三种类型：

（i）口头话语（显性）；

（ii）书面话语（显性）；

（iii）非言语交际（隐性）。

无论上述何种类型的话语，都要受制于在线认知语境才能完成构建，形成连贯的话语，只不过（i）和（ii）同时还可借助一定的衔接机制，而（iii）则无须衔接机制的辅助，主要靠 P 和 R 的配合与默契便可构建。

（2）准互动机制

话语认知主体中有一方（P 或 R）为实体，而与之相应的另一方（R 或 P）则为虚体，并不直接参与到话语交际中来。这时的认知本体大多是显性话语。以书面话语为例，对于作者而言，与其沟通的另一方（读者）并非存在于现场的实体，可能仅为作者假想的受话对象。与此相仿，读者在阅读时也未必能与作者本人进行即时在线交流，更多时候仅对虚设的作者的话语意图做出自己的推断。在这两种情况下，实体主体只能在对虚体主体的离线认知语境做出一定期待的前提下，形成其自认为是对方话语意图的假设。口头话语的准互动构建机制与此大体相当。同样，这一机制也适用于某些特殊的非言语交际形式。

（3）自主机制

话语处理过程完全由一方（P 或 R）把持。例如 P 是一位诗兴大发的诗人，又如 R 是一名顽固不化的偏执狂，这时话语的构建只受单一主体的认知语境支配，而另一方主体几乎处于缺失的状态。该机制鲜见于显性话语（如酒后的出言不逊）和隐性话语（如精神病患者的肢体语言）。

显然，P 和 R 构建的互动和准互动机制在一般性话语交际中最为常见（尤其是前者），也是本书研究的重点所在，而自主机制属于较为极端的话语组织方式，本书暂不对其进行深入探讨。值得注意的是，尽管后两类宏观机制尚不足以构成完全意义上的主体互动，但话语的整体性、交际性和连贯性在主体看来似乎并未受到影响。这是因为上述三种机制均在主体认知语境的促动下，通过一定的语言形式得以体现，符合话语构建认知基础（参见 3.3.1 小节）的要求。

3.3.2.2 微观机制

功能主义语言学普遍认为微观层面的话语组织模式是由体现各种衔接关系的形式手段实现的，主要包括非结构性衔接（照应、省略、替代、连接、词汇衔接、语音衔接）、结构性衔接（主位结构、信息结构、平行对称结构、及物性结构、语气结构）以及跨类衔接（语法与词汇衔接、语法与语调衔接、词汇与语调衔接）等（张德禄、刘汝山 2003：110-111）。然而，这些衔接机制类型过于复杂，分类标准不统一，分析起来较为烦琐。更为重要的是，衔接手段只展现了一种表层的意义联系，并未真正反映出其内在的认知连通性以及主体的认知能动性，导致分析结果缺乏一定的心理现实性。

如上文所述，作为认知本体的话语形式与主体大脑中的概念域相对应，语言符号之间的语义衔接实际上体现了被话语形式激活的概念域之间的联系。概念域所涉的范围取决于主体的认知状态，与语言单位的语法层次无关。例如，词汇层所激活的认知辖域不一定比小句层所体现的概念范畴小，以此类推。我们认为，话语形式的语义关系模式主要受到主体以下四种认知机制的影响。

（1）过滤机制

主体意识中的概念域可能只有一部分与话语本体所唤起的概念域相关，主体此时需要把不相关的概念过滤掉，仅允许相关联的概念介入话语处理过程。

（2）投射机制

如果两个概念域之间产生了范畴上的相似或相悖，那么两者可以融合，形成局部概念的相互投射，从而生成新的概念域，话语信息随之得以更新和推进。

（3）突显机制

主体从多个概念域中提取某个其自认为认知价值最高的概念域，该概念域往往与主体设定的话语主题或意图最为接近。这一机制体现了话语认知构建中的经济性原则。与过滤机制相比，没有突显的概念成分仍会以背景化的方式得以保留，而经主体过滤掉的成分会被其彻底排除。

（4）注意机制

与突显机制不同，主体所"注意"的概念未必就是最为"突出"的。主体有时只关注话语中那些跟话语主题或意图虽不甚相关，却会吸引其注意力的边缘概念。在这种情况下，主体会使这类边缘概念组成一个注意链条，形成主体对话语局部意义的独到解释。

以上几种微观机制在主体的实际操作过程中并无严格的先后顺序，经常交叉并行，并受宏观机制（参见3.3.2.1小节）的支配。需要指出的是，上文列举的各类衔接手段是用来体现这些深层微观机制的外在形式策略的，它们之间其实并无本质差别，可以对其进行整合或简化处理。

3.3.3 话语构建的主体性认知效应

3.3.3.1 主体效应

由上可知，话语的认知主体始终是话语构建过程的核心。主体充分调配一定的认知资源，采取一系列的认知处理机制，将这些资源转化为具体的话语义，并由语言形式或者其他符号手段最终输出，即为话语"编码"过程。作为认知本体的话语也可借助一定的形式手段，在主体的参与和控制下激活相应的概念域，产生新的认知语境，进而不断充实主体的认知资源，这便是话语"解码"过程。

脱离了认知主体，话语编码和解码就失去了意义，认知资源和认知本体也就成了两个形同虚设的概念，话语的构建便无从谈起。这类似于一个加工厂，如果没有工人（主体）的劳动，原材料（资源）再丰富也无法得到利用，就不能制造出相应的产品（话语），也就无法形成一个连续循环的生产线。据此，所谓"主体效应"指的是话语处理的以下两种结果：

（1）主体认知语境的扩充、改变或置换；
（2）话语交际的推进或终止。

通常情况下，两者均可在话语本体层面上得以体现。

3.3.3.2 连贯效应

主体效应在实际的话语交际活动中表现为"连贯效应"。话语的认知连贯性有高低之分，其评判标准主要基于以下四个方面。

（1）资源利用度

话语认知资源的调取量与认知连贯性成反比。P 和 R 各自在处理话语时利用的知识资源或牵涉的认知语境越少，该话语的认知连贯程度就越高，否则其连贯性就越低。

（2）主体意识度

话语处理有时是在主体的"下意识"或"无意识"的状态下进行的，这说明该话语的连贯性较高，主体无须付出过多的认知努力。相比之下，对于连贯性较低的话语，主体会有意识地主动构建甚至创造话语中相关信息之间的联系。因此，主体意识的发挥程度和认知连贯性同样成反比。

（3）概念贴合度

所谓"概念贴合"，指的是概念域之间的认知距离，可产生于由话语成分所激活的概念域之间，也可形成于由主体认知语境所促动的概念结构之间。这两种概念贴合关系往往是并存的，与话语的认知连贯性成正比。

（4）机制运行度

部分概念域已经存储在主体的离线认知语境中，并与一些话语表达形式构成了固有联系，这时主体只需对相关认知机制（参见 3.3.2 小节）稍加运用，便会很快获得连贯效应。但是对于某些新生的概念域，主体只能反复多次运行这些认知机制，并辅之以相应的形式手段，才能逐步对话语做出连贯的解读。据此，认知机制的运行度与话语的认知连贯性成反比。

不难发现，能同时顾及上述四个标准的话语便是最具连贯效应的话语。然而，主体惯常处理的大多只是符合部分标准的话语。值得注意的是，主体效应和连贯效应是互为依存的：连贯效应只有通过主体的话语处理才会表现出来，而且不同的主体对于连贯会有不同的理解方式和视角；同时，主体是以连贯为导向的话语主体，主体处理话语的过程本质上就是寻求最佳认知连贯性的过程。

尽管如此，获取了连贯效应并不等于主体正确理解了话语，反之亦然。例如，尽管读者有可能误解了小说作者的原意，但这并不影响读者对于该部作品连贯性的构建。况且在很多读者看来，小说情节的连贯性、故事性和节奏性往往要胜过读者对小说主题的准确理解和把握。

综上所述，话语构建的主体性认知研究的总体架构如图 3.3 所示。

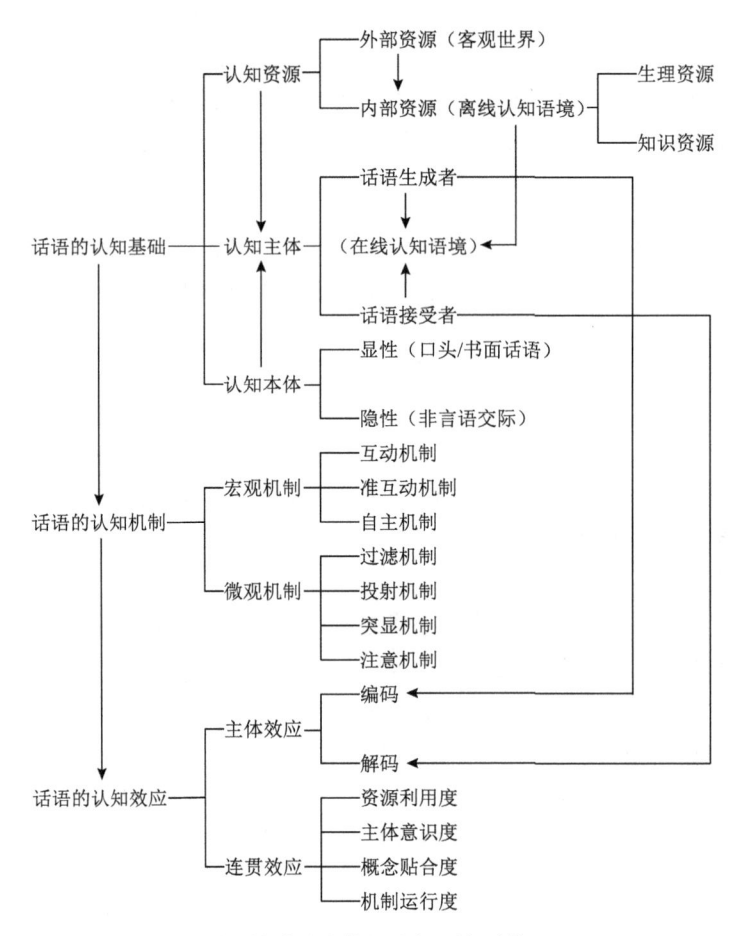

```
                        ┌─外部资源（客观世界）           ┌─生理资源
              ┌─认知资源─┤                ↓              │
              │        └─内部资源（离线认知语境）─┴─知识资源
              │            ┌─话语生成者────────────┐
              │            │        ↓              │
话语的认知基础─┼─认知主体──┤    （在线认知语境）   │
              │            │        ↑              │
              │            └─话语接受者            │
              │            ┌─显性（口头/书面话语）│
              └─认知本体──┤                       │
                           └─隐性（非言语交际）   │
                                                   │
                           ┌─互动机制             │
              ┌─宏观机制──┼─准互动机制           │
              │            └─自主机制             │
话语的认知机制┤            ┌─过滤机制             │
              │            │─投射机制             │
              └─微观机制──┼─突显机制             │
                           └─注意机制             │
                           ┌─编码◄────────────────┤
              ┌─主体效应──┤                       │
              │            └─解码◄────────────────┘
话语的认知效应┤            ┌─资源利用度
              │            │─主体意识度
              └─连贯效应──┼─概念贴合度
                           └─机制运行度
```

图 3.3 话语构建的主体性认知研究总体架构略图

从图 3.3 中可知，话语构建的主体认知研究可以概括为以下三个方面：

（1）话语认知基础的认识与描述；
（2）话语认知机制的解释与操作；
（3）话语认知效应的评价与定标。

上述架构基本上整合了目前绝大部分的认知话语分析模式，并依次对主体话语处理的"初始"（认知基础）、"过程"（认知机制）、"结果"（认知效应）（如图 3.3 中左侧纵向箭头所示）这三个阶段所涉及的各种认知因素做到最大限度的统筹兼顾。此外，图 3.3 进一步表明，话语认知研究的核心在于主体的互动机制及其在话语中的体现。

3.4 小　　结

主体可及性话语研究本质上归属于一种认知话语分析理念，可以作为"主体化的语言分析"和"语言化的主体研究"的界面。主体可及性模式的学理依据源于认知话语分析三大流派（体验派、形式派、神经派）之间的互补关系。

本书认为，认知因素决定了主体化话语的生成，认知思维在话语形式和功能的互动中发挥了主体制约的作用。由此，认知话语研究既不同于形式主义，也不可完全归于功能主义，话语认知研究超越了形式主义和功能主义的界限。

本章提出的"新认知主义"反映了一种介于理性主义与经验主义之间的非客观主义主体观，试图将话语研究置于一种充分主体化的认知模式下，将形式主义和功能主义话语分析思路结合起来，从而构建一种受制于主体的多维认知话语分析范式。

笔者认为，话语构建的主体性认知研究总体上涵盖了话语的认知基础、认知机制、认知效应这三个分析阶段与研究环节。在此基础上，本章对现有的认知话语研究模式进行了整合与改进，将其研究核心定位于主体的互动机制及其在话语中的体现。

下一章将在探讨主体互动的语用和认知原则的基础上，构拟主体可及性话语研究的总体分析框架。

第4章 主体互动的认知语用原则与主体可及性话语分析模式

4.1 引　　言

　　脱离话语本体的主体互动研究不具备任何语言学意义及可操作性。由主体主导的话语研究应从"共现"向"互动"转换，以此揭示主体与社会之间的关系，也可作为话语交际分析的基础（Benveniste 1958）。主体在话语交际中的互动研究是主体间性理论（参见第2章2.2.3.3小节）在"会话分析"（conversational analysis）领域的集中体现。会话分析为现代语用学提供了基础研究平台，大多数普通语用学理论（言语行为、合作原则、礼貌原则、关联理论等）均以主体间的对话研究作为直接分析对象或主要研究手段。然而，除关联理论之外的经典语用理论聚焦于会话研究的社会特征和形式属性，也就是从主体交际活动的情景语境、交际功能和话语表征等外部表象因素出发探讨话语意图和会话结构，没有深入剖析主体在对话过程中的认知状态、方式和作用。此外，目前针对会话分析的认知语用研究仍大多以关联理论为理论基础，而对主体间认知语境的交互性研究、认知语境的系统分类以及认知语境与话语形式之间的关系研究长期以来缺乏一个成型的理论体系，致使语用和认知因素尚未系统地融合于依托会话分析的主体互动研究之中。

　　本章通过提出"人际映射"和"话语交际范畴化"这两个主体互动研究的新理念，试图整合并拓展主体研究的认知及语用原则，并在此基础上构建话语分析的主体可及性研究框架。

4.2　主体互动的语用原则

　　语言使用是一个由主体实施的"选择"过程（Verschueren 2000：42），主体在言语活动中受到自我意识的制约，形成具有自反性的"元语用"意识，包括 P

的意图、目的、情感、态度、判断，以及 P 对 R 的期待、关注、理解、假设等。在此基础上，"主体性"代表了 P 对交际事件的评判，"主体间性"反映了 P 和 R 在交际过程中的相互认同（Traugott 2003）。由此可见，一个完整的话语交际须是主体性和主体间性的有机统一，而这一过程主要表现为主体和话语的语用关系。据此，主体间的话语互动应具备以下三个基本语用原则（Traugott & Dasher 2002：23-24）：

（1）具有明确的社会指示语；
（2）具备明确的话语标记；
（3）突出"关系准则"在合作原则中的引领作用。

我们认为，上述三原则分别体现在"互动语言学"（interactional linguistics）、"语用位"（pragmeme）以及"人际语用学"（interpersonal pragmatics）这三个新的语用学研究范式中。

"互动语言学"（又称"互动社会语言学"）始于 20 世纪 80 年代初期，其理论体系涵盖了人类学、社会学和语言学等多个学科，旨在研究主体如何通过语言或非语言手段维系彼此之间的社会关系与交际活动。互动语言学的研究主线是交际双方在一定的语境制约下进行适当的语用推理，以此建构相应的会话策略，进而保证主体之间话语信息、交际意图和社会意识的畅通。显然，互动语言学的基本工具是语言分析，主体的身份构建是其根本目标：前者涉及语言的各个形式单位和层次，但分析焦点不局限于单一的语法层面，而是具有交际意义的语言表征；后者试图揭示语言形式背后的主体交际目的及其行为过程，最终固化为一系列会话结构类型或话语惯例表达方式。互动语言学研究遵循以下五个话语分析原则（Elizabeth & Selting 2018：16）：

（1）选取真实的自然语料；
（2）分析话轮、序列、行为等与互动话语构建相关的"语境敏感"因素；
（3）以"在线"研究的方式考察语言在主体互动中的"涌现"机制以及主体间的"协商"过程；
（4）通过对主体话轮设计和转换方式等问题的"实证"研究探索形式语法规则的功能理据；
（5）将话语交际的实际参与者（而非研究者）视为检验论断的根本依据。

"语用位"理论旨在揭示主体间"语用行为"的互动方式及其在语境作用下的话语表现（Mey 2001）。具体而言，语用位分为"行为"和"话语"两个部分：前者一般表现为传统意义上的言语行为和肢体行为等；后者是指能够体现主体推理、语气、指称、共有知识发生过程的各类话语标记。该理论将主体和语境置于首位，认为语境的不确定性造就了话语表达方式的多样性（Mey 2001：219-223）。值得注意的是，在此基础上建立起来的"转换说"认为话语标记也可激活或转换为相应的语境，话义有时可以升格为语境义，直接表现为不同话语功能的层次性（Capone 2005：1359）。

"人际语用学"（Locher & Graham 2010）是在礼貌原则（Leech 1983）以及面子威胁行为及面子维护策略（Brown & Levinson 1978）等相关研究的基础上，经由礼貌研究的"关系转向"促成的主体互动理论（Enfield 2009：61）。该理论认为礼貌是 P 的主体性向 P 和 R 的主体间性转移的结果，礼貌本质上是 P 和 R 建立起来的"平等交互"关系，表现为具体的礼貌话语形式。社交场合的"人际关系"研究是该理论的核心环节（Haugh et al. 2013）。为此，"和谐管理理论"（Rapport Management Theory）（Spencer-Oatey 2011）进一步阐释了主体应如何有效地管理交际双方的社会关系，而这些管理手段又是如何系统地体现在相应话语之间的关联性上的。

4.3　主体互动的认知原则

主体互动的认知研究是话语交际的语用和功能分析趋向"个体化"的必然结果，其学理原则主要表现为"认知个体化"和"话语认知化"，目的是将主体认知和话语功能充分协调起来。我们认为，这两大原则主要由"认知功能语法"（cognitive functional grammar）和"对话句法学"（dialogic syntax）予以诠释。

加的夫语言学派主张把"社会文化"与"个体认知"两大要素整合在语言学研究中，构建一种基于主体"互动大脑认知模式"的认知功能语法（Fawcett 1973，1980）。与主要依托社会群体和语用因素的系统功能语法相比，该学派更为关注个体主体在语言使用中的主观性以及主体在选择、交换、生成和理解话语时的心理认知过程。更为重要的是，认知功能语法特别看重语言形式对于主体认知机制的体现方式及规则，将"词汇语法层"的功能语义研究与认知科学和认知分析方法系统融合起来，内外兼顾，在研究方法上对传统的功能语言学是一个有力的补充，同时也在一定程度上弥补了主体互动研究在语言分析层面上的些许不足。

"对话句法学"是近年来最具代表性的认知功能话语分析理论，在加的夫学派的基础上进一步强调了话语形式在主体互动中扮演的主要载体作用（Du Bois 2014）。该理论发现，P 和 R 之间的问答会产生形式上的"平行"和"共鸣"，主要表现在 R 的话语中往往会重现 P 的部分或全部话语结构，并可体现在语音、语调、词汇、句法等各个层面，这种语言形式的叠用加深了主体间的认同性和对话性。与传统句法的一维线性研究不同，对话句法学试图构建一种立体的"超句法结构"，以此将主体间性系统地形式化和符号化。

此外，近年涌现的一些认知话语分析理论也在不同程度和侧面体现了上述两个认知原则。"可及性理论"（Accessibility Theory）（Ariel 1994）、"向心理论"（Centering Theory）（Walker et al. 1998）和"概念参照点理论"（Conceptual Reference Point Theory）（Langacker 1999）详细解释了"语篇回指"（anaphora）的认知理据及主体差异。"概念结构"（Conceptual Structure）（Goldberg 1996）和"语篇世界"（Text Worlds）（Werth 1999）等理论对话语的宏观认知结构及其表征进行了深入探讨。此外，"意识形态"（ideology）分析（Dirven et al. 2001）以及"语篇互动"（textual interaction）理论（Hoey 2001）对话语理解中主体的能动性给予了系统阐述。

4.4 基于"人际映射"与"话语交际范畴化"的主体互动研究

综合前述两节可知，主体互动研究遵循的语用原则目前大多依赖社会和情景语境来解释主体间的话语表征，是一种"从外到内"的研究范式。此外，主体互动的语用研究基本上以会话结构和话轮转换为主要分析平台，而对具体的话语表达形式对交际中的语用功能及主体认知的反向作用研究不够系统。相比之下，认知原则在对主体互动实施"由内向外"的研究过程中，更多关注主体自身和主体间的认知语境及其所对应的语言形式特征。这虽在某种意义上弥补了语用研究的上述不足，但认知研究多聚焦于个体，比着眼于群体的语用分析更具复杂性和多变性，其理论模式也由此更为多样化。如此一来，我们迫切需要将认知和语用原则有机融合于主体的话语互动研究，并在话语构建的主体性认知研究架构（参见第3章图3.3）的基础上，专门针对"主体互动"的认知原则及其相应机制予以进一步整合与简化。据此，我们将在本节探索依托于"人际映射"和"话语交际范畴化"的话语主体互动的认知语用原则。

4.4.1 人际映射

"映射"这一概念跨越了数学、心理学，以及心理语言学、生成语言学、功能语言学、认知语言学等语言学分支的多个学科领域。认知视角下的映射最初是指主体在体验世界过程中发生的心理空间及其内部诸要素的系统转换，后来演变为受制于主体的各种认知域之间的迁移、重叠或置换。由此可见，"人际映射"（IM）是认知域的转换由单主体层面上升到多主体层面的必然结果。

认知语言学将"映射"视为概念隐喻的根本运作机制以及主体的基本思维方式（Lakoff & Johnson 1980）。当前，隐喻的认知研究已从词汇层面扩展至话语（语篇）层面，但是我们容易忽视一个方法论问题：在隐喻（映射）和话语分析之间，究竟应把哪一方作为研究的基点？两者的结合在实际研究中必然有一方被前景化，另一方则作为其研究的载体。现有研究大多倾向于将隐喻在话语分析中予以"显化"，突出隐喻的"工具性"作用，话语（语篇）只是作为隐喻发生的背景而存在。

我们认为，此类研究范式在某种意义上是对"话语修辞学"的一种拓展，无法从实质上揭示话语推进过程背后所隐藏的隐喻认知机制。产生这一问题的关键因素在于众多隐喻研究的范围仅限于篇内，未能延伸至篇外（McQuade & Atwan 1998）。如此一来，隐喻对话语（语篇）的控制作用及范围就显得十分有限。

4.4.1.1 话语交际的隐喻化：IM 形成的理据

近年来，针对隐喻的话语交际分析主要集中在交际主体如何运用隐喻来组织交际事件，探讨隐喻在会话交际中的话题发展（Drew & Holt 1998）、交际能力（蔡龙权 2005；吴丹苹、庞继贤 2011）以及表达类型（王林海、赵海燕 2008；田苗 2011）等方面。那么，对于那些"非隐喻性"的普通言语交际而言，其构建过程是否也要受隐喻映射机制的影响和制约呢？目前罕有针对该问题的系统专门研究。

笔者认为，若要使隐喻映射的作用在话语及主体层面得到最大限度的发挥，我们必须基于以下假设：

任何形式的话语组织实质上都是一种隐喻化（映射）过程，话语主体之间能够建立起一种类似隐喻映射的交际关系。

可见，隐喻映射不仅是话语构建的前景化工具，更是主体生成和理解话语的认知起点和载体，由"交际中的隐喻"到"隐喻中的交际"这一话语研究转向势在必行。

隐喻可以简单定义为"以某一事物解释另一事物"的现象（Burke 1945：503）。这一看似轻描淡写的解读给予我们两点重要启示：

（1）某一事物只有在区别于其他事物的情况下，才能成为该事物，故任何事物之间其实都存在隐喻关系；

第4章 主体互动的认知语用原则与主体可及性话语分析模式

（2）隐喻关系实质上是一种人为形成的事物之间的认同关系，它可以是有意识的，也可以是无意识的（例如"This man is a tiger"和"This man is a worker"均可被视为隐喻表达，只是后者的隐喻意识程度不及前者）。

那么，上述理念如何体现在话语交际研究中呢？我们认为，从其交际活动的发生过程来看，一个完整的话语交际通常由"交际主体"（P和R）、"交际客体"（交际所涉及的内容与事件）以及"交际资源"（构建和影响交际进程的各种语境因素）三部分构成。其中，"交际客体"最贴近语言本体，因为语言表达是展示交际内容与组织交际事件的最直接、最有效的形式之一。隐喻研究始于词汇隐喻，其本质是试图从事物之间的相异性中发现或创造相似性，以相同的语言形式表达不同的意义（如"一词多义"）。功能语言学的语法隐喻理论逐步淡化了隐喻性与非隐喻性表达之间"质"的差别，认为隐喻是语言和思维进化的必然结果（Halliday 1985/1994，1996），即使相同或相似的事物之间也可以缔结隐喻关系，因为同样的意义可用不同的语言形式来表达（如词类与小句功能成分的转换）。认知语言学的概念隐喻理论表明隐喻源自"体验"，通过形式和意义的双重转换引发主客观世界的互动并以此建构各种认知关系（如隐喻式蕴含）（Lakoff & Johnson 1980）。在此基础上，"根隐喻"（root metaphor）的存在理据得以彰显，即一些"直白的"语言表达实际上也受制于某些隐喻性思维。由此可见，语言的隐喻化进程是一个由"非隐喻"向"隐喻"转变，从对立、妥协再到融合的渐进过程。

尽管这一过程在"交际资源"和"交际主体"这两个环节上表现得似乎不那么明显，但一些先期的研究成果间接地为交际的隐喻化提供了依据。基于转喻机制的"事态场景"理论认为交际事件可由"事态前""事态核心""事态效应""事态后"四个部分构成（Panther & Thornburg 1998），每一部分都可通过"部分代整体"的方式指代整个场景，以便交际者以最小的认知处理努力获取最大的语境效果，从而减轻语用推理的负担。由于转喻和隐喻机制本质上是相通的（Barcelona 2000），且交际场景是在语境的驱动下推进并成型的，故作为交际资源的语境要素之间也可能存在替代、转移或者合并的关系。

著名的"管道隐喻"（conduit metaphor）理论将交际活动比作一根"管道"，认为语言使用类似于管道传输，它可将其承载的话语形式与话语意图从P传送至R，P和R位于管道的两端（Reddy 1979/1993：166）（管道隐喻的基本原理可简化为图4.1中的模式）。虽然管道隐喻实际上只是一种试图将交际活动隐喻化的宽泛理念或研究思路，并未对P和R之间的隐喻映射机制及其具体的话语体现方式做出系统深入的阐释，但是主体之间交际关系的隐喻性本质已然显露无遗。

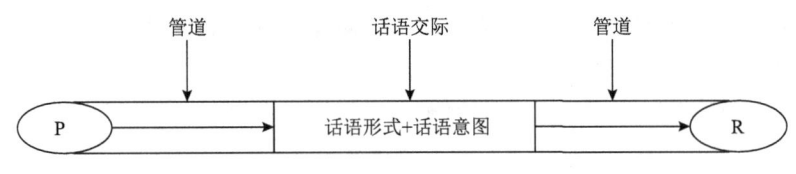

```
          管道              话语交际           管道
           ↓                  ↓               ↓
    ┌───┐ ────────→ ┌──────────────────┐ ────────→ ┌───┐
    │ P │           │  话语形式+话语意图  │           │ R │
    └───┘           └──────────────────┘           └───┘
```

图 4.1　基于"管道隐喻"的话语交际模式略图

据此，我们可以得出如下推论：话语交际具备了一定的隐喻化潜势，构成言语交际的主体、本体和资源的内部存在一种更为深层的"元认知"隐喻关系，无论是否含有显性的隐喻表达，整个话语交际系统实质上都是隐喻性的。由于隐喻的产生过程主要体现为一种建立在相似性基础上的映射机制，因而我们把这种发生在交际中的（元认知）隐喻映射称为 IM。作为交际隐喻化的核心概念，IM 既符合隐喻映射的一般特征，又具有自身的特殊性。

4.4.1.2　IM 的基本原理

我们知道，隐喻映射是由 SD 向 TD 单向运行的，从而形成"TD IS SD"这一概念隐喻结构。映射机制能够将两个原本范畴错置的概念域联系起来，使两者产生一种认同关系。与此相仿，交际主体本是彼此独立的认知及行为个体，但在实施话语交际的过程中，在 IM 的作用下临时建立起一种合作关系。总体而言，IM 可以分为"表层"和"深层"两种类型。

其中，表层 IM 又可进一步分为"言前映射"（pre-utterance mapping）和"言后映射"（post-utterance mapping）。"言前映射"指的是 P 在交际前往往会站在 R 的角度制订相应的言语计划，此时 P 往往假定自己就是 R，通过考虑对方可能的交际倾向或需求潜势而担当了一部分 R 的角色。这样，P 便在发话前受制于一个概念隐喻构式，即"P IS R"，此时作为 SD 的 R 便将一部分交际潜势映射到了作为 TD 的 P 上。当 P 的话语生成时，R 通常会站在 P 的立场解读其意图潜势，此时的 R 便会吸取一部分 P 的角色，也就是假定自己是 P，这样，R 便在该话语结束后受制于另一个概念隐喻，即"R IS P"，此时作为 SD 的 P 便将一部分交际意图潜势特征映射到了作为 TD 的 R 上，由此产生了"言后映射"。例如：

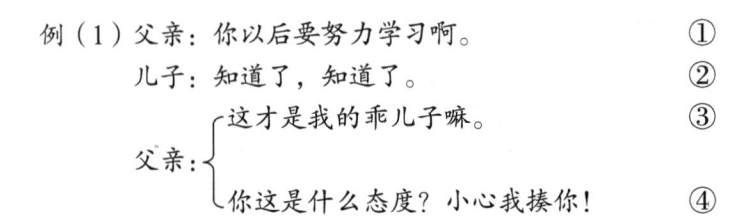

例（1）父亲：你以后要努力学习啊。　　　　　①
　　　 儿子：知道了，知道了。　　　　　　　②
　　　 父亲：┌这才是我的乖儿子嘛。　　　　　③
　　　　　　└你这是什么态度？小心我揍你！　④

结合例（1），我们可将表层 IM 的主要特征归纳为以下几点。

第一，言前映射由 P 控制，用以发起一个交际事件，但在 P 生成第一个话轮之前，此时 R 作为 SD 并未发话，而是以情景语境的方式存在。例如，在①生成之前，儿子可能把一份不及格的试卷交给了父亲，从儿子（SD）的角度讲，他此时的举止表现可能会流露出"渴望鼓励""请求原谅""满不在乎"等交际潜势，其中的一种或几种被映射到了父亲（TD）的认知域中，由此产生了话轮①。

第二，言后映射由 R 把持，保证了后续交际的连通性。在②中，此时作为 SD 的父亲的话轮①可能存在诸如"鼓励""规劝""责备"等多种意图潜势，其中的一种或几种转移到了作为 TD 的儿子一方，由此产生了话轮②。

第三，表层 IM 具有认知突显性。IM 虽然在话语交际的首回合已经发生，但是映射的要素很可能并不明确，而是需要交际双方在后续回合的再次或多次映射中加以突显。例如，借助话轮③，我们可以推测在父子之间的首回合交际中，言前映射最有可能促发"渴望鼓励"这个交际潜势的转换，而言后映射则最有可能体现"鼓励"这个意图潜势的迁移。反之，话轮④则表明"满不在乎"以及"责备"这两个交际潜势分别主导了首回合中的言前和言后映射。这表明，交际双方均可从一系列交际潜势中提取某个自认为认知价值较高的范畴来限定当前的交际主题或者引入新的话题，体现了交际处理过程中的经济性与主观性。

第四，表层 IM 具有可传递性。例如，话轮②既可以作为交际首回合言后映射的结果（此时父亲是 SD，儿子为 TD），又可以作为次回合言前映射的基础（此时儿子是 SD，父亲为 TD），以此类推。这在很大程度上保证了主体角色的交替性以及话语交际的连贯性。由此可见，很多无标记性的日常交际行为都可以通过 IM 加以解构。

综上所述，例（1）中 IM 的整体运作模式如图 4.2 所示（言前映射和言后映射在图中分别由虚线与实线箭头予以标记）。值得注意的是，例（1）中被突显的交际潜势可能不止一种，所以映射的实际路径也存在多种选择，有可能会出现语用模糊现象，但限于篇幅，在此不赘述。

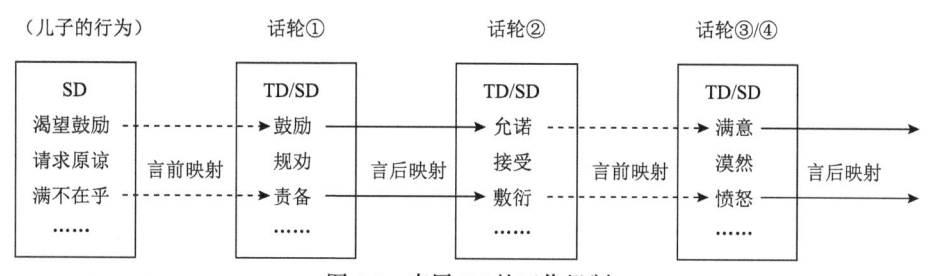

（儿子的行为）	话轮①	话轮②	话轮③/④
SD 渴望鼓励 请求原谅 满不在乎 ……	**TD/SD** →鼓励 规劝 →责备 ……	**TD/SD** →允诺 接受 →敷衍 ……	**TD/SD** →满意 漠然 →愤怒 ……

（箭头间标注：言前映射、言后映射、言前映射、言后映射）

图 4.2 表层 IM 的工作机制

从图 4.2 中不难发现，言前映射和言后映射的 TD 与 SD 可以互换对调，在此过程中 P 与 R 的交际角色相对固化，地位层次等同，且对于话轮的控制力和话语的生成力相同。由此可见，表层 IM 虽强化了 P 和 R 的主体间性，但未能充分突出交际双方各自的主体性，其"描述"作用要大于"解释"作用，故表层 IM 模式更适用于 P 和 R 同时在线的会话分析，而对书面话语中主体互动的解释力相对较弱。

相比之下，深层 IM 机制充分顾及了 P 和 R 的主体性与主体间性。TD 和 SD 与话语主体的对应关系相对稳定，TD 仅由 P 充当，而 R 只发挥 SD 的作用。这样，P 的话语生成和 R 的话语理解便整合在"P IS R"这个单一的概念隐喻构式之下。我们认为，深层 IM 的存在理据及显著特征表现为以下两点。

首先，TD 和 SD 存在认知地位的差异。TD 是隐喻认知的基点，其结构比较固定，而 SD 则处于一种离散状态（Cameron & Deignan 2006：674），故 SD 映射到 TD 的特征受制于 TD，须与 TD 的概念结构基本相符（Lakoff 1993：215-216）。言语交际的有序性决定了 P 是交际活动的起点，并先于 R 占有话轮。此外，P 在交际中发挥主控作用，属于把握交际意图的一方，而 R 则相对被动。据此，IM 由 P（TD）激活，在其制约之下，R（SD）向 P 发生认知迁移，进而形成 P 的"话轮"（TN）。也就是说，P 既是深层 IM 的发起点，亦是其终结点；R 附着于 P，由 P 来调动。

其次，TD 和 SD 具有概念层次的区别。乔氏曾主张把隐喻分为表层和深层，表层是 TD，是能够直接感觉到的；深层为 SD，是由 TD 建构出来的，隐含了其寓意（徐盛桓 2014：373）。在表层的会话序列中，只有 P 存在的理由，因为 P 是话轮的直接产出者和实际控制者。P 将上一个话轮持有者设定为 R，作为深层 IM 机制的组成部分，R 充当 P 在执行 IM 时的信息提取方，为 P 所背景化（或者说 P 被 R 所喻化），成为 P 实施言语计划的潜在工具，直至 P 生成话轮。

据此，我们构拟了一个深层 IM 的发展模式略图（图 4.3）。

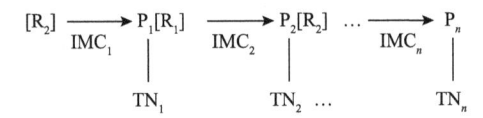

$$[R_2] \longrightarrow P_1[R_1] \longrightarrow P_2[R_2] \ldots \longrightarrow P_n$$
$$\quad IMC_1 \qquad\quad IMC_2 \qquad\qquad IMC_n$$
$$\quad TN_1 \qquad\qquad TN_2 \ldots \qquad\quad TN_n$$

图 4.3 深层 IM 的总体运行模式

从图 4.3 中可见，在 TN_1 产生之后，P_1 暂时让出了话轮，被 P_2 当作 R_1，由 P_2 启动 $R_1 \rightarrow P_2$ 的映射，从而产出 TN_2，此时 P_2 实际上已被 R_1（P_1）喻化，至此形成了一个"人际映射元"（IMC），以此类推。在多人会话模式下，P 和 R 可如图 4.3 中的 1、2…n 依次进行编号。若是双主体对话模式，则图中的 $P_1[R_1]$ 和

P₂[R₂]会交替出现,直到对话结束(n=1或2)。无论采用哪种模式,TN 在图中的编号形式以及 IM 的运行方式均不受影响。需要指出的是,由于 TN₁ 是开场的首个话轮,此时 P₂ 暂未持有话轮,故图中首个 R₂ 并非真正意义上的交际主体,这表明会话交际中的 IMC₁ 带有标记性。

4.4.1.3 IM 的主要类型及其运作机制

映射是 SD 向 TD 进行的概念迁移,概念域具有系统的内部结构,所以在映射过程中会在多个环节上发生一系列的整体转换(Lakoff &Turner 1989:63)。我们认为,IM 实质上是一种"话语意图"的映射,即 P 对 R 的交际意图潜势加以突显,过滤掉 P 认为 R 所不存在的其他意图,而相关意图主要是在各种语境因素的影响下通过 TN 显现出来的,因此,由交际主体所主导的深层 IM 机制会在交际资源和交际客体这两个层面上产生连锁反应(表 4.1)。

表 4.1　深层 IM 机制的整体架构及运作类型

交际客体	交际资源		
	言外语境	言表语境	言底语境
交际物	IM-1	IM-2	IM-3
交际角色	IM-4	IM-5	IM-6
交际事件	IM-7	IM-8	IM-9

如表 4.1 所示,交际客体一般由三个部分组成,即交际物、交际角色、交际事件。其中,交际物和交际角色依据的是韩礼德(Halliday 1985/1994:69)对"言语功能"的划分标准:前者指交际活动涉及的相关事物和内容,包括"物品与服务"和"信息",主要以名词性成分体现;后者指交际者借由交际物执行的交际任务,包括"给予"和"求取",通常以动词性成分表达。交际事件则是两者融合的结果,主要体现于小句层。

交际资源也包括三类,即言外语境、言表语境和言底语境。其中,言外语境指交际者固有的社会文化与习惯偏好等因素;言表语境指 TN 本身包含的提示性和限制性语言要素;言底语境指由前两者整合而成的拓展性认知资源。

需要说明的是,表 4.1 中的交际客体和交际资源分别归属于 R 和 P,并非为两者所共享。P 通过调用交际资源对来自 R 的 TN 实施解读,从中获取 R 的交际意图。深层 IM 就是在这两种"非主体性"因素的共同参与下实现的。

下面我们通过一组示例进行具体分析(为了确保论证的一致性,便于读者理解,以下例句均采用同一个 TN₁ 形式)。

例（2）P₁[R]：你想在家里养只宠物吗？（TN₁）

P₂：
- a. 我想养只小狗。
- b. 我想养只小狗，就养在家里。
- c. 我想养只小狗，最好是只巴哥犬。
- d. 你送我只宠物吧。
- e. 你送我只宠物吧，就养在家里。
- f. 你送我只宠物吧，最好今天就送我。
- g. 你送我只小狗吧。
- h. 你送我只小狗吧，就养在家里。
- i. 你送我只小狗吧，最好今天就送我只巴哥犬。

（TN₂）

例（2）中，P₂针对 TN₁ 所做的一系列回应可分为三组。其中，例（2a）—例（2c）引导了 TN1 中交际物（物品）的转换，突显了 P₁"宠物域"中的"小狗"这一概念，并将其迁移至 P₂ 相应的认知域里。此类映射多源自一词多义或上下义现象（两者分别基于隐喻和转喻机制，但本质上均属概念映射），但确认词义及其所指范围的自主权在 P₂ 一方。P₁ 的交际任务在 TN₁ 中介于"给予物品"（你需要一只宠物吗？）和"求取信息"（你是否有养宠物的意愿？）之间，而例（2d）—例（2f）均强化了前者，引发了交际角色的映射。例（2g）—例（2i）则同时激活了这两种映射，使 TN₁ 中较为泛化的命题结构转化为具体的话题事件。与此同时，每一组中的三个 TN₂ 分别受控于言外、言表和言底这三种语境资源。

具体而言，例（2a）、例（2d）和例（2g）启动 IM 时只顾及交际物、交际角色和交际事件本身的固有属性，例（2b）、例（2e）和例（2h）则受到 TN₁ 中"在家里养"这一附加语成分的制约，并在 TN₂ 中得以强化，而例（2c）、例（2f）和例（2i）在 TN₁ 的基础上，对各自相应的客体产生了新的认知（见画线部分），既扩充了话语交际信息，又为下一轮 IM 提供了更为多样化的客体导向与资源参照。TN₂、TN₃ 和 TNₙ 由此顺次产生。

那么 TN₁ 又从何而来呢？如前文所言，由于 P₁ 是话语交际的发起者，故在此之前没有实体化的 R 和显性的 TN 充当其映射来源，但这并不影响 IM 机制的正常运行，只不过此时与之相关的主体、客体和资源等要素大多处于背景化状态，因此 P₁ 控制首轮 IM 的自由度相对较高。

由此可见，IM 不仅是 TN 的形成理据，也代表了 P 在交际中的言语规划策略。值得注意的是，不同类型的 IM 的话语建构作用也不尽相同，这是因为交际资源和交际客体在促成 IM 之时彰显了各自的特点。试比较：

例（3）P₁：你想在家里养只宠物吗？

第 4 章　主体互动的认知语用原则与主体可及性话语分析模式　　·77·

$P_2:$ {
a. 我想养只小狗,就养在家里,最好是只巴哥犬。
b. 我想养在家里,就养只小狗,最好是只巴哥犬。/最好养在卧室里。
c. ？我想养只巴哥犬,就养在家里,最好是只小狗。
}

例（4）P_1：你想在家里养只宠物吗？

$P_2:$ {
a. 我想养只小狗。
b. 我想养只小狗,你送我只小狗吧。
c. ？我想养只小狗,你送我只宠物吧。
}

在例（3）中,交际资源展现了以下三个核心特征。

（1）映射性

例（3a）中的三个小句分别受控于言外、言表和言底语境,使例（3a）的话题信息以"小狗→家养的小狗→名为巴哥犬的小狗"的方式逐步具象化。这是后一种语境对前一种语境的某一成分加以突显和迁移的结果,说明三种交际资源之间也存在某种递接式的"映射"关系。

（2）选择性

三种语境所控制的话语形式可以由 P 自由选择,如例（3a）的前两个小句可以在例（3b）中进行置换。言底语境的发起点也可从前两种语境中任意选择,如例（3b）的第三个小句就存在两种可能的延续方式,但均并不影响交际的连贯性。这表明,三种交际资源实际上均为 P 的"认知语境",属于交际主体的一种主观构想,是根据当前的交际需要被临时调用的（Sperber & Wilson 1986/1995）,也再次证明了语言的形式和功能未必完全对应。

（3）顺序性

尽管交际资源可以与语言形式自由选搭,然而它们一旦在 TN 中共现,其认知次序就是不可逆转的。如果将例（3a）换作例（3c）,交际效果就会受到影响,因为例（3c）的第一、第三两个小句所依赖的语境资源在顺序上是颠倒的,同时也与特征（1）中所描述的映射规律相违背。总体而言,言外语境的选取随意度最高,启动该语境的反应时最短,而激活言表语境和言底语境需付出的认知努力依次递增。据此,言外语境是开启话语交际的必备资源,另外两类语境则为可选资源,主要用于延伸 TN 的语义信息。

如果说交际资源是 IM 的必要条件,那么交际客体便是 IM 得以实施的充分条件,具体表现为以下两个方面。

首先,客体起到控制话题的作用。在例（4）中,P_2 突显了 P_1 的交际物,通过例（4a）框定了此轮交际的话题,例（4b）借助第二个小句引入了交流关系,

使得 P_1 和 P_2 凭借该话对构建了一个完整的交际事件,例(4c)虽然同样增加了角色关系,但由于没有延续前一个小句设定的话题,致使两个小句未能融合为一个主题事件,影响了交际效果。

其次,客体具有认知层次性,即"交际物＜交际角色＜交际事件"(P 在处理三者时所付出的认知努力也依次增加)。从语义学的角度讲,交际事件类似于一个"述谓命题",由"论元"(交际物)和"谓词"(角色关系)构成。论元只是述谓逻辑的参与者,其性质和功能受谓词限制,因为后者揭示了前者的逻辑关系,是述谓结构的使成者(Leech 1981)。换言之,述谓结构蕴含了论元和谓词,但谓词不蕴含论元,两者只有层次的高低之分。这同样可以解释为什么例(4b)能说得通,而例(4c)的连贯性较差。

由上可知,在控制 IM 的运作以及构建言语交际方面,交际客体是第一性的,交际资源是第二性的。在此基础上,我们将交际客体的认知层次与交际资源的使用顺序结合起来,把 IM 机制划分为九个等级(表 4.1),分别对应于上文的例(2a)—例(2i)。理论上讲,这九个 TN_2 相对于 TN_1 的交际连贯性总体上呈下降趋势。

我们知道,话语交际是双主体乃至多主体共同参与的行为事件,一次 IM 只能在局部建立 P 和 R 的认知联系,而交际主体之间的互动是保证交际活动连续性的根本条件,这就需要 IM 机制的持续运行,也就是说,一个完整的言语交际是由多个 IMC(图 4.3)串联而成的。由此可见,IMC 可被视作交际构建的基本认知单位。试比较:

例(5)P_1: 你想在家里养只宠物吗?　　　(TN_1)(IMC_1)
　　　P_2: 我想养只小狗。　　　　　　　(TN_2)(IMC_2)
　　　P_1: 你想养什么品种的?　　　　　(TN_3)(IMC_3)
　　　P_2: 最好是只巴哥犬。　　　　　　(TN_4)(IMC_4)

例(6)P_1: 你想在家里养只宠物吗?　　　(TN_1)(IMC_1)
　　　P_2: 我想养只小狗。　　　　　　　(TN_2)(IMC_2)
　　　P_1: 在家里养吗?　　　　　　　　(TN_3)(IMC_3)
　　　P_2: 就养在卧室里。　　　　　　　(TN_4)(IMC_4)

例(7)P_1: 你想在家里养只宠物吗?　　　(TN_1)(IMC_1)
　　　P_2: 我想养只小狗。　　　　　　　(TN_2)(IMC_2)
　　　P_1: 我送你只?　　　　　　　　　(TN_3)(IMC_3)
　　　P_2: 你不会送我的。　　　　　　　(TN_4)(IMC_4)

上述每组会话都含有 4 个 IMC(标为斜体的 IMC_1 因其缺失实体化的 R,在此不具备话语分析意义,故暂且忽略),且 IMC_2 均为 IM-1 的级别。三组的区别

始于 IMC_3，因为它们在各组中分别体现了不同的映射方式。

具体说来，例（5）中的 TN_3 和 TN_4 完全承接了 IMC_2 的映射模式，P_1 和 P_2 在交际客体和交际资源两个环节上高度一致。在例（6）中，P_1 先通过 TN_3 促成了言外语境向言表语境的资源映射[又如例（3）]，而后 P_2 在此基础上（此时的言表语境"在家里"已被 P_2 视为交际物）实施了交际物映射（"家里→卧室"），形成了 TN_4。在例（7）中 P_1 借助 TN_3 启动了针对 P_2 的交际角色映射，突显了 TN_2 中"求取（物品）"的意图，接下来 P_2 又通过 TN_4 突出了 TN_3 中"给予（信息）"的交际目的，并对此予以否定。

由此可见，交际主体互动主要取决于相邻 IMC 之间的关系模式：当几个 IMC 归属于同一类 IM 时，交际话题通常保持不变；一旦 IM 的性质或等级在 IMC 的接续过程中发生变化，交际主体可能会改变当前话题的视角或侧重点，甚至由此产生新的话题。

综上所述，话语交际不仅受到一些基于体验的"根隐喻"的制约，而且依托于由交际主体形成的更为宏观的深层 IM 认知模式（P IS R），促成了交际意图在主体之间的传递。在言外、言表和言底语境的作用下，IM 在交际物、交际角色以及交际事件三个层面上进行系统的运作，最终以 TN 的形式体现。同时，IM 机制反映了 P 的一种深层交际策略，有助于其执行言语计划、话语组织、交际中的信息延伸以及主体之间的话题互动，也是本书提出的"主体可及性"话语分析模式最为重要的基本学理原则之一。

4.4.2 话语交际范畴化

语言学所涵盖的各类研究本质上都是在研究"范畴"（category）（Labov 1973：342），且范畴是人类思维、行动和语言的起点（Taylor 1989：1-2）。然而语言学界针对范畴的主流研究目前仍围绕着语法层面展开，用来解释音位、词汇和句法等形式范畴在结构和意义上的演变、界定和扩展（Taylor 1989, 2002；Ungerer & Schmid 1996；Croft & Cruse 2004；Evans & Green 2006）。即使有为数不多的学者曾在话语分析中尝试采用范畴理论，但基本上也仅限于对一些语篇结构的宏观归类（Overstreet & Yule 1997；Lee 2001）以及对某些小句关系成分的重新划界（Sanders et al. 1992；Sanders 1997），至今尚缺乏一个研究体系。此外，话语分析领域尚存两个颇受争议的问题：

（1）话语连贯和衔接到底是怎样一种关系？
（2）话语本体的连贯性如何在话语主体之间进行衡量与界定？

本节我们尝试从"话语交际范畴化"（CDC）这一视角对上述两个问题进行解答。其中，问题一源于"话语范畴化"；问题二出自"交际范畴化"，两者均为话语分析"主体化"研究的重要组成部分。下文将分别予以阐述。

4.4.2.1　两大范畴论在话语研究中的融合

范畴化是人类体验世界的基本手段和方式，语言作为主体认知的载体和符号工具，必然受到范畴化机制的约束。在语言哲学界，亚里士多德建立的"经典范畴论"与维特根斯坦、埃莉诺·罗施（Eleanor Rosch）等人倡导的"原型范畴论"是针锋相对的，而且后者在体验哲学的推动下大有压倒前者之势。尽管如此，两者在实际研究中并非水火不容，特别是在针对语言问题的分析上还是可以相互借鉴的。例如，在"反义词"范畴内，互补反义词（如 dead 和 alive）因其"非此即彼"的特性，在认知上要比分级反义词（如 hot 和 cold）更具典型性，但我们无法确定"互补反义词"这一子范畴的中心成员，很难判断 dead 和 alive 以及 true 和 false 哪一对更为典型。又如"语态"范畴，从日常交际的频率和标记性来看，主动语态无疑更加典型，而在学术类话语中，被动语态的无标记性往往更强。若仅从语法或句法结构的角度，我们无法判定在该范畴内孰是中心，孰是边缘，只能依靠传统的二分法在主动语态和被动语态之间划清界限。以上两例表明，无论是不同范畴还是同一范畴，仅依赖一种范畴理论对其进行解读都是不充分的。经典范畴论可以用来解析某一系统的主干部分，而原型范畴论更适于揭示该系统的运行过程（Orscherson & Smith 1981）。我们认为，两种范畴论的矛盾在话语层面上的表现源自研究者未能将话语研究过程中的范畴体与范畴化、客观性与主观性、静态与动态、语言本体与语言使用这几组概念明确区分开来并加以融合。它们与两种范畴论的对应关系如图4.4所示。

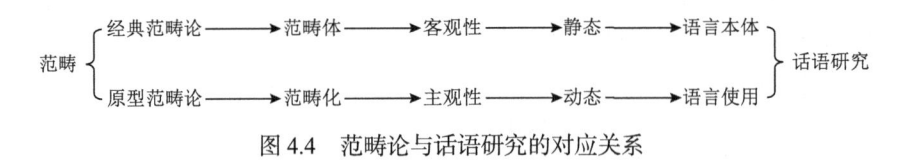

图 4.4　范畴论与话语研究的对应关系

图 4.4 表明，经典范畴论主张的范畴成员的平等性、层次性和有界性等特征一般会使某一范畴（如话语）的内部结构得到固化，使其在主体认知的过程中逐步沉淀为客观的实体，话语由此被赋予了离散性、组构性和层级性等相对稳定的特征。相比之下，原型范畴论体现了主体在话语处理过程中的能动性，语言系统受控于主体的主观因素并突显了主体的使用倾向或注意程度（参见第3章图3.3），使之具备了原型效应，在语言系统中处于核心位置。如此一来，语言在主体的使

用过程中便展现出模糊性、连续性和辐射性等动态特征。

事实上，两种范畴论与索绪尔关于"语言"和"言语"的思想以及乔氏关于"语言能力"和"语言运用"的理念不无关系。换言之，经典范畴论引导下的话语研究将语言系统视为一个静态的范畴体，若将语言现象当作一个动态的范畴化过程，则必然受到原型范畴论的影响。由此可见，两者不存在孰是孰非的问题（赵彦春 2010：57），话语范畴研究有必要采用"双重表征"（Armstrong et al. 1983：271），二者的结合可将"语言本体"和"语言使用"融为一个"主体化"的整体。

从方法论的角度讲，现代话语分析总体上经历了两个发展阶段，产生了以下两种主要研究流派。

（1）篇章语法：20世纪50—70年代由以哈里斯为首的结构主义语言学者所提出。

（2）语篇语言学：20世纪70年代以来由以韩礼德为代表的功能主义语言学家所倡导。

就范畴理论而言，两派对话语（语篇）这一概念的理解都是可取的：如果把语言视为一个稳定的形式范畴，那么作为形式单位的语篇在"篇章语法"体系中就是一个与音位、词汇、词组（短语）和句子界限分明且地位均等的范畴成员，具有专属的语法和结构特征，这一点同"经典范畴论"的观点大体吻合。一旦语言被解读为一个动态的意义范畴，那么语篇便是"任何不完全受句子语法约束的在一定语境下表示完整语义的自然语言"（胡壮麟 1994：1），由语篇产生的交际意义和社会功能可以融入语言的各个层次中，它与形式单位之间不再是大小关系，而是体现关系（张德禄 1998：230）。这样，语篇与句子等语法单位的界限就变得模糊起来，任何单位都带有语篇性，语言范畴也由此成为一个以语篇为中心成员并向其他单位成员辐射的扩展式范畴。从这个意义上讲，"语篇语言学"的研究范式与"原型范畴论"的思想不谋而合。

由此可见，话语（语篇）在语言范畴内的地位较为特殊，它既是语言系统中的一个普通单位成员，又可作为使用中的语言的集群缩影。那么话语本身会在上述两种范畴观的共同作用下形成一个怎样的范畴呢？根据图 4.4，本书把话语范畴解析为"话语范畴体"和"话语范畴化"两个环节，具体如下。

（1）"话语范畴体"是由构成话语的基本要素组成的范畴，当属"话语本体"。
（2）"话语范畴化"是话语主体针对话语本体实施的范畴化谋篇过程，属于"主体化话语"。

由此看来，话语分析旨在探求基于话语"范畴体"的组构模式及其在使用过程中的"范畴化"操作方式。

4.4.2.2 话语范畴体的类型及认知关系

主体的基本认知结构包括时间域和空间域（Langacker 1987：148），后者更能反映体验哲学的本质，因为人体自身就是一个空间。"话语范畴体"实质上是将主体在物理空间（客观世界）所经历的事件内在化，并借助语言手段构成的一种心理空间。基于空间的构造特征，我们将"话语范畴体"划分为以下三个子范畴。

（1）实体范畴

即话语内具有认知稳定性的语义单位的集合，由词汇层体现（无标记状态为名词类成分），其成员在话语中既可在所属小句内独立存在，又可与其他小句中的成员产生联系。

（2）关系范畴

即话语内具有认知关联性的语义单位的集合，由词汇层体现（无标记状态为动词类成分），其成员在话语中反映小句中实体之间的意义关系。

（3）结构范畴

即话语内具有认知完形性的语义单位的集合，即实体和关系范畴的结合体，由小句层体现，其成员起到约束话语的结构类型的作用。

值得注意的是，在无标记状态下，"实体"通常表征为名词形式，"关系"大多对应于动词形式。然而，"实体""关系""结构"均属于概念范畴，不完全囿于某类形式的语法单位，后者只是前者的体现方式而已。例如，除名词外，其他词类亦可用来体现实体范畴，有些形式单位甚至还可被主体"实体化"。需要指出的是，"话语实体"这一概念通常包含"情境类型""常规状态""抽象实体"三种类型（Smith 2003：67），这实际上是对"实体"的一种广义的理解，其本身就可以覆盖话语层面。然而，本书所指的"实体"主要由词汇层体现，故上文提及的话语实体（特别是前两类）不同于本书中的"实体范畴"概念，而是与下文谈到的"话语属性"部分相关。

"话语范畴体"的基本特征主要表现为以下几个方面。

（1）空间延展性

既然范畴归于主体的心理空间，那么实体就是分散在空间内的"点"，关系则将这些点串成"线"，最终将话语拼合成结构完整的"面"，这符合我们对空间的认知顺序，具备一定的心理现实性。

（2）层级抽象性

"结构""关系""实体"这三个子范畴及其所体现的语言单位具有自上而下

的层级性与蕴含性，而且每一层级都是对下一层级的抽象化的结果，在话语中呈现一种自下而上的"浓缩式"的组构特征（图4.5）。

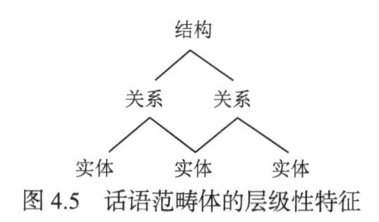

图4.5 话语范畴体的层级性特征

（3）认知突显性

话语是由一系列的形式单位以线性方式生成的信息流，根据认知的经济性原则，话语流中只有部分内容进入我们的"注意框"（Langacker 2001：151），成为信息焦点。同样，"结构""关系""实体"范畴中并非所有成员都发挥了谋篇作用，主体只会关注那些对当前话语具有信息价值的成员，其他成员则暂时处于背景化的位置，作为话语处理的备用资源。

下面以"实体"范畴为例。

例（8）从前有一个国王，王后喜爱收藏古玩。

例（8）第二个小句中的"王后"和"古玩"这两个实体与前一小句中的"国王"这一实体的关联程度要视情况而定：若文题为"国王和王后"，则"王后"在所属小句中的认知地位就得以突显；若换作是"国王和古玩"，则被突显的就是"古玩"。

话语组织可以解读为隐匿于"表层话语"下由"概念"和"关系"形成的"话语世界"内部诸要素"互为可及和关联"的方式（de Beaugrande & Dressler 1981：4）。据此，话语范畴的"实体""关系""结构"这三个子范畴均在话语构建中发挥重要作用。那么，每个子范畴内部成员之间具体是以何种方式组织话语的呢？徐盛桓（2008：4）认为范畴中的类层级结构是以事物的"相邻—相似"关系建构起来的。

我们认为，主体在识解范畴的过程中主要基于纵向"层级"以及横向"类属"这两个基本认知关系，话语范畴成员由此存在以下四种心理连通（关联）状态。

（1）相同：同级且同类。
（2）相邻：非同级但同类。
（3）相似：同级但非同类。
（4）相关：非同级且非同类。

这些连通方式按照主体对于范畴成员之间的认知距离由小到大的顺序形成了

一个范畴认知的"连续体",并发挥了重要的话语组织作用。

4.4.2.3 话语范畴化的认知运作机制

如果"话语范畴体"属于一种静态的话语资源,那么"话语范畴化"就是对这些资源加以利用的动态过程,其主导者便是话语主体。此时,话语可以在 P 和 R 的操控下形成一个原型范畴(图4.6)。

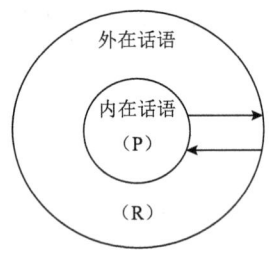

图 4.6 话语原型范畴图解

通常而言,话语的内在性和外在性分别指话语的心理表征和形式表征(Givón 1995b)。在本书中,两者均指涉话语的心理表征,分别受 P 和 R 的控制。如图4.6所示,由 P 把持的"内在话语"以及由 R 掌控的"外在话语"分列话语范畴的中心和边缘位置。两者的区别如下。

(1)内在话语

此类话语是通常隐匿于话语内部的核心主旨,一般为 P 所独有,是话语意义的最佳代表,即话语范畴的原型。

(2)外在话语

此类话语因不同的 R 对 P 的话语的解读方式不同往往也不尽相同,且常溢于言表,故为话语范畴的非原型成员。

话语原型范畴"自内向外"的辐射代表了话语的生成与传播过程,"由外向内"的回收体现了话语的接受和理解过程。

构筑原型范畴的基本要素是其动态"属性"而非静态"特征"(Taylor 1989:40-41)。它作为缔结成员之间相似性的认知工具以及使之最终融合为一个范畴体的心理基础,是主体和客体之间的联系纽带。结合图4.6,话语原型范畴的建立依托以下三种"话语属性"。

(1)言外属性

主要指话语范畴体常规的社会文化和认知属性。

（2）言表属性

主要指话语范畴体与话语表层意义相关的属性。

（3）言底属性

主要指话语范畴体与话语深层意义相符的属性。

以上三类属性分别激活并生成了前文提及的深层 IM 中的三类交际资源，即言外、言表和言底语境（参见 4.4.1.3 小节中的表 4.1）。在其作用下，P 和 R 在处理话语的过程中便可融为一体，话语范畴化和话语范畴体也由此统一起来。据此，凡是在上述话语属性的共同作用下，在实体、关系、结构层面均达成范畴成员之间的"相同"连通方式的话语，即为话语范畴体的原型成员（表 4.2）。

表 4.2 话语范畴原型的构成方式

连通状态	言外属性	言表属性	言底属性
实体连通	相同	相同	相同
关系连通	—	相同	相同
结构连通	—	—	相同

综上所述，话语的构建可被解读为一种在话语属性的制约下，处于话语认知边缘的 R 依次在话语的实体、关系、结构这三个范畴体中向位于话语认知中心的 P 逐步接近的范畴化过程，话语范畴原型成员的确定标准由 P 和 R 认知体系的融合程度决定。据此，我们设计了一个基于主体构建的话语范畴化认知模型（图 4.7）。

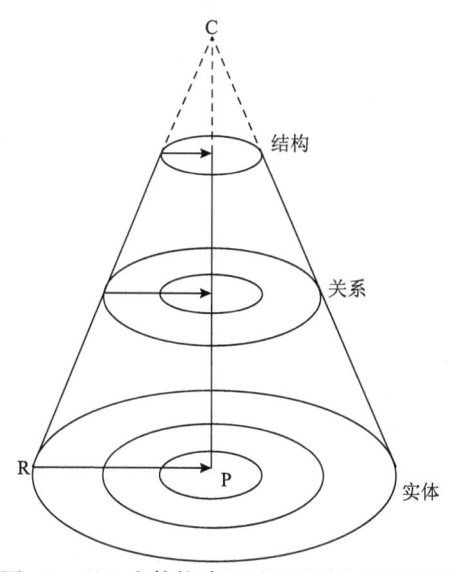

图 4.7 基于主体构建的话语范畴化认知模型

图 4.7 中的研究模型不同于现有的话语分析范式，其主要特点可以简要概括为以下三个方面。

首先，该模型将两种范畴理论交汇于话语层面，融合了话语的主体认知资源（范畴体）以及话语的主体认知过程（范畴化）。话语范畴体依照范畴的层级分为实体、关系和结构三个子范畴。该认知模型呈锥状结构，原因是实体范畴为话语构建的"下属层子范畴"（subordinate level category），所涉范围最广，成员也最分散；结构范畴代表了话语的"上位层子范畴"（superordinate level category），抽象化程度最高；关系范畴作为联系两者的枢纽，可视为"基本层子范畴"（basic level category）。每个层次的范畴成员均可通过相同、相邻、相似或相关的方式彼此相连，连通程度呈依次递减之势。

其次，该模型对话语主体进行了动态的整合。话语范畴化机制将话语演化为以 P 为中心成员、R 为边缘成员的主体化原型范畴，其中的言外（图中的外环部分）、言表（图中的中环部分）及言底（图中的内环部分）属性分别作为实体、关系和结构的认知起点，以此缩短话语主体之间的认知距离（如图中箭头所示）。我们将图 4.7 中的∠RCP 定义为"连贯适切角"（此处 C 代表 coherence），其大小与 R 理解话语付出的认知努力成正比，与话语交际的连贯程度成反比。当该角变为零度时，主体之间针对当前话语的认知语境便完全重合，此时主体间的交际连贯程度最高，话语范畴的原型也就此形成。

最后，该模型重构了衔接与连贯的关系。在范畴化模式下，"连贯"这一概念有狭义和广义之分。如图 4.7 所示，狭义的连贯用锥形体的中轴线 PC 标识，由 P 把持；广义的连贯在此基础上还包含锥体外围的侧边线 RC，由 R 控制，等同于衔接。从话语理解的全程来看，衔接隶属于连贯，是后者的充分条件；从话语构建的原型效应来讲，凡是脱离 P 的认知语境的语义联系均属衔接，构不成真正意义上的连贯，衔接只是边缘，连贯才是中心，前者是后者的非充分非必要条件。由此可见，从范畴化的角度讲，衔接不再是传统意义上语言形式所体现的语义关系，而是和连贯一样同属一种认知概念，并具有层级性特征。

由此可见，"话语范畴化"完全受制于主体对话语的认知处理方式。事实上，主体对客观世界的体验在很大程度上是复杂无序的，但建立在此基础上的认知往往是系统有序的，这是因为主体自身也同样经历了一个范畴化的过程，某些事物由此产生联系并被归为一类（Rosch 1978）。也就是说，主体范畴化实质上反映了存在于主体间的一种"求同存异"的心理诉求，为主体的话语互动提供了基本理据。与此相仿，主体在交际过程中实施的"合作"、产生的"关联"或者引发的"推理"都是不同的交际参与者在寻求彼此的"共性"，以保证交际活动持续有效地进行下去。我们认为，由于交际双方分属独立的个体主体，不可能具有整齐划一的共有特性，故所谓"共性"实际上是双方在交际中表现出来的"家族相似性"(family resemblance),使两者临时组成了一个"交际范畴",该范畴一般会随着交际行为的终止而自动解体。

4.4.2.4 交际范畴化的基本原理

综合 4.4.1 节与本节的论述,"交际范畴"包括"主体""语境""话语"这三个子范畴,其内部成员的界定是模糊的,且在地位上是不平等的,具体表现为以下方面。

(1) 主体范畴

P 和 R 的角色并非一成不变,而是交替更迭的。前者是显性的,把持着话语权与话语意图,在话语交际中居主导地位;后者是隐性且被动的,受制于前者的交际意图并以此为依据产生新的话轮。

(2) 语境范畴

无论是出自言外或是言内,语境本质上都是主体的"心理构体"(Sperber & Wilson 1986/1995:15)。语境的内在化程度越高,主体对事物的相关认知就越深刻,因此"内在"语境要比"外在"语境(如情景因素、物理环境等)更具代表性,对话语交际的制约性和控制力更强。

(3) 话语范畴

功能主义学派认为任何能够组构完整意义的语言单位都可视作话语(语篇),因此传统语法对于音位、形位、词、词组/短语、小句和句群等单位的划分是相对的,它们只是话语(语篇)这一中心成员的分散体现方式而已,在意义表达及交际沟通方面并无本质差别。

范畴化的基本原则是在认知努力、信息量和感知结构三者之间建立最为经济有效的平衡点(Rosch 1978:28)。语言的范畴化源于话语主体的知识系统,语言知识和百科知识并非泾渭分明(Taylor 1989)。由此可见,上述三个交际子范畴均具有开放性的认知潜势,在语言运用以及话语交际的过程中可以形成一个"三位一体"的交际范畴构型(图 4.8)。

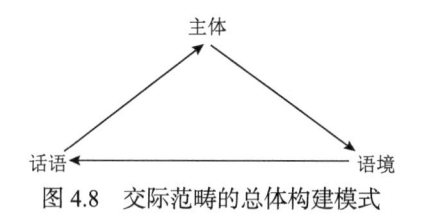

图 4.8 交际范畴的总体构建模式

图 4.8 表明,主体位于话语和语境之上,是交际范畴的主导因素,并由话语

和语境这两个子范畴进行架构。不难发现,话语交际实质上是图中模式的反复循环过程(如箭头所示),而建构一个最基本的交际范畴至少要经历以下两次循环。

(1) 第一循环
P在某语境下对某话语进行编码,并将该话语传递给R。
(2) 第二循环
R借助相关语境对该话语实施解码,由此生成新的话轮作为对P的回应。

相对而言,第二循环对于话语交际更为重要,直接决定了主体之间能否成功地范畴化。图4.8反映了话语交际的宏观范畴模式,其具体的实施过程取决于主体、话语和语境各自的范畴化机制。据此,图4.8中的三个顶点均可进一步放大为图4.9的交际范畴化机制。

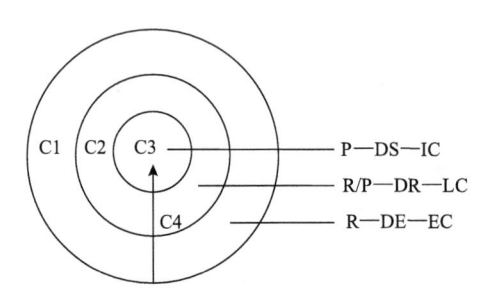

图4.9 交际范畴化的基本原理

图4.9较为直观地展现了交际范畴化的以下三种运作方式。

(1) 家族相似
如上文所述,话语交际成功与否的关键在于话语理解(第二循环),R可对P采取多种解读方式,但P的话语意图通常只有一个,故R处于主体范畴的外围位置,P则居于核心位置,话语交际的本质是R向P靠拢并与之融合的过程。这一过程常以渐变的方式推进,主体范畴由此发展为一种从R到R/P再到P的连续统(如图4.9所示),并以由外向内逐级递进的方式形成一个"边缘—中心"的家族相似性结构。

综合前文观点,交际范畴可体现为由话语和语境这两个子范畴分别产生的"话语实体(DE)→话语关系(DR)→话语结构(DS)"以及"言外语境(EC)→言表语境(LC)→言底语境(IC)"这两种构型模式。

它们不仅在各自的范畴内形成与主体子范畴相类似的连续体结构,还会产生多种跨范畴的对应与配列关系(图4.9),从而维系了主体子范畴乃至整个交际范畴成员的家族相似性。

（2）双向连通

交际范畴成员主要通过横向和纵向的"连通"（C）方式相互依存：前者发生在由外到内的各级子范畴成员内部（图4.9中的C1—C3），连通方式源于成员的"类属"和"层级"关系，以此构成"话语范畴化"机制（参见上文）；后者体现于各级子范畴成员之间（图4.9中的C4），关联方式取决于边缘成员同中心成员的贴近程度，由此产生"交际范畴化"机制。从话语主体的角度讲，交际范畴化包括并限定了话语范畴化。

（3）原型构建

在前两种运作机制的影响下，主体可将话语交际组构为一个原型范畴，包含"话语衔接/连贯原型"和"交际连贯原型"：前者指R怎样以最小的主体语境投入实现与P的最高话语贴合度；后者指P和R如何通过话语互动促使R以最小的认知努力获取P的最大交际量值。从话语交际的整体和实际效果来看，交际连贯原型 > 话语连贯原型 > 话语衔接原型。

综上所述，有关话语交际的很多研究未把主体、语境和话语这三个要素有机地融为一体，造成话语的静态与动态分析以及交际的表层和深层研究相脱节，导致一些会话分析理论与话语交际自身的特点相悖。据此，话语交际构建的认知理据可以解读为一种范畴化机制。其中，话语主体构成交际活动的"主范畴"，在语境和话语两个"子范畴"的协同下，以EC/DE、LC/DR和IC/DS的三级认知模式自外向内建立了一个由R（边缘）向P（中心）渐进式的类似于"家族相似性"的CDC结构。CDC包含"话语范畴化"和"交际范畴化"这两个层面的认知语用机制：前者表现为上述三级成员内部的"层级"和"类属"关系，可以产生表层的"话语衔接"和"话语连贯"原型；后者反映了各级成员之间的心理激活度，由此产生深层的"交际连贯"原型。

4.5 主体可及性话语分析模式总览

前文探讨的IM和CDC分别代表了话语主体互动的整体性和局部性认知语用原则，具体如下。

（1）IM展现了话语交际中的主体互动方式。
（2）CDC揭示了主体互动中的话语和语境的连通方式。

在此基础上，本节将IM和CDC进一步融合于"话语主体"框架内，提出SA理论模式，试图构建一个既适用于书面话语又适合于口头话语的多维度话语认知分析路径。

4.5.1　主体可及机制的发生过程

SA 的根本要义在于实现思维和语言所传递信息的"经济性"。"信息经济学"创始人、美国经济学家雅各布·马尔沙克（Jacob Marschak）提出了"信息的价值是由其最满意的使用方式所产生的利益来支配的"这一著名论断（Marschak 1965：136）。通常情况下，主体的语言使用以及思维活动与客观世界的发展并非完全同步，两者均存在认知上的局限和空缺：前者引导语言使用者以最低的语言资源成本获取最高的信息价值收益；后者促使人们将不同的事物视作同一类事物（束定芳 2000b：91）。两者之间呈现出一种因果关系。

由此可见，话语交际的本质在于其"经济性"与"合作性"，即交际主体会逐步在心智与现实世界之间达成一种认知平衡以减轻交际认知处理过程中的负荷。正如前文所言，尽管个体主体之间在认知属性方面存在差异，但 P 和 R 在交际过程中会试图寻求彼此的心理相似性，以此建立一种相互认同关系，即为"主体可及"。

综合 IM 和 CDC 这两大学理原则，我们认为 P 和 R 在话语交际中分别构成"双向式"的两次主体可及关系（图 4.10）。

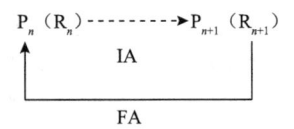

$$P_n\ (R_n) \dashrightarrow P_{n+1}\ (R_{n+1})$$
$$\uparrow\quad IA\quad\ \ \downarrow$$
$$\longleftarrow FA \longleftarrow$$

图 4.10　主体可及关系的基本原理

图 4.10 表明，P（P_n）和 R（P_{n+1}）呈现一种动态交互的存在方式，某一交际者可同时充当 P 和 R 这两种话语角色。假设 P_{n+1} 为"当前话语"的持有者，P_{n+1} 会把上一轮的 P_n 视为 R_n：P_{n+1} 是交际的表层体现，是话语的直接输出方，R_n 为交际的深层潜势（以括号标示），充当该话语产出的备用资源。总体而言，主体可及包含了 P 和 R 之间的两类认知过程。

（1）IA（图 4.10 中以虚线箭头标识）

在生成话语之前，P_{n+1} 通常会假设自己为 R_n，并从 R_n 的多个意义潜势中选择与自身认知结构最匹配的一个作为言语表达的依据，表现为 R_n 对于 P_{n+1} 的可及。

（2）FA（图 4.10 中用实线箭头表示）

在"当前话语"产生之后，P 和 R 便于同一个参与者身上互换角色：P_n 在交际活动中发挥先导作用，拥有确切的交际意图，而 R_{n+1} 对于 P_n 的解读具有离散性与不确定性，其交际潜势受到 P_n 的牵制，故而产生 R_{n+1} 对于 P_n 的可及。

简言之，IA 体现了 P_{n+1} 对 P_n 话语的理解过程，此时 P_n 可及于 P_{n+1}，而 FA 则反映了 P_{n+1} 当前话语的生成及交际效应，这时 P_{n+1} 可及于 P_n。据此，IA（P→R）只是交际手段与起始阶段，FA（R→P）才是交际目的与最终环节。一言以蔽之，FA（R→P）是整个主体性话语交际活动的缩影和归宿。

4.5.2 主体可及性话语分析框架

"主体可及"这一理念充分体现了认知语言学的"经验观"（Ungerer & Schmid 1996），即人们在对客观世界的主观体验中所运用的心理认知机制是语言使用的根本理据。除了"双向性"之外，主体可及还具备"系统性"和"层级性"这两个特征，表现为 R 所具备的言语属性以及非言语属性（认知语境）均有一部分被系统地转移至 P，由"话语可及"（DA）和"语境可及"（CA）这两个可及性通道协同运作。前者是显性的，后者是隐性的，分别对应于认知语言学的"突显观"和"注意观"（Ungerer & Schmid 1996），由此构成了一个相对完整的话语认知分析框架（图4.11）。

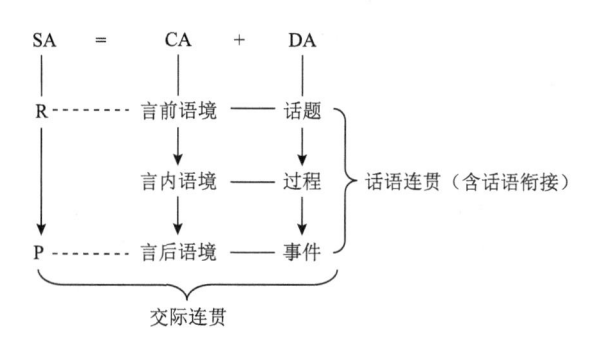

图 4.11 话语研究的主体可及性理论分析架构

从横向看，CA 和 DA 在"无标记"状态下可于图 4.11 中构成以下三级对应关系。

（1）"言前语境"（pre-discourse context）是 R 对于某个可能发生的信息点的独立认知，一般由代表选择轴的"话语主题"（discursive topic，简称"话题"）便可激活。

（2）"言内语境"（in-discourse context）指 R 对于话语本身包含的语义逻辑

信息的筛选,通常以代表组合轴的"话语过程"(discursive process,简称"过程")加以体现。

(3)"言后语境"(post-discourse context)则为前两者融合而成的 P 的话语深层主题或意图,主要体现于"话语事件"(discursive event,简称"事件")中。

需要指出的是,图 4.11 仅代表话语交际的总体脉络,并未揭示 P 和 R 各自控制的语境因素和话语成分的相关特性及具体联系,本书第 6 章会对此做详细阐述。

需要特别说明的是,图 4.11 中的"言前语境""言内语境""言后语境"不能简单理解为上文 IM 和 CDC 中的"言外语境""言表语境""言底语境"或属性的别称,因为前者是主体随着话语义的推进以及话语交际的发展而动态生成和适时调整的,而且可为 P 和 R 所共有共建,故更适于将其视作三种"主体语境"(详见第 6 章);后者则相对稳定,"言外语境"和"言表语境"分别固化于 P 的社会文化语境和话语形式的字面义中。

同样值得注意的是,图 4.11 中的"话题""过程""事件"也不可简单诠释为上节 CDC 中的"实体""关系""结构"的代称。一方面,后者的三要素分别是前者三要素的无标记性体现方式;另一方面,前者是动态的,可以输出为任何层次的语法单位(参见第 5 章),而后者则是静态的,"实体"和"关系"基本稳定在词汇层,"结构"主要体现于小句层。

纵向而论,上述三级要素之间在图 4.11 中呈现一种"自上而下"的递进关系,认知处理强度逐级加大,话语交际过程总体上以 R 向 P 逐层可及的方式显现。结合图 4.10,"话语理解"过程中的主体可及层级由 P_{n+1} 支配,P_{n+1} 可调用任意层级的语境突显 P_n(R_n)话语中相应层级的言语意义,以此形成 P_{n+1} 的当前话语;"话语生成"环节的主体可及受 P_n 的制约,P_{n+1}(R_{n+1})形成的(当前)话语意义须以 P_n 的言后语境为依据来验证 P_{n+1}(R_{n+1})是否真正把握了 P_n 的话语意图。

此外,图 4.11 的分析模型横向可以揭示 R 和 P 在话语层面的语义/心理贴合度,由此产生"话语衔接/连贯";纵向能够考察 R 与 P 在交际层面的认知贴近度,以此促成话语的"交际连贯"。换言之,R 会以 P 为参照点,通过图 4.11 中的不同层级来判定 SA 的强弱。

4.5.3 主体可及性视角下的话语交际构建机制

"话语连贯"一般出自话语理解阶段,根据上节 CDC 中的"类属"和"层次"这两个关联参数,其连贯性由高到低可分为下述四个等级。

Ⅰ级:同类同层。

Ⅱ级：同类不同层。
Ⅲ级：同层不同类。
Ⅳ级：不同类不同层。

话语连贯包括"衔接"和"连贯"两个层面：前者仅限于（同一主体）话语层的关联，而后者则为（不同主体）DA 和 CA 的协同关联。

值得注意的是，书面话语交际中的 P_{n+1} 通常为话语的间接参与者（读者），并不占有实际话轮，话语连贯只存在于其对 P_n 单方话轮的解读，而在口头会话交际中则表现为 P_{n+1} 和 P_n 双方话轮的匹配。试比较以下例子。

例（9） A:
 a. Maria is a singer. She has a sweet voice. She will give a solo concert.
 b. Maria is a singer. She has a sweet voice. Suzan will give a solo concert.
 c. Maria is a singer. She has a sweet voice. She will buy a hat.
 d. Maria is a singer. She has a sweet voice. Suzan will buy a hat.
B: (null)

例（10） A: Maria is a singer.
B:
 a. She has a sweet voice. Longing for her concert.
 b. I wasn't told of that. Longing for her concert.
 c. She will give a solo concert. Longing for her concert.

例（9）为书面话语交际模式。在言前、言内和言后语境的作用下，B 对 A 的例（9a）—例（9d）这四个语段在话语主题、话语过程和话语事件上分别进行了突显，实现了由 A 向 B 多层位的主体可及。

其中，例（9a）—例（9d）的前两个小句在话题（Maria—She）和过程（a singer—has a sweet voice）层面上均呈Ⅰ级关联，但两者在第三个小句中的话语事件整合方式有所不同，致使例（9a）—例（9d）的话语连贯性依次降低。

具体而言，例（9a）依旧为Ⅰ级衔接（Maria—She—She；a singer—has a sweet voice—give a solo concert）；例（9b）在过程上同例（9a），话题则为Ⅲ级衔接（Maria—She—Suzan）；例（9c）在话题上同例（9a），过程则为Ⅲ级衔接（a singer—has a sweet voice—buy a hat）；例（9d）在话题和过程上均为Ⅲ级衔接。

据此推断，书面话语交际对 DA 的依附度较高，具体表现为以下两点：

（1）话题和过程的衔接分别充当事件衔接的必要条件及充分条件，后者对于话语事件的构建作用更为显著。

（2）事件衔接是（书面）话语衔接/连贯的基本条件。Ⅰ级事件衔接为（书面）

话语衔接/连贯的最高标准。

例（10）属口语（会话）交际形式。与书面交际不同，口语交际中的言前语境在话语主题层的体现方式依然可根据韩礼德（Halliday 1985/1994）的标准分为"物品与服务"或"信息"，如例（10a）属于"信息"；言内语境在话语过程层表现为"给予"或"求取"，如例（10b）属于"给予（信息）"。

假定 A 的言后语境（交际意图）为"A INTENDS B TO ENJOY MARIA'S CONCERT"，从例（10a）—例（10c）最终形成的话语事件（Longing for her concert）而言，B 与 A 的话语关联度均为 I 级。

但从第一个小句来看，例（10a）—例（10c）的话语事件层分别由 B 对 A 的话语进行初步解读后所突显的言前、言内和言后语境加以激活，CA 的抽象程度依次增加，所以例（10a）—例（10c）与 A 的话语连贯性逐步减弱。

依此推断，在会话交际过程中：

（1）DA 和 CA 分别充当话语连贯的必要条件与充分条件，此类交际对 CA 的依赖度更高；

（2）事件关联并非话语连贯的主导因素，话语连贯性的大小取决于促成事件关联的语境启用程度；

（3）通过言前语境直接形成的 I 级事件关联为话语连贯的最高等级。

相比而言，"交际连贯"源自话语生成后主体的 FA（图 4.10），主要表现为 P_n 对 P_{n+1} 实施的交际反馈，以此衡量后者的话语理解程度。

值得注意的是，对于书面交际而言，这一反馈往往会离线延迟进行；对于口头交际来讲，其通常能够在线即时实现。例如：

例（11）A: Maria is a singer.

B: { a. She has a sweet voice.
　　 b. I wasn't told of that.
　　 c. Longing for her concert.

A: { a. Her voice is so charming.
　　 b. You get at it now.
　　 c. You will enjoy her concert.

在例（11）中，A 的次话轮向 B 展现了其首话轮的言后语境，从例（11Aa）至例（11Ac）依次为"A INTENDS TO AFFIRM THAT MARIA IS A NICE SINGER""A INTENDS TO INFORM B OF MARIA'S IDENTITY""A INTENDS B TO ATTEND MARIA'S CONCERT"，涵盖的信息量逐步增加。

根据 A 和 B 之间的语境启用强度以及话语表达层次的体现程度，交际连贯性由高到低可列为 9 个等级，其两端表明 B 要么付出最小的认知努力换取了 A 的最大交际量值，如例（11Ba）-例（11Ac），抑或耗费最大的认知努力仅获得了后者最小的交际量值，如例（11Bc）-例（11Aa），前者为交际连贯的最高标准。

由此可见，促成交际连贯的 DA 和 CA 未必如话语连贯那样同级对应：P_n 反馈话轮中的三级话语层均受制于言后语境，P_{n+1} 当前话轮中不同层级的话语和语境可跨层交叉关联。

综合上述例（9）—例（11），话语连贯性与交际连贯性各自最高等级状态的结合体可作为话语主体最佳可及性的判定标准。

4.6　小　　结

主体的话语互动受制于一系列的语用和认知原则，但是目前这两个原则并未充分融合在基于话语分析的主体互动研究之中。

为此，我们专门整合并简化了主体互动的认知语用原则，提出了 IM 和 CDC 分析机制，并将其作为 SA 的下述两条根本学理原则：

（1）IM 展现了话语交际主体的基本互动方式；
（2）CDC 诠释了主体互动中话语和语境的关联方式。

具体而言，IM 揭示了话语主体之间所构成的"P IS R"这一"根隐喻"认知模式，促成了主体间话语意图的转换，也代表了 P 的深层交际策略。IM 在言外、言表和言底语境的作用下，于"交际物""交际角色""交际事件"三个层面进行系统运作，最终体现为具体的话轮。

此外，CDC 将话语交际构建的认知理据解读为一种范畴化机制。主体构成了交际活动的主范畴，在语境和话语这两个子范畴的协同下，并在"言外语境—实体""言表语境—关系""言底语境—结构"这三层无标记性对应模式的引导下，从边缘向中心形成了一个由 R 向 P 逐步靠拢的家族相似性范畴化结构。其中，"话语范畴化"体现为上述三层子范畴成员内部的层级和类属关系；"交际范畴化"展现了各级子范畴成员在交际主体认知世界中的突显程度。

SA 理论模式便是 IM 和 CDC 有机融合的产物。话语交际的经济性与合作性原则为交际者建立"主体可及"关系创造了条件，表现为由 P（P_n）和 R（P_{n+1}）主导的双向认知连通机制。

在此过程中，"语境"和"话语"分别在"言前""言内""言后"以及"话题""过程""事件"这几个层面展开系统的协同性可及,并可形成"话语理解"和"话语生成"这两个维度的 SA 衡量等级:前者以"类属"和"层级"为标准,后者以"认知努力"与"交际量值"为依据,可分别用来评测话语主体的语义以及认知方面的契合度,以此确定"话语衔接""话语连贯""交际连贯"的相应评判与衡量标准,书面与口头话语研究亦可一并置于 SA 的分析模式下。

据此,我们将在后续章节中分别针对上述三个方面予以深入探讨,进一步剖析 SA 的话语构建性与解释力。

第5章 话语衔接的主体可及性分析路径研究

5.1 引 言

早期的衔接研究曾被限制在小句之内（Jakobson 1957），韩礼德和韩茹凯（Ruqaiya Hasan）超越小句的界限，将其置于话语（语篇）层面加以系统探讨（Halliday & Hasan 1976）。话语衔接研究长期以来主要围绕话语的本体属性展开，被视作 7 个"篇章特性"（texture）之一，是话语表层分析的基本途径，与连贯一并构成话语本体研究的核心（de Beaugrande & Dressler 1981）。总体上讲，当前话语衔接研究范式主要涉及以下三个方面。

（1）概念定位

衔接有"微观"和"宏观"之分：前者指话语成分之间的解释依赖性（Halliday & Hasan 1976：4）；后者包括连接语言单位的任何方式（de Beaugrande & Dressler 1981：3）或所有体现语义关系的特征（张德禄、刘汝山 2003：22）。

（2）研究视角

衔接研究可分为"形式"和"功能"两种：前者重在分析各类形式标记或语法单位的连接方式（Berry 1975；Brown & Yule 1983；Harnett 1986；Hoey 1991；Nunan 1993）；后者旨在把形式与意义结合起来。衔接被视作一种谋篇功能（Halliday 1985/1994；Martin 1992；McCarthy & Carter 1994）或心理表征（Ariel 1994；Blakemore 2002；Beaver 2004；Sanders & Gernsbacher 2004）。

（3）研究范围

衔接研究包括"篇内"和"篇外"两类：前者指话语内部的"非结构性"衔接与"结构性"衔接手段（Halliday & Hasan 1976，1985；胡壮麟 1994）；后者则包含话语之间以及话语与语境之间的隐性衔接关系（de Beaugrande & Dressler 1981；张德禄、刘汝山 2003）。

上述三个方面虽已贯穿于衔接研究的各个环节，并形成了一些理论体系，但在话语认知研究的影响下，衔接概念的界定、衔接关系的体现方式、衔接研究的涵盖范围等问题均值得进一步探讨。

本章以前一章提出的 SA 话语分析模式为基础，在全面反思上述问题的同时，探索话语衔接的主体属性，进而重新界定衔接与连贯的关系。此外，本章试图通过 SA 框架下的 DA 这一研究路径改进和发展传统的话语衔接分析手段，并且对其相应的话语组织机制予以重新解读。

5.2 衔接理论相关问题的反思与修正

5.2.1 衔接概念的界定

衔接理论虽历经多次变革，但将"衔接"定性为一种"语义关系"在学界基本上已达成共识（张德禄、刘汝山 2003）。据此，衔接的狭义和广义之分其实并无必要，广义上的衔接在学理上也是狭义的。然而，"语义关系"这一提法稍显笼统，若不加以明确界定，在实际的话语分析中可能会出现问题。试比较：

例（1）Smith is a doctor. Smith is not a doctor.
例（2）A: Smith is a doctor.
　　　B: Smith is not a doctor.

依照现有的衔接理论，以上两例中各成分间的语义关系及衔接手段完全一致，具有相同的衔接力，这种分析对话语研究的实际意义值得商榷。事实上，上述两例中的两个小句并非完全依靠具体的话语成分联系在一起，Smith 或 doctor 只起到局部的"粘连"作用，真正体现衔接关系的是由其构成的命题"SMITH IS A DOCTOR"，这表明衔接所反映的"语义关系"作用不均等且具有层次性。具体表现为以下两点：

（1）由词汇层体现的分散式语义关系是促成衔接的部分条件；
（2）由小句层体现的组合式语义关系是实现衔接的充要条件。

尽管衔接力看似相同，但上述例（1）的连贯性明显不及例（2）。可见，仅凭命题义还不够，衔接最终要依靠句间的"命题发展"（Widdowson 1978：52）。例（1）中的两个命题相互否定，话语信息未有实质性的发展，例（2）中的两个小句虽在文本层面互相排斥，但在交际层面 A 和 B 分别给予对方不同的信息，产生了信息置换，话语由此得以推进。

据此，话语的语义构成可以进一步分为"话语义"（discursive meaning）和"交际义"（communicative meaning），分别适用于往往由一个话语主体（如作者或读者）控制的书面话语以及至少由两个主体（如发话者和受话者）共同控制的口头话语。由于前者的交际互动性要相对弱于后者，因而对于两者的衔接分析范式也须区别对待，也就是说：

（1）对于书面文本而言，衔接重于连贯；
（2）对于口语文本来说，连贯重于衔接。

总之，衔接关系的本质不能理解为一种简单的"语义关系"，而应将其充分地层次化和主体化。

5.2.2 衔接关系的体现方式

一般认为，衔接关系主要由词汇语法等形式手段体现，在话语中形成各种类型的衔接机制，主要包括"照应"（reference）、"替代"（substitution）、"省略"（ellipsis）、"连接"（conjunction）、"词汇衔接"（lexical cohesion）等（Halliday & Hasan 1976）。其中，前三种为语法层衔接，最后一种为词汇层衔接，而"连接"是介于语法层和词汇层之间的衔接手段。

问题在于，目前的衔接机制划分标准是否合理？怎样充分融合衔接关系中的"意义"和"形式"？试比较：

例（3）a. The girl helped us so much. We like her.
　　　b. The girl helped us so much. We like the girl.
　　　c. Lucy helped us so much. We like the girl.
　　　d. ? The girl helped us so much. We like Lucy.

从衔接手段来看，例（3a）—例（3c）中的画线部分分属"照应"（语法衔接）、"重复"（词汇衔接）和"上下义"（词汇衔接）。从成分关系分析，例（3a）为"同指"（co-reference）关系，例（3b）和例（3c）均为"同类"（co-classification）关系。然而，例（3a）—例（3c）的画线成分在实际表达中均可产生共指，各自的衔接力也无甚差别。由此可见，语法衔接和词汇衔接有时并非泾渭分明，衔接成分之间的关系往往也可殊途同归，衔接的形式与意义问题仍值得深入思考。

从形式的角度讲，我们认为衔接的"语法"和"词汇"之分似有不妥。事实上，语法衔接立足于形式手段（包括词汇），而词汇衔接则偏重于意义关系。两者的侧重点不同，分类标准未能统一，导致了诸如例（3a）—例（3b）的重叠现象。如前节所述，衔接的形式机制可分为"词汇"和"小句"两个层面。具体表现为：

（1）词汇层衔接

主要指由名词性和动词性成分实施的衔接手段，此类衔接并不局限于名词和动词。具体而言：

（i）名词性成分主要指名词、名词词组、名词化结构或者其他被话语主体视为具有名词特性的形式单位，体现了分散在话语中的若干"话题"。

（ii）动词性成分主要指动词、动词短语、动词化结构或者其他被话语主体视作具备动词特性的形式单位，反映了前述"话题"发展的"过程"。

（2）小句层衔接

主要指由名词性成分和动词性成分合并生成的小句或复句实施的衔接手段，用来体现由"话题"和"过程"所构组的"事件"，其构建方式主要分为话题和过程之间的"简单组合""抽象融合""因果配列"等。为了便于读者对"事件"成分的直观理解，本章仅采用第一种组构类型进行分析，其他类型将在后续章节中提及。

由此，本书认为，衔接不仅是语言形式之间的语义关系，更是一种被"主体化"了的语义关系。其中，"词汇层衔接"可以涵盖除"连接"之外的全部现有语法和词汇衔接手段。"小句层衔接"有别于传统意义上的"连接"，后者的体现形式为连接词或词组，而前者则为小句本身，因为连词形式的出现与否并非句义关联的必要条件，况且同一连词有时也可表达多重语义逻辑（Brown & Yule 1983）。可见，语言成分（词汇和小句）之间不仅存在语义关系，其自身也具备了"话题+过程→事件"这种结构性的谋篇意义，可以作为联系衔接的形式机制与意义关系的界面。

形式手段区分标准的缺陷致使其体现的"非结构性"衔接意义（照应、替代等）的划分略显烦冗。尽管韩礼德和韩茹凯以成分之间的语义关系（同指、同类和同延）对衔接手段加以整合（Halliday & Hasan 1985），但仍存在纰漏。且不说两者之间本就缺乏系统关联，单是上文的例证就已表明"同指"和"同类"的区分虽能解释语义成分关系的细微差别，但在话语推进过程中的分析意义并不大。此外，例（3b）和例（3c）都是"同类"关系，但现有理论无法充分阐释为何例（3d）中的两个成分难以形成互指。显然，这与两者在概念层级上的差异有关。

当前的衔接分析虽涉及少量的词义层级关系（如"上下义""部分—整体"等），但没有将"层级"理念系统地纳入衔接分析的全过程。偏重语义成分的"类属"特征而轻视对其"层级"的深入解读，会在一定程度上限制衔接理论的解释力，特别是"小句层衔接"。试比较：

例（4）a. 小明会说英语，小刚也会说英语。

b. 小明会说英语，全班也会说英语。

c. 小明会说英语，小刚也会说外语。
　　d. 小明会说英语，全班也会说外语。

若以传统的"连接"手段分析，例（4）中各组小句之间均构成"增补"关系，较难区分。实际上，在各主位及述位类属一致（如本例中的主位均属"学生类"，述位均为"语言类"）的前提下，其层级上的差异会导致上述四组复句的衔接力不尽相同。具体说来，例（4b）的述位层次相同而主位层次不同，但衔接力与例（4a）大体相当。例（4c）的主位层次相同而述位层次不同，故其衔接力稍逊于前两组。相比之下，例（4d）的主位和述位层次都不同，因而衔接力最弱。

由此可见，在层级因素对衔接的影响方面，述位的作用要大于主位。这样一来，"类属"和"层级"不仅可以概括衔接中的所有语义关系，还能将当下的"结构性"（如主述位结构）与"非结构性"衔接机制充分融合，统一体现为前面提到的"小句"和"词汇"这两种形式手段，衔接的意义与形式由此便可有效地协调一致。

5.2.3　衔接研究的涵盖范围

自韩礼德和韩茹凯将衔接理论化以来（Halliday & Hasan 1976），衔接理论所涉领域在不断扩大，对其研究范围的限定问题存在争议。我们认为，争论的主因是对于衔接的"分析手段"和"研究思路"中的一些问题和关系没有系统地梳理与整合，造成了"衔接的范围被无限放大"这一误解。

从分析手段来看，非结构性衔接包含了"成分关系"和"有机关系"：前者补充了"例证"这一词汇手段；后者添加了"相邻话对"和"延续"这两种机制。结构性衔接新增了"平行对称结构"（Halliday & Hasan 1985）、"及物性结构"、"话语结构"（胡壮麟 1994）和"语气结构"（张德禄、刘汝山 2003）。衔接的语法层面已扩展至"时"与"体"（de Beaugrande & Dressler 1981），语言层面则引入了"音系层"这一衔接模式（胡壮麟 1994；张德禄、刘汝山 2003）。

我们认为，"结构"基于形式分布，而"非结构"反映语义关系，前者是后者的体现，不可并置。衔接属意义范畴，应从语义关系的角度对其分析手段做统一划分。有学者主张把衔接纽带分为"静态"和"动态"两种，分别用于限制和展开某一话题（Harnett 1986），有点类似于韩礼德和韩茹凯（Halliday & Hasan 1985）提出的"同一链"（identity chain）和"相似链"（similarity chain），但其仅限于"非结构性"衔接且缺少明确的区分依据。

笔者认为，前文探讨的"类属"和"层级"这两个范畴参数可作为考量衔接关系的统一标准，用来整合并取代现有的"非结构性"衔接，如果两者相对稳定，那么话语义也相应稳定[如例（4a）]，否则话语信息就会发生转变[如例（4d）]。同时，"话题""过程""事件"作为体现这两类衔接关系的载体，可以形成各种话语结构，以此来诠释"结构性"衔接。客观地讲，语言形式的各个层次（含词素、字系层等）均可产生衔接，但在实际分析中可以整合为前文论及的"名词性"、"动词性"（包括时和体）和"小句"这三个层面（"音系层"与三者均有联系，如"重音"可纳入词汇层，"语调"可归为小句层，在分析时不必单列出来）。如此，便可改变衔接手段"碎片化"的局面，并在一定程度上消解"似乎什么都是衔接"这种错觉。

就研究思路而言，衔接的语义属性已从"谋篇意义"扩展至"概念意义"和"人际意义"，并由篇内延伸至篇外（张德禄、刘汝山 2003），然而上述三种意义在衔接研究中的关系和作用需要进一步厘清。一般认为，"概念""人际""谋篇"这三种纯理功能是并行的，同时存在于话语之中，衔接研究应严格限制在篇内。然而，概念和人际功能对于话语研究而言只是参与性的，均属篇外因素，是谋篇功能的工具（Matthiessen 1992）。我们认为，衔接的概念意义包括"话题"和"过程"及其组成的"事件"，谋篇意义是这三类概念成分在"类属"和"层级"共同制约下形成的语义关系，两种意义均体现了由"话语主体"所支配的人际意义（交际意图或言外行为等）。据此，衔接归于篇外的人际意义，其概念和谋篇意义同为篇内因素，都受制于主体。可见，衔接的"篇内"和"篇外"之分实际作用并不大，因为前者是后者的体现。

5.3 基于 SA 的衔接与连贯研究定位

话语研究的 SA 模式意在突显 P 和 R 在言语交际中的经济性与合作性，探究主体之间在语境和话语层面形成的认同关系及其构建机制。我们认为，衔接与连贯均以 R 所关注或持有的"当前话语"（CD）为参照点，分别源自 CD 同 P 所持有的"先导话语"（PD）和"后继话语"（SD）先后发生的两次心理可及过程。例如（画线部分为 CD）：

例（5）Jack met the driver. <u>He returned the wallet to him</u>. The driver was grateful for that.

例（6）A：这个新来的跟只猴子似的。
B：<u>他也确实蛮机灵的</u>。
A：我是说他不老实，成天上蹿下跳的。

（电视连续剧《十六岁的花季》）

例（7）A：门口怎么还蹲着一条狗。
　　　　B：<u>那家伙咬人啊，您可得留点神</u>。
　　　　A：还用你说？赶紧把这畜生轰出去！

（陈忠实《白鹿原》）

在处理例（5）中的 CD 时，R 先假定自己为 P，并根据 PD 中的事件预判 CD 中的话题 He 和 him 分别指向 PD 中的话题 driver 和 Jack，R 具备对 CD 意义的优先选择权并触发 P 向 R 的 IA，R 此时未受 P 的交际意图的制约（图 5.1 中用虚线表示）。此后，R 依照 SD 中的事件修正了 CD 中的话题所指（He→Jack；him→driver），P 拥有对 CD 意义的实际支配权并引发 R 向 P 的 FA。这时 R 受到 P 的约束，因为 SD 揭示了 P 的真实意图。

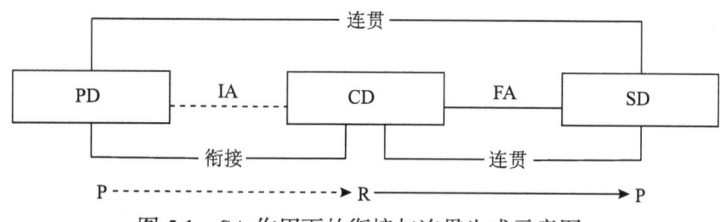

图 5.1　SA 作用下的衔接与连贯生成示意图

如图 5.1 所示，在 R 把握 P 的交际意图之前，PD 和 CD 对 R 而言只是衔接的，在这之后，PD、CD 和 SD 对 R 来讲才称得上是连贯的。也就是说，R 引导衔接，P 促成连贯。据此，衔接与连贯分别由 IA 和 FA 发起，R 经历了一个逐步向 P 移交话语控制权的认知处理过程。

需要强调的是，本节提及的"连贯"主要指"交际连贯"这一主体性连贯的终极形式，而非初级的"话语连贯"，后者则与"衔接"一并源自 IA。详见第 6 章的相关论述。

从图 5.1 可见，CD 既是 PD 和 SD 的关系纽带，也是 P 和 R 的联系通道。当然，话语处理也可越过 IA 直接进入 FA 阶段，即 R 和 P 的认知语境完全契合，那么话语始终都是连贯的。需要指出的是，PD 和 SD 是用来体现 SA 两个阶段的认知语义单位，并不代表话语成分的实际位置关系，体现 PD 的语言形式也可能位于 CD 之后，SD 和 CD 所对应的语言成分也未必相邻。

例（6）和例（7）中的三个话轮也遵循与图 5.1 类似的构建方式。与例（5）的区别在于，后两例均为口头话语，P 和 R 都是显性的，FA 能够即时生效。例（6）中的 CD 是 B（R）在对 A（P）所述 PD 中的话题"猴子"进行过程上的补充，试图使 PD 和 CD 组成一个事件，但 A（P）的 SD 修正了 CD 中的过程，在弱化了 SD 与 CD 衔接力的同时，提升了 SD 和 PD 的连贯性。

可见，在会话交际中，CD 对于 PD 和 SD 的融合作用往往比书面话语更为显著，说明口语文本更注重"交际义"而非"话语义"（参见 5.2.1 小节）。在交际义一致的条件下[如例（6）中所有话轮的交际义均为"给予信息"]，衔接主要依靠语段的话语义组构，否则由交际义优先构建。如例（7）中三个话轮的话语义（狗→家伙→畜生）虽高度关联，但 CD 的交际义为"给予信息"，PD 和 SD 同为"求取服务"，故 PD 和 SD 在例（7）中的衔接力与连贯性均相对较高，P 的话语控制力也明显强于例（5）和例（6）。这表明，交际义不同的话轮之间的连贯效应在话语分析中的现实意义远大于由其话语义所体现的衔接功能。

据此，单纯依赖语义关系而脱离主体的衔接观是片面的，无法如实反映语言的社会交际与心理认知功能。由图 5.1 可知，IA 阶段突显话语义，衔接的谋篇作用大于连贯，但衔接的话语未必连贯。进入 FA 之后，随着交际义的显现，衔接便转化为连贯，由连贯取代衔接来组织话语。由此表明：

（1）"衔接"源于 IA（P 对于 R 的"一次可及"），主要受制于 R 的认知。
（2）"连贯"终于 FA（R 对于 P 的"二次可及"），受制于 P 和 R 的协同认知。

也就是说，衔接具有连贯的潜势，是其初始形态，连贯则是 R 对若干条可能的衔接路径进行筛选的结果，与 P 的话语意图相吻合。总之，两者均反映了 R 对 P 不同的认知状态，在本质上是相通的。韩礼德和韩茹凯将衔接归为话语本体范畴，连贯则是衔接与语域相结合的产物，将衔接和语境分离开来（Halliday & Hasan 1976：23）。如前所述，既然衔接也受主体的控制，那么衔接和连贯便都与语境相关，也就必然存在"语篇与语境之间的衔接"（张德禄、刘汝山 2003：108）。

我们认为，话语分析中的语境因素专指主体针对话语临时调取和生成的有限认知及语言资源，是主体的一部分，不可将其泛化。衔接侧重于语境的形式体现，连贯重在揭示形式所产生的语境效果。据此，SA 便可分为 CA 和 DA 两个研究层次，分别用以阐释"主体性"连贯和衔接的具体运作机制（参见第 4 章 4.5 节）。

本章主要在 DA 层面针对"话语衔接"展开专门分析，CA 将在后续章节中探讨。

5.4　DA 模式下的话语衔接机制

DA 指的是 CD 与 PD 中的"话题""过程""事件"所形成的"类属"和"层

级"这两种"话语义"关系,作为 R 解读 P 的"交际义"的认知基础。具体而言,"话题"指被 R 突显地出现在 P 话语中的一个或多个意义节点;"过程"则是对话题的描述或评价;"事件"是由两者合成或进一步转化的相对完整的话语结构。在无标记状态下,"话题"和"过程"分别具有名词性和动词性的语法特征,"事件"则体现为小句形式(参见 5.2 小节)。

值得注意的是,这三类话语成分均为认知语义单位,在实际的话语理解中未必与相关语法形式或者功能结构完全对应。例如:

例(8)A:如果刘局找上门来了,就在你家先躲几天。如果你觉得不方便,我就去爸妈那里。如果实在不行,还得让咱大伯出个点子。
B:你别整天"如果这""如果那"的好不好啊?

(柯凡《启明星》)

例(9)<u>Some astonishing questions about the nature of the universe</u> have been raised by scientists studying black holes in space. A black hole is created by <u>the collapse of a dead star into a point perhaps no larger than a marble</u>.

(胡曙中 2005:38)

在例(8)中,B 并未按常规把 A 话语中的名词性成分视为话题,反而将"如果"这一连接词当作该段话语的语义重心并以此关联前后话轮。

将例(9)中的两个小句衔接起来的话题为 black hole,用来描述它的某些内容(见画线部分)虽为名词性成分,但亦属过程范畴,且本例中的话题和过程都可充当主位或述位,无先后顺序之分,不受传统主位结构的约束。

另外,话题和过程还可于同一话语中相互转换,这主要取决于 R 的认知参照点,如例(9)中的画线部分在理论上也可能是 R 关注的话题。

综合上述两例,我们可以得出以下三个推论:

(1)任何词类或句法结构均可在 P 和 R(尤其是后者)的控制下得到"实体化",主要表现为其可在语法层面"名词化",并在语义层面"话题化"。

(2)任何词类或句法结构均可在 P 和 R(尤其是后者)的制约下得以"关系化",主要表现为其可在语法层面"动词化",并在语义层面"过程化"。

(3)P 引发的话题和过程可以在 R 的主导下相互转换,主要依赖于 R 在 IA 阶段对于 P 的话语的认知视角和解读方式(即 P 在 IA 阶段对于 R 的可及方式)。

总体上讲,DA 可以产生"结构性"与"非结构性"两类衔接机制。下文将分别予以阐述。

5.4.1 基于 DA 的"结构性"衔接

DA 主导的"结构性"衔接是由"话题—话题""过程—过程""话题—过程"(事件)这三种基本语义结构共同形成的,三者对于话语推进起到了不同的作用。试比较：

例(10) 贾不假,白玉为堂金作马。
阿房宫,三百里,住不下金陵一个史。
东海缺少白玉床,龙王来请金陵王。
丰年好大雪,珍珠如土金如铁。

(曹雪芹《红楼梦》)

例(11) Sayner, Wisconsin, is the snowmobile capital of the world. The buzzing of snowmobile engines fills the air, and their tanklike tracks crisscross the snow. The snow reminds me of Mom's mashed potatoes, covered with furrows I would draw with my fork. Her mashed potatoes usually make me sick, that's why I play with them. I like to make a hole in the middle of the potatoes and fill it with melted butter. This behavior has been the subject of long chats between me and my analyst.

(胡曙中 2005：39)

尽管例(10)中四个小句的话题和过程各不相同,但两者构成的事件在每个小句中产生了相同的文本义,描绘了"贾、王、史、薛"四大家族的共性,也就是说该语段在事件层面上是衔接的。

相对而言,例(11)中 snowmobile、snow、potatoes 等话题形成了多条衔接链,但围绕这些话题的过程在意义上联系松散,难以构组成一个逻辑完整的事件。很多"伪连贯"(pseudo-coherence)的话语均表现为话题衔接但过程不衔接。

值得一提的是,虽然某些"博喻式"(mega-metaphor)话语也存在与例(11)类似的问题,即同一话题(喻标)对应不同的过程(喻源),但此类话语中的过程均是所述话题固有属性的集中反映,不会对事件衔接造成影响。例如：

例(12) Time is treated as if it were something almost tangible. We budget it, save it, waste it, steal it, kill it, cut it, account for it; we also charge for it.

(Alison R. Lanier *Go-Go Americans*)

在例（12）中，作为喻标的 time 同时充当了该语段的话题，并通过其喻源 something almost tangible 引发了下述"博喻式"衔接链：

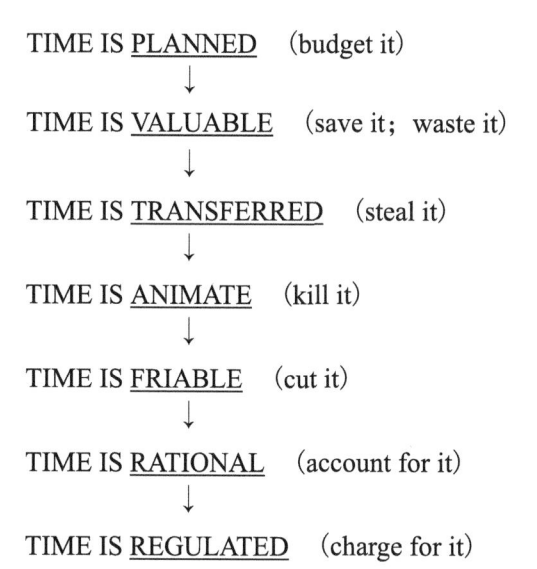

TIME IS <u>PLANNED</u>　（budget it）
↓
TIME IS <u>VALUABLE</u>　（save it；waste it）
↓
TIME IS <u>TRANSFERRED</u>　（steal it）
↓
TIME IS <u>ANIMATE</u>　（kill it）
↓
TIME IS <u>FRIABLE</u>　（cut it）
↓
TIME IS <u>RATIONAL</u>　（account for it）
↓
TIME IS <u>REGULATED</u>　（charge for it）

不难发现，在这一衔接链中，time 的各种属性（见画线部分）具体表现为上述各个过程成分（如各括号内的动词短语所示），显示了 P 对于 time 特征的多维理解，由此生成了一系列围绕 time 的事件（均由大写字母表示）。

与之相比，例（11）中的话题和过程之间的语义关系有不少是由 P 随意搭建的，某些过程未能体现所涉话题的本质特征或自然属性，与例（12）以及上文的例（9）、例（10）的差别较为明显，进一步降低了例（11）的事件衔接力。

5.4.1.1　DA 话语衔接构型

不难发现，由话题、过程、事件（话题+过程）形成的结构性衔接可以贯穿于整个话语，不限于"句间"范围，而是覆盖了"句间"和"句内"两个层次（尽管"句间"衔接仍为主流，在出现频率和信息推进方面更胜"句内"衔接一筹）。我们认为，由 DA 引发的话语衔接本质上是 R 在 IA 阶段的话语认知中心在 P 的语段中的转换和变更机制，并不完全受到 P 的话语形式或结构的约束，而是可以发生于语段的任何位置，未必非要跨越小句才可形成衔接。

具体而言，DA 能够产生以下 18 种话语衔接构型（"——→"代表 R 的 DA 认知中心的迁移方向）。

（1）事件类衔接

话题——（句内）——→过程

（2）话题类衔接

话题——（句内）——→话题

（3）事件类衔接

话题——（句内）——→过程——（句内）——→话题

（4）过程类衔接

过程——（句内）——→过程

（5）事件类衔接

过程——（句内）——→话题

（6）话题类衔接

话题——（句间）——→话题

（7）事件类衔接

话题——（句间）——→过程

（8）过程类衔接

过程——（句间）——→过程

（9）事件类衔接

过程——（句间）——→话题

（10）话题类衔接

话题——（句间）——→话题——（句内）——→话题

（11）事件类衔接

话题——（句间）——→过程——（句内）——→话题

（12）过程类衔接

过程——（句间）——→过程——（句内）——→过程

（13）话题类衔接

话题——（句内）——→话题——（句间）——→话题

（14）事件类衔接

话题——（句内）——→过程——（句间）——→话题

（15）过程类衔接

过程——（句内）——→过程——（句间）——→过程

（16）话题类衔接

话题——（句间）——→话题——（句间）——→话题

（17）事件类衔接

话题——（句间）——→过程——（句间）——→话题

（18）过程类衔接

过程——（句间）——→过程——（句间）——→过程

其中，第 2、6、10、13、16 为"话题类"结构性衔接；第 4、8、12、15、18 为"过程类"结构性衔接；其余均为"事件类"（话题+过程）结构性衔接。值得注意的是，为了同时保证话语的衔接和话语信息的推进并由此体现 R 在理解话语过程中的意识程度（或者 P 对于 R 的可及焦点），通常情况下：

（1）在"话题类"结构性衔接中，由于 R 的认知中心（P 的可及焦点）为"话题"，故"话题"成分可以为变量，"过程"成分一般为常量。

（2）在"过程类"结构性衔接中，由于 R 的认知中心（P 的可及焦点）为"过程"，故"过程"成分可以为变量，"话题"成分一般为常量。

（3）在"事件类"结构性衔接中，由于 R 的认知中心（P 的可及焦点）为"话题"和"过程"，故"话题"和"过程"成分均可以为变量。

（4）在上述三类结构性衔接中，当产生衔接关系的"话题"或"过程"为变量时（即为 R 的认知中心或者话语信息中心），则同一话语中同为"话题"或"过程"的其他成分一般为常量。

此外，上述每一类结构性衔接还可根据"句内"和"句间"这两个参数及其先后顺序进一步分为若干次类结构。为了便于读者的理解和比较，现将上述 18 种衔接构型具体对应为下面例（13）中的 18 个简约型示例。

例（13）a. Mason hired a surgeon.
（"Mason" → "hired"）

b. Mason hired a surgeon.
（"Mason" → "surgeon"）

c. Mason hired a surgeon.
（"Mason" → "hired" → "surgeon"）

d. Mason hired and finally dismissed a surgeon.
（"hired" → "dismissed"）

e. Mason hired a surgeon.
（"hired" → "surgeon"）

f. Mason hired a surgeon. Benjamin also hired a surgeon.
（"Mason" → "Benjamin"）

g. Mason hired a surgeon. He dismissed this surgeon finally.
（"Mason" → "dismissed"）

h. Mason hired a surgeon. He dismissed this surgeon finally.
（"hired" → "dismissed"）

i. Mason hired a surgeon. He dismissed a driver.

("hired" → "driver")

j. Mason hired a surgeon. Benjamin also hired a surgeon.
("Mason" → "Benjamin" → "surgeon")

k. Mason hired a surgeon. Benjamin dismissed this surgeon.
("Mason" → "dismissed" → "surgeon")

l. Mason met a surgeon. He hired and finally dismissed this surgeon.
("met" → "hired" → "dismissed")

m. Mason hired a surgeon. Benjamin also hired a surgeon.
("Mason" → "surgeon" → "Benjamin")

n. Mason hired a surgeon. Benjamin also hired a surgeon.
("Mason" → "hired" → "Benjamin")

o. Mason hired and finally dismissed a surgeon. He met this surgeon one day.
("hired" → "dismissed" → "met")

p. Mason hired a surgeon. Benjamin hired a surgeon. Joe also hired a surgeon.
("Mason" → "Benjamin" → "Joe")

q. Mason hired a surgeon. Benjamin dismissed a driver. Joe met a butcher.
("Mason" → "dismissed" → "Joe")

r. Mason hired a surgeon. He dismissed him finally. He met this surgeon one day.
("hired" → "dismissed" → "met")

需要强调的是，例（13a）—例（13r）的括号内分别标示了 DA 衔接关系所涉及的具体"话题""过程""事件"成分，反映了 R 视角下的 P 的话语信息流动方式。这表明，同样的话语形式或结构可以体现不同类型的 DA 结构性衔接，这主要是因为 R 对于 P 的话语的解读过程存在差异，也就是在"过滤""投射""突显""注意"等认知机制（参见第 3 章 3.3.2.2 小节）的影响下 R 的话语认知焦点各有不同。

由此可见，例（13a）—例（13e）的话语控制力总体上强于例（13f）—例（13i），因为前 5 例均为句内衔接，而后 4 例均为句间衔接，说明句内衔接的话语控制力要强于句间衔接，R 此时只需在同一个小句范围之内付出较小的认知努力便可发现并建立相应成分的衔接关系，而无须再将注意力转移到其他小句。

同时，例（13a）—例（13i）的话语制约性整体上又比例（13j）—例（13r）要高，这表明只依赖句内衔接[例（13a）—（例13e）]或句间衔接[例（13f）—例（13i）]的话语控制力要强于句内和句间衔接手段共同出现[例（13j）—例（13r）]的话语模式，因为在例（13a）—例（13i）中，R无须在句内和句间来回切换其话语认知焦点。

此外，例（13j）—例（13l）的话语控制作用要略强于例（13m）—例（13o），原因是前者为"先句间后句内"的衔接方式，后者则是"先句内后句间"的衔接模式，前者最终定位于句内衔接，故其话语控制力强于终结于句间衔接的后者。

不难发现，例（13a）—例（13i）的话语制约性普遍高于例（13j）—例（13r）的另一原因是"话题""过程""事件"所对应的话语成分在上述各类衔接构型中被R突显或注意的频次越多，则其衔接结构的话语控制力便相对越弱，这意味着R在持续变更话语认知焦点的过程中需要付出更大的认知努力。例如，尽管例（13f）和例（13p）同属"话题类"句间衔接，例（13h）与例（13r）也均为"过程类"句间衔接，但例（13f）和例（13h）的话语控制力明显高于例（13p）与例（13r），因为前两者的话题和过程成分仅被R分别关注了两次，而后两者则为三次。需要指出的是，虽然例（13c）中的话题和过程成分也被R突显了三次，却因这三个成分在同一小句内构成了一个完整的事件，且Mason、hired、surgeon之间没有其他成分阻隔，故并未降低其对话语义的制约作用。

值得注意的是，例（13）中的所有语段均以Mason这一话题成分作为话语信息的起点，这说明R对于各段话语义的解读更易于围绕该话题展开，故例（13）中以话题成分Mason作为R的先行认知焦点的话语控制力原则上要强于以过程成分为先的衔接模式。然而，事实并非总是如此，如例（13）中的部分语段就出现了例外情况。例如，例（13e）和例（13g）同为"事件类"衔接，尽管R在例（13g）中的认知中心源自话题成分Mason，而其在例（13e）中的关注焦点始于过程成分hired，但由于例（13e）和例（13g）分属句内和句间衔接，故前者的话语控制力高于后者。这表明，在同等条件下，基于DA模式的话语控制力对于句内衔接优先的依赖程度要胜过话题衔接优先。

无独有偶，如上文所述，仅靠句内或句间单方衔接的话语控制力强于两者结合的衔接模式，但是仅凭话题或过程衔接的话语控制力未必高于两者融合的衔接模式。例如，例（13e）虽兼具话题和过程衔接，但其产生于句内，而例（13f）和例（13h）虽分别仅有话题和过程衔接，却均发生在句间，故后两者的语段控制力均不及例（13e），再次证明了句内衔接在控制话语义方面的优势。

有趣的是，如果我们换一种角度重新解读例（13）中的各语段，也就是从话语义的"推进"作用来探讨DA的话语构建机制，上述基于DA的"结构性"话语衔接便会呈现出一种截然相反的模式。

具体而言，例（13a）—例（13e）的话语推进力总体上相对弱于例（13f）—例（13i），表明句内衔接的话语推进力要弱于句间衔接，R 往往需要以跨句的方式付出较大的认知努力方可在相应成分之间建立起新的信息衔接，进而推动话语信息的更新和话语义的扩展。由此可知，例（13j）—例（13l）的话语推进力也要逊于例（13m）—例（13o），因为前者终于句内衔接，后者为句间衔接。

据此，例（13a）—例（13i）的信息推动作用整体上逊于例（13j）—例（13r），证明单纯的句内衔接[例（13a）—例（13e）]或句间衔接[例（13f）—例（13i）]的话语推进力要弱于将两者结合的衔接模式，这是因为在例（13j）—例（13r）中，R 需要在句内和句间不断地变换话语认知焦点来维持新信息的可得性，以此保证话语义的持续推进。相对而言，只依赖于"话题"或"过程"的衔接构型有时与两者相结合的衔接模式在话语推进力方面不分伯仲。例如，话题和过程衔接兼备的例(13e)，只因其是句内衔接，故其信息拓展力不及作为句间衔接的例(13f)和例（13h），后两者虽仅含话题或过程衔接，却产生了句间衔接，这充分证明句间衔接具有强大的话语信息推动作用。

以此类推，"话题""过程""事件"成分在例（13）的衔接结构中被 R 关注的次数越多，相应的衔接构型的话语推进力便越强，此时 R 须以更大的认知努力不断更新自己的话语认知中心，这也是例（13a）—例（13i）的话语推动性整体弱于例（13j）—例（13r）的另一缘由。例如，例（13p）和例（13r）的话语推进力明显强于例（13f）与例（13h）的原因在于前两者的话题和过程成分被 R 各关注了三次，而后两者仅为两次。值得注意的是，例（13c）仍属一个特例。尽管例（13c）中的话题和过程成分也被 R 关注了三次，但是 Mason、hired 和 surgeon 三个成分形成了句内衔接，故例（13c）的话语推进力并未得到显著提升。

此外，话题成分 Mason 作为所有语段的信息起点，在被 R 关注之后，便转为已知信息，那么对于该话题的信息更新就要依靠其后的过程成分（hired、dismissed、met）以及后续的关联话题（surgeon、driver、butcher）。从这个意义上讲，例（13）中以过程成分为先的语段的信息推进力在理论上应强于以话题成分 Mason 为先的衔接构型。然而，在同等条件下，"过程"衔接优先对于话语义推动力的影响往往要让位于"句间"衔接优先原则。例如，例（13e）的信息关注点始于 hired（过程），而例（13g）起于 Mason（话题），且两者均属"事件类"衔接，前者的话语推进力理应强于后者，但因例（13e）系句内衔接，故其实际的话语推进力依然不如例（13g）。

5.4.1.2　DA"结构性"衔接的基本原则

综合前一节的两种分析视角，我们可以梳理出 DA 模式下"结构性"衔接的两大原则。

（1）话语控制原则

（i）"句内"衔接的话语控制力强于"句间"衔接。

（ii）先"句内"后"句间"的 DA 衔接模式的话语控制力弱于先"句间"后"句内"的 DA 衔接模式。

（iii）"话题""过程""事件"（话题+过程）在各自的 DA 衔接结构中累进或者更迭的次数越多，其话语控制力就越弱（"事件类"句内衔接除外）。

（iv）在"话题"成分先于"过程"成分的前提下，先"话题"后"过程"的 DA 衔接模式的话语控制力原则上要强于先"过程"后"话题"的 DA 衔接模式。相对而言，在"过程"成分先于"话题"成分的条件下，先"过程"后"话题" DA 衔接模式的话语控制力理论上要强于先"话题"后"过程"的 DA 衔接模式。

（v）仅有"句内"或者"句间"衔接的话语控制力均强于"句内"和"句间"衔接同现的 DA 衔接模式。相比之下，仅有"话题"或者"过程"衔接的话语控制力未必强于"话题"和"过程"衔接同现的 DA 衔接模式。

（vi）"句内"衔接优先原则在话语控制力方面要比"话题"衔接优先原则更为显著，即在同等条件下，原则（i）和（ii）优先于原则（iv）。

（2）话语推进原则

（i）"句内"衔接的话语推进力弱于"句间"衔接。

（ii）先"句内"后"句间"的 DA 衔接模式的话语推进力强于先"句间"后"句内"的 DA 衔接模式。

（iii）"话题""过程""事件"（话题+过程）在各自的 DA 衔接结构中累进或者更迭的次数越多，其话语推进力就越强（"事件类"句内衔接除外）。

（iv）在"话题"成分先于"过程"成分的前提下，先"话题"后"过程"的 DA 衔接模式的话语推进力理论上要弱于先"过程"后"话题"的 DA 衔接模式。相对而言，在"过程"成分先于"话题"成分的条件下，先"过程"后"话题"的 DA 衔接模式的话语推进力原则上要弱于先"话题"后"过程"的 DA 衔接模式。

（v）仅有"句内"或者"句间"衔接的话语推进力均弱于"句内"和"句间"衔接同现的 DA 衔接模式。相比之下，仅有"话题"或者"过程"衔接的话语推进力未必弱于"话题"和"过程"衔接同现的 DA 衔接模式。

（vi）"句间"衔接优先原则在话语推进力方面要比"过程"衔接优先原则更为显著，即在同等条件下，原则（i）和（ii）优先于原则（iv）。

然而，DA 促成的"结构性"衔接模式仅仅体现了话题、过程和事件在话语中的宏观分布型式，而在话语义的实际发展过程中，这三个要素分别可以生成更为复杂多样的局域衔接关系，并由此产生不同的衔接力，这便是下节探讨的基于 DA 的"非结构性"衔接机制。

5.4.2 基于 DA 的"非结构性"衔接

依托 DA 的"非结构性"衔接具体是指"话题""过程""事件"各自通过"类属"（同/异类）和"层级"（同/异层）这两个范畴化认知方式所产生的"同类同层""同类异层""异类同层""异类异层"四个等级的话语衔接机制。本节沿用第 4 章的划分方法，将其分别标识为 Ⅰ、Ⅱ、Ⅲ、Ⅳ级衔接，其衔接的效力依次减弱。由此可见，类属关系的话语控制力通常要强于层级关系。试比较：

例（14）a. This boy swims every day. His family takes exercise every day.
　　　　b. This boy swims every day. That dog barks every day.

不难发现，例（14a）的衔接力明显大于例（14b），这是因为例（14a）中的话题（This boy—His family）和过程（swims—takes exercise）均为"同类异层"关系（Ⅱ级衔接），而例（14b）中的话题（This boy—That dog）和过程（swims—barks）都是"异类同层"关系（Ⅲ级衔接）。也就是说，例（14a）和例（14b）构成的事件分别受制于"类属"与"层级"这两个范畴参数。

5.4.2.1 话题衔接

如前文所述，话题主要由词汇层体现，故"话题衔接"表现为话语中由词汇（一般以名词或代词为主）所激活并突显的语义单位之间的认知关联。例如：

例（15）a. I saw <u>a cat</u>. <u>This cat</u> was cute.　　（Ⅰ级衔接）
　　　　b. I saw <u>a cat</u>. <u>This animal</u> was cute.　（Ⅱ级衔接）
　　　　c. I saw <u>a cat</u>. <u>This dog</u> was cute.　　（Ⅲ级衔接）
　　　　d. I saw <u>a cat</u>. <u>This plant</u> was cute.　（Ⅳ级衔接）

例（15a）—例（15d）中画线部分的话题在层级和类属上的依存关系逐步减弱，衔接力也依次减小，但话语的信息度却依次提升，这是因为信息流通常以线性方式分布于篇内，而类属关联体现了一种横向的认知顺序（相对于纵向的层级关系而言），故同类成员（Ⅰ级和Ⅱ级衔接）能够维系某一话题的信息稳定性，而异类成员（Ⅲ级和Ⅳ级衔接）会突破这一稳定性，进而产生新的"信息焦点"。从这个意义上讲，属于Ⅳ级衔接关系的话语成分基本上已分属不同范畴，因而通常作为篇内某些话题的临界点，以此产生新的话题来约束后续话语的组织。相比之下，前三级衔接方式由于在层级和/或类属环节能够使话题成员具备一定的范畴隶属性，所以在话语义的推进中发挥了不同程度的话题框定作用。例如：

例（16）The city on the left bank is a crowded mass of buildings. Here are the commercial, business and government districts; and it is here that we shall find important monuments. The right or south bank is occupied by residential districts…

（俞大絪主编《英语》（第五册））

例（16）前三个小句中的"The city on the left bank"、Here 和 here 形成了话题间的Ⅰ级衔接，增加了该类话题在篇内的复现率，故三者的话题性均在所辖区域得到了主体认知上的强化。而 buildings 同 districts、monuments 之间的Ⅱ级衔接突出了 buildings 的统领地位，故其话题性要高于后两者。第一个小句中的"The city on the left bank"和最后一个小句中的"The right or south bank"虽为Ⅲ级衔接，但两者仍属同层范畴（city），所以后者对前者的话题进行了延展。据此，上述三级衔接机制在词汇层面对话语局域话题的控制力具体表现为：

（1）Ⅰ级衔接主要用于"强化"话题；
（2）Ⅱ级衔接主要用于"引领"话题；
（3）Ⅲ级衔接主要用于"扩展"话题。

值得注意的是，尽管同为Ⅲ级衔接，但例（16）中的 districts 与 monuments 之间的话题延展性不及"The city on the left bank"和"The right or south bank"，原因是后一组话题隶属的范畴级别要高于前一组，也就是说，话题控制力的大小与话题之间的范畴领属层级高低成正比。

5.4.2.2 过程衔接

如果某话题可以通过名词性成分在篇内局域形成信息焦点，那么动词性成分可将其扩充并具体化为一系列过程，并最终通过小句层将话题和过程整合为事件，成为整个话语的意义构架。试比较：

例（17）a. 我买了一本书。他折了一支笔。
b. 我买了一本书，然后他折了一支笔。
c. 我买了一本书，所以他折了一支笔。

例（17a）中两个小句的语义关系是相对独立的，"我"和"他"以及"书"和"笔"均以Ⅲ级衔接的方式形成了四个离散式话题，并与各自小句中的"买"

和"折"这两个过程性成分构成了两个事件"我买书"与"他折笔"。例（17b）和例（17c）则分别通过小句间的"时间"和"因果"关系将两个独立的事件（标识为 X 和 Y）融为一体，即"X, SUBSEQUENTLY Y"和"BECAUSE X, SO RESULT Y"。

由此可知，过程成分可以促使话题形成各种跨越小句的语义关系。关于句间关系的具体类型，目前较具代表性且相对系统的理论主要包括以下两种分类模式。

第一种模式将句际关系定义解析为"限制条件"（constraints）和"效果"（effect）两个方面：前者包括"核心""附属""核心+附属"这三个结构性限制条件；后者指的是 P 在展现某种句际关系时的预期效果及其位置（Mann & Thompson 1987）。在此基础上，该模式按照句义的领属地位（核心/附属）将小句关系分为 23 种：环境关系（circumstance）、目的关系（purpose）、解答关系（solution）、对照关系（antithesis）、阐述关系（elaboration）、让步关系（concession）、背景关系（background）、条件关系（condition）、使成关系（enablement）、析取关系（otherwise）、动机关系（motivation）、解释关系（interpretation）、证据关系（evidence）、评价关系（evaluation）、证明关系（justification）、重述关系（restatement）、意愿性原因关系（volitional cause）、非意愿性原因关系（nonvolitional cause）、总结关系（summary）、序列关系（sequence）、对比关系（contrast）、意愿性结果关系（volitional result）以及非意愿性结果关系（nonvolitional result）。

第二种模式认为句际关系的分类依据包括"关系类型"（type of the relation）、"关系源"（source of the relation）、"语段顺序"（order of segments）和"关系极"（polarity of the relation）这四个认知元素（Sanders et al. 1992）。其中，关系类型分为"因果"（causal）和"增补"（additive）两种（前者的句间关系具有"致使性"；后者则不然）；关系源分为"语义"和"语用"两类（前者的小句是由"命题"关联的；后者的小句是靠"言外之力"联系的）；语段顺序指的是小句间的因果关系呈现"正序"（basic order）或"逆序"（non-basic order）；关系极分为"正极"和"负极"（前者符合话语主体的心理期待；后者则不然）。从主体认知"优先顺序"（priority order）的角度看，关系类型∧关系源∧语段顺序∧关系极（"∧"意为"优先于"）。据此划分标准，该模式提出 12 种句际关系类型：因—果关系（cause-consequence）、对比式因—果关系（contrastive cause-consequence）、果—因关系（consequence-cause）、对比式果—因关系（contrastive consequence-cause）、论证—主张关系（argument-claim）、对比式论证—主张关系（contrastive argument-claim）、主张—论证关系（claim-argument）、对比式主张—论证关系（contrastive claim-argument）、列举关系（list）、例外关系（exception）、枚举关系（enumeration）及让步关系（concession）。

上述两种小句语义关系的分类模式虽然对于 DA 事件衔接的认知研究具有一

定的参考价值和启发意义，但仍存在以下两点明显的缺陷。

一是分类标准较为烦琐，各项指标参数的划分过于复杂（如模式一的"效果"、模式二的"语段顺序"这两个划分标准是否确有存在的必要）。

二是具体的句际关系类型存在部分重叠（如模式二是否有必要将"对比式"句际关系单独分列），某些类型似乎可以整合（如模式一的对照关系和对比关系以及原因关系和结果关系、模式二的列举关系和枚举关系等）。

如果依照本书提出的 DA 分类标准，模式一实际上体现了 DA 的"层级"参数（即小句的认知层次）；模式二在很大程度上代表了 DA 的"类属"参数（即小句映现的事件类型）。这样一来，我们便可将上述两类句间关系模式进一步简化并整合为例（18）所体现的四种事件衔接类型。

例（18）a. Tom is a teacher. ∪ Mary is a teacher. （Ⅰ级衔接）
b. Tom is a teacher. ∩ Mary is a teacher. （Ⅱ级衔接）
c. Tom is a teacher. ∪ Mary is a driver. （Ⅲ级衔接）
d. Tom is a teacher. ∩ Mary is a driver. （Ⅳ级衔接）

需要说明的是，根据系统功能语言学的观点，例（18）中的 Tom 和 Mary 充当小句的主位（theme），teacher 和 driver 则为述位（rheme）的核心。相对于主位而言，述位是信息的增长点，能够在篇内形成"话语范围焦点"（field focus）（Martin 1992：448-455），从而将语义成分串联成完整的交际事件，最终构成话语的中心主题。

根据 DA 模式，例（18）前两组中的两个小句均围绕"X is a teacher"这一事件展开。区别在于，例（18a）的两句层级一致（用"∪"表示，中间可以插入表示平行关系的连接词），而例（18b）中的句间关系不在一个层级上（以"∩"表示，可以在任一小句前加上表示主从关系的连接词，使其成为附属句）。需要说明的是，此处的"平行"或"附属"关系受制于话语主体（R）的认知层级，并不囿于特定的形式句法结构。例如在下文例（19）中，尽管并无任何显性的语法标记提示，但冒号后面的所有小句在话语意义上仍从属于第一个小句。相比之下，例（18c）和例（18d）均含有两个事件，即"X is a teacher"和"X is a driver"，两者的差异只是小句之间的认知层次。不难看出，例（18a）—例（18d）的衔接力依次减小。从这个意义上讲：

（1）过程衔接是基于话题衔接建立起来的，话题衔接往往可以直接促成事件衔接。

（2）在话语衔接力的构建方面，"事件一致性"要比"认知层级性"的作用更为显著。

再比较下面两个语段：

例（19）But <u>neither can two great and powerful groups of nations take comfort from our present course</u>: both sides overburdened by the coast of modern weapons, both rightly alarmed by the steady spread of deadly atom, yet both racing to alter that uncertain balance of terror that stays the hand of mankind's final war.

（John F. Kennedy *Inaugural Address*）

例（20）人都要喝水，早上要喝水，中午要喝水，晚上要喝水；渴了要喝水，不渴还是可以喝水；冷了要喝热水啊，热了要喝冷水；春天要喝水，夏天要喝水，秋天要喝水，冬天还是要喝水；男人要喝水，女人要喝水，小孩要喝水，老人还是要喝水啊；狗也要喝水，猫也要喝水，猪也要喝水，人当然要喝水呀！

（琼瑶《还珠格格》第二部）

例（20）中的句间关系模式深化了"X 要喝水"这一事件，使之成为信息焦点和贯穿全篇的核心主题。相对而言，例（19）虽然突显了某类事件（见画线部分）并使之成为中心主题，但该语段的信息推进主要还是通过其他的附属类事件实施的。

5.4.2.3 事件衔接

话语事件是经由话题再到过程的抽象化产物，代表了小句之间或者整个话语的宏观语义结构。虽然事件是通过话题和过程融合而成的，但两者实际发挥的谋篇作用是不同的。试比较：

例（21）a. The sun's shining, it's a perfect day. Here come the astronauts. They're just passing the Great Wall; perhaps the President will come out to greet them. No, it's the admiral who's taking the ceremony…

b. It's the sun that's shining, the day that's perfect. The astronauts come here. The Great Wall they're just passing; he'll perhaps come out to greet them, the President. No, it's the ceremony that the admiral's taking…

（Brown & Yule 1983: 128）

例（21a）中的句间关系基本上是围绕"X IS GOING ON"这一概括性的事件展开的，形成了一种"无标记"的信息流向，R 解读起来并不费力。然而，这种关系因其主述位结构的改变而在例（21b）中被分割成"X is shining""X is perfect"等若干具体且零散的话语事件，无形中增加了 R 对于这一系列突如其来的新信息的认知承受力和处理难度，尽管例（21b）所含的话题与例（21a）别无二致，其衔接力也会因此大打折扣。又如：

例（22）I bought a Ford. The car in which President Wilson rode down the Champs Elysees was black. Black English has been widely discussed. The discussions between the presidents ended last week. A week has seven days. Every day I feed my cat. Cats have four legs. The cat is on the mat. Mat has three letters.

（Enkvist 1978: 110）

上述"购买福特轿车"（bought a Ford）这一经典的话语分析案例也印证了与例（21）类似的原理：尽管话题可以组构事件，但仅凭话题衔接可能无法获取真正意义上的 DA 衔接效应。据此，我们可以得出下述推论：

事件是构成话语的充要条件；话题只是话语建构的必要条件。换言之，前者具有较强的话语组织力；后者的话语组织力相对较弱。

由例（21）可知，过程衔接受到话语事件的整体约束，具有较强的顺序依赖性，譬如"Tom beat Jack"和"Jack beat Tom"就代表了两个截然不同的事件。反之，过程所展现的关系特征对话语结构类型也能起到预测作用，如"时空关系"和"详述—延伸关系"分别为"叙事类"和"学术类"话语的主要结构特征（彭宣维 2000：334）。

相比之下，话题衔接带有明显的可替代性，在同一过程模式中，P 可以表现出针对话题的多种选择方式。例（23）是一则"隐喻性"语段，由六类话题构成的类比过程"crystal : crazed""beech : burnth""silk : soiled""wine : turnth""complexion : infected""fruit : cleaveth to"整体挂靠在"wit : allured"这一更为抽象的话语事件之上，以此来论证并突显该语段的中心主题。

例（23）The fine crystal is sooner crazed than the hard marble, the greenest beech burnth faster than the driest oak, the fairest silk is soonest soiled, and the sweetest wine turnth to the sharpest vinegar. The pestilence doth most rifest infect the clearest complexion, and the caterpillar cleaveth to the ripest fruit. The most delicate wit is allured with small enticement and most subject to yield unto vanity.

（Goatly 1997: 152）

总之，话题体现了话语事件中纵向的选择性层级范畴；过程代表了话语事件中横向的规则性类属范畴。三者的关系如图 5.2 所示。

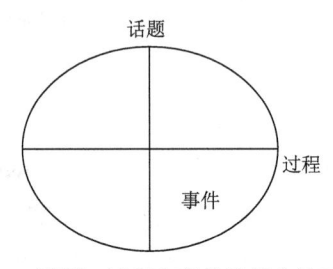

图 5.2　话题、过程和事件的基本关系构型

在话题和过程的共同作用下，事件衔接及其衔接力大小可通过表 5.1 所示的模式进行分析。

表 5.1　话语事件衔接的构建模式

事件衔接	话题衔接	过程衔接	衔接力
Ⅰ级衔接	+	+	大
Ⅱ级衔接	−	+	较大
Ⅲ级衔接	+	−	较小
Ⅳ级衔接	−	−	小

5.4.3　DA 模式下的"结构性"与"非结构性"协同衔接机制

如上所述，我们可将依托于 DA 的"结构性"与"非结构性"衔接（无标记状态）的基本架构拓展为表 5.2 中的综合运作机制。

表 5.2　DA 模式下的话语衔接机制（无标记状态）汇总

非结构性衔接	结构性衔接		
	话题类 （词汇层衔接）	过程类 （词汇层衔接）	事件类 （小句层衔接）
Ⅰ级衔接	名词性照应、替代、省略、重复、同/近义、其他Ⅰ级名词性搭配（句间/句内）	与该话题相关的动词性照应、替代、省略、重复、同/近义、其他Ⅰ级动词性搭配（句间/句内）	Ⅰ/Ⅱ级话题衔接+Ⅰ级过程衔接（句间）；过程反映该话题的本质属性（句内）
Ⅱ级衔接	名词性上下义、部分与整体、其他Ⅱ级名词性搭配（句间/句内）	与该话题相关的动词性上下义、部分与整体、其他Ⅱ级动词性搭配（句间/句内）	Ⅰ/Ⅱ级话题衔接+Ⅱ级过程衔接（句间）；过程反映该话题的抽象或关联属性（句内）

续表

非结构性衔接	结构性衔接		
	话题类 （词汇层衔接）	过程类 （词汇层衔接）	事件类 （小句层衔接）
Ⅲ级衔接	名词性反义、其他Ⅲ级名词性搭配（句间/句内）	与该话题相关的动词性反义、其他Ⅲ级动词性搭配（句间/句内）	Ⅲ/Ⅳ级话题衔接+Ⅲ级过程衔接（句间）；过程反映相关话题的本质属性（句内）
Ⅳ级衔接	Ⅳ级名词性搭配（句间/句内）	与该话题相关的Ⅳ级动词性搭配（句间/句内）	Ⅲ/Ⅳ级话题衔接+Ⅳ级过程衔接或者命题事件互否（句间）；过程反映相关话题的抽象或关联属性或者命题事件自否（句内）

从表5.2可以看出，DA模式整合并发展了传统的衔接机制。除了前面论及的一些重要变化之外，还有几点也值得我们注意。

首先，由DA主导的"结构性"与"非结构性"衔接并非彼此独立，而是相互依存的关系。具体说来，前者代表了DA衔接的基本类型及其在话语中的总体分布结构；后者体现了不同DA衔接类型的具体运作机制及其衔接力的衡量标准。

其次，基于DA的衔接手段既可分布于小句之间，也能作用于小句之内[见上文例（9）—例（11）]，贯通于整个话语，改变了衔接只能跨句生成这一传统观念。

再次，话题、过程或"句内"事件一般涉及局部衔接，而"句间"事件通常关乎整体衔接。

最后，事件衔接与小句的命题发展相关，如果出现命题冲突（如相互否定或自相矛盾等），即使句间的话题和过程均为Ⅰ级衔接，事件衔接也无从谈起。这种情况较为极端，或与主体的交际方式有关[参照上文5.2.1小节中的例（1）和例（2）]，故本书未将其列为事件衔接的基本条件之一。

5.4.3.1 DA衔接的"同质性"与"异质性"

值得注意的是，Ⅰ、Ⅱ级衔接借助话语成分的"同质性"产生较高的衔接力来稳定话语意义，此类成分易于凝聚为话题[如前文例（9）中的black hole和下文例（24）中的"老师"]。相对而言，Ⅲ、Ⅳ级衔接则通过话语成分的"异质性"推进话语意义的发展。也就是说，无论是"结构性"还是"非结构性"衔接，DA模式下的话语组织须同时顾及话题、过程或事件成分的"同质性"和"异质性"，也就是说，P不应过于追求衔接力而淡化话语信息的更新。试比较：

例（24）a. 张三是老师，李四是老师，他们都是好老师。
     b. 张三是老师，李四是老师，他们都是好父亲。

由于例（24a）的话题和过程各自形成Ⅰ级衔接，故其衔接力要强于例（24b），但例（24a）停留在"老师"这一话题上，其话语信息推进程度稍逊于例（24b），因为后者的话题随后产生Ⅲ级衔接，由"老师"转换为"父亲"，生成了全新的事件，所以例（24b）兼顾了话语的衔接力与信息的持续性，充分发挥了DA的主体性谋篇作用。

可见，表5.2中的事件衔接（句间）模式主要用于考量话语的衔接力，而话语信息的有序发展还要取决于以Ⅰ、Ⅲ级话题和过程衔接为主的衔接机制的综合运用。据此，事件衔接（句间）可在表5.1和表5.2的基础上扩充为表5.3中话题和过程的协同谋篇机制。

表5.3　话题和过程协同下的事件衔接（句间）量化表

话题衔接	Ⅰ级衔接	Ⅱ级衔接	Ⅲ级衔接	Ⅳ级衔接
Ⅰ级衔接	1	3	9	11
Ⅱ级衔接	2	4	10	12
Ⅲ级衔接	5	7	13	15
Ⅳ级衔接	6	8	14	16

表5.3将事件（句间）的衔接程度具体量化为16个等级（1为最大级，16为最小级），分级的依据遵循以下两个"优先"原则：

（1）衔接力优先于信息推进（先保证Ⅰ、Ⅱ级衔接，后融入Ⅲ、Ⅳ级衔接）。
（2）过程衔接优先于话题衔接（见前文有关论述）。

5.4.3.2　DA的综合谋篇机制探析

综上所言，DA作用下的话语信息的推进效力可以根据表5.3由高到低排列为下述32种综合了衔接力和信息推进的DA话语组织模式（"→"表示话语信息的推进）。

（1）1→5
Ⅰ级话题衔接+Ⅰ级过程衔接→Ⅲ级话题衔接+Ⅰ级过程衔接
（2）2→5
Ⅱ级话题衔接+Ⅰ级过程衔接→Ⅲ级话题衔接+Ⅰ级过程衔接
（3）3→5
Ⅰ级话题衔接+Ⅱ级过程衔接→Ⅲ级话题衔接+Ⅰ级过程衔接
（4）4→5
Ⅱ级话题衔接+Ⅱ级过程衔接→Ⅲ级话题衔接+Ⅰ级过程衔接
（5）1→6
Ⅰ级话题衔接+Ⅰ级过程衔接→Ⅳ级话题衔接+Ⅰ级过程衔接

（6）2→6

Ⅱ级话题衔接+Ⅰ级过程衔接→Ⅳ级话题衔接+Ⅰ级过程衔接

（7）3→6

Ⅰ级话题衔接+Ⅱ级过程衔接→Ⅳ级话题衔接+Ⅰ级过程衔接

（8）4→6

Ⅱ级话题衔接+Ⅱ级过程衔接→Ⅳ级话题衔接+Ⅰ级过程衔接

（9）1→7

Ⅰ级话题衔接+Ⅰ级过程衔接→Ⅲ级话题衔接+Ⅱ级过程衔接

（10）2→7

Ⅱ级话题衔接+Ⅰ级过程衔接→Ⅲ级话题衔接+Ⅱ级过程衔接

（11）3→7

Ⅰ级话题衔接+Ⅱ级过程衔接→Ⅲ级话题衔接+Ⅱ级过程衔接

（12）4→7

Ⅱ级话题衔接+Ⅱ级过程衔接→Ⅲ级话题衔接+Ⅱ级过程衔接

（13）1→8

Ⅰ级话题衔接+Ⅰ级过程衔接→Ⅳ级话题衔接+Ⅱ级过程衔接

（14）2→8

Ⅱ级话题衔接+Ⅰ级过程衔接→Ⅳ级话题衔接+Ⅱ级过程衔接

（15）3→8

Ⅰ级话题衔接+Ⅱ级过程衔接→Ⅳ级话题衔接+Ⅱ级过程衔接

（16）4→8

Ⅱ级话题衔接+Ⅱ级过程衔接→Ⅳ级话题衔接+Ⅱ级过程衔接

（17）9→13

Ⅰ级话题衔接+Ⅲ级过程衔接→Ⅲ级话题衔接+Ⅲ级过程衔接

（18）10→13

Ⅱ级话题衔接+Ⅲ级过程衔接→Ⅲ级话题衔接+Ⅲ级过程衔接

（19）11→13

Ⅰ级话题衔接+Ⅳ级过程衔接→Ⅲ级话题衔接+Ⅲ级过程衔接

（20）12→13

Ⅱ级话题衔接+Ⅳ级过程衔接→Ⅲ级话题衔接+Ⅲ级过程衔接

（21）9→14

Ⅰ级话题衔接+Ⅲ级过程衔接→Ⅳ级话题衔接+Ⅲ级过程衔接

（22）10→14

Ⅱ级话题衔接+Ⅲ级过程衔接→Ⅳ级话题衔接+Ⅲ级过程衔接

（23）11→14

Ⅰ级话题衔接+Ⅳ级过程衔接→Ⅳ级话题衔接+Ⅲ级过程衔接

（24）12→14

Ⅱ级话题衔接+Ⅳ级过程衔接→Ⅳ级话题衔接+Ⅲ级过程衔接

（25）9→15

Ⅰ级话题衔接+Ⅲ级过程衔接→Ⅲ级话题衔接+Ⅳ级过程衔接

（26）10→15

Ⅱ级话题衔接+Ⅲ级过程衔接→Ⅲ级话题衔接+Ⅳ级过程衔接

（27）11→15

Ⅰ级话题衔接+Ⅳ级过程衔接→Ⅲ级话题衔接+Ⅳ级过程衔接

（28）12→15

Ⅱ级话题衔接+Ⅳ级过程衔接→Ⅲ级话题衔接+Ⅳ级过程衔接

（29）9→16

Ⅰ级话题衔接+Ⅲ级过程衔接→Ⅳ级话题衔接+Ⅳ级过程衔接

（30）10→16

Ⅱ级话题衔接+Ⅲ级过程衔接→Ⅳ级话题衔接+Ⅳ级过程衔接

（31）11→16

Ⅰ级话题衔接+Ⅳ级过程衔接→Ⅳ级话题衔接+Ⅳ级过程衔接

（32）12→16

Ⅱ级话题衔接+Ⅳ级过程衔接→Ⅳ级话题衔接+Ⅳ级过程衔接

需要说明的是，衔接力量化等级中的每一个数字（1、2、3……16）均反映了前后两个相邻小句之间的 DA 衔接级别。不难发现，上文例（24b）体现了"1→5"（Ⅰ级话题衔接+Ⅰ级过程衔接→Ⅲ级话题衔接+Ⅰ级过程衔接）这一最高级别的 DA 谋篇模式。

为了保证直观性和易读性，便于读者进行比较，我们围绕例（25）的"X DO Y"这一最为常见的话语事件构型，将上述基于 DA 的 32 类话语组织模式所对应的示例依次展示如下。

例（25）a. Tony beat a carpenter. Carl beat a carpenter. They also beat an electrician.

（1→5）

b. Tony beat a carpenter. Carl beat a technical worker. They also beat a scholar.

（2→5）

c. Tony beat a carpenter. Carl maltreated a carpenter. They also maltreated an electrician.
（3→5）

d. Tony beat a carpenter. Carl maltreated technical worker. They also maltreated a scholar.
（4→5）

e. Tony beat a carpenter. Carl beat a carpenter. They also beat a scholar.
（1→6）

f. Tony beat a carpenter. Carl beat a technical worker. They also beat a professor.
（2→6）

g. Tony beat a carpenter. Carl maltreated a carpenter. They also maltreated a scholar.
（3→6）

h. Tony beat a carpenter. Carl maltreated technical worker. They also maltreated a professor.
（4→6）

i. Tony beat a carpenter. Carl beat a carpenter. They also maltreated an electrician.
（1→7）

j. Tony beat a carpenter. Carl beat a technical worker. They also maltreated a scholar.
（2→7）

k. Tony beat a carpenter. Carl maltreated a carpenter. They also beat an electrician.
（3→7）

l. Tony beat a carpenter. Carl maltreated technical worker. They also beat a scholar.
（4→7）

m. Tony beat a carpenter. Carl beat a carpenter. They also maltreated a scholar.
（1→8）

n. Tony beat a carpenter. Carl beat a technical worker. They also maltreated a professor.

(2→8)

o. Tony beat a carpenter. Carl maltreated a carpenter. They also beat a scholar.

(3→8)

p. Tony beat a carpenter. Carl maltreated technical worker. They also beat a professor.

(4→8)

q. Tony beat a carpenter. Carl cursed a carpenter. They also beat an electrician.

(9→13)

r. Tony beat a carpenter. Carl cursed a technical worker. They also beat a scholar.

(10→13)

s. Tony beat a carpenter. Carl greeted a carpenter. They also helped an electrician.

(11→13)

t. Tony beat a carpenter. Carl greeted a technical worker. They also helped a scholar.

(12→13)

u. Tony beat a carpenter. Carl cursed a carpenter. They also beat a scholar.

(9→14)

v. Tony beat a carpenter. Carl cursed a technical worker. They also beat a professor.

(10→14)

w. Tony beat a carpenter. Carl greeted a carpenter. They also helped a scholar.

(11→14)

x. Tony beat a carpenter. Carl greeted a technical worker. They also helped a professor.

(12→14)

y. Tony beat a carpenter. Carl cursed a carpenter. They also helped an electrician.

(9→15)

z. Tony beat a carpenter. Carl cursed a technical worker. They also helped a scholar.
（10→15）

a'. Tony beat a carpenter. Carl greeted a carpenter. They also cursed an electrician.
（11→15）

b'. Tony beat a carpenter. Carl greeted a technical worker. They also cursed a scholar.
（12→15）

c'. Tony beat a carpenter. Carl cursed a carpenter. They also helped a scholar.
（9→16）

d'. Tony beat a carpenter. Carl cursed a technical worker. They also helped a professor.
（10→16）

e'. Tony beat a carpenter. Carl greeted a carpenter. They also cursed a scholar.
（11→16）

f'. Tony beat a carpenter. Carl greeted a technical worker. They also cursed a professor.
（12→16）

值得注意的是，例（25）中的Ⅰ级话题衔接和过程衔接均体现为无标记状态下的名词和动词成分的"重复"关系，而Ⅱ级话题衔接和过程衔接均表现为无标记状态下的名词和动词成分的"上下义"关系（表5.2）。

可以看出，在 DA 模式下，话语衔接是话语组织的先决条件，信息更新虽为话语组织的必要条件，但后者必须在保证前者的基础上方可实施。同时，过程衔接的信息推进力要强于话题衔接，直接表现为从例（25q）开始，P 的每个语段前两个小句的过程衔接由之前的Ⅰ、Ⅱ级逐步转换为Ⅲ、Ⅳ级（动词性搭配），致使例（25q）—例（25f'）各语段的衔接力整体上不如例（25a）—例（25p），但是话语信息的推进力也由此显著增强。

尽管如此，在 R 看来，例（25a）—例（25p）的可接受性明显更强一些，在各语段前两个小句的（过程）衔接力得以保证的前提下，后两个小句之间话语信息的过渡显得更为自然，不像例（25q）—例（25f'）话语义更迭得那样突兀。

由此，我们不妨将 DA 的综合谋篇机制分为以下两大类：

（1）衔接导向型；
（2）信息导向型。

其中，以例（25a）—例（25p）为代表的谋篇方式属于前一种；以例（25q）—例（25f'）为代表的谋篇方式可归为后一类。

5.4.4　DA 模式对篇章衔接与会话衔接的整合

至此，我们主要围绕书面语篇对 DA 衔接模式进行了探讨，那么 DA 对于口语交际中的话语衔接又会产生怎样的构建机制呢？

目前学界专门针对口语文本的衔接研究比较欠缺，衔接分析所涉及的语料以书面语篇为主。我们认为，尽管口语文本的衔接功能似乎不及书面文本那样显著（参见前文 5.2.1 节），但两者的 DA 衔接在运作机理及总体架构方面是基本一致的，本质上均体现了 R 在 IA 阶段对于 P 的话语的认知突显方式（或者说 P 在 IA 阶段对于 R 的主体可及方式）的差异所形成的各种由"话题""过程""事件"引发的"结构性"与"非结构性"的话语控制和推进模式。

5.4.4.1　篇章衔接和会话衔接在 DA 运行机制中的区别

由于口语文本的话语主体为"即时在线"的交际双方，因而在会话交际的过程中 P 和 R 的身份会不断地转换，不像书面语篇那般稳定。由此，"会话衔接"（conversational cohesion）与"篇章衔接"（textual cohesion）的不同之处主要体现为以下几点。

（1）在 DA 模式下，"篇章衔接"和"会话衔接"均受制于 R 的认知视角，但前者多为"单 R"视角阐释，而后者系"双 R"或者"多 R"视角解读。

（2）"篇章衔接"的基本分析单位是"小句"，而"会话衔接"的主要分析单位是"话轮"。

（3）"篇章衔接"只需对同一个 P 所生成的话语进行"句内"和"句间"的衔接分析即可，而"会话衔接"要针对不同的 P 所产出的话语分别展开"话轮内"和"话轮间"的衔接分析。

（4）"话轮内"衔接既可以是"句内"衔接，也可以是"句间"衔接，还可能两者兼备，而"话轮间"衔接则表现为上述后两种情况，不可能仅为"句内"衔接。

据此，我们可将基于 DA 的"篇章衔接"和"会话衔接"模式通过图 5.3 进行更为直观的对比描述。

（1）篇章衔接

$$P \longrightarrow R（句内/句间/句内+句间）$$

（2）会话衔接

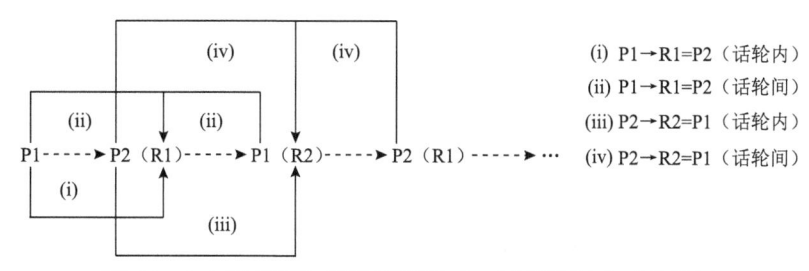

```
           (iv)      (iv)
      (ii)     (ii)                    (i) P1→R1=P2（话轮内）
                                       (ii) P1→R1=P2（话轮间）
P1----→P2（R1）----→P1（R2）----→P2（R1）----→···   (iii) P2→R2=P1（话轮内）
      (i)                              (iv) P2→R2=P1（话轮间）
              (iii)
```

图 5.3　DA 模式下的"篇章衔接"与"会话衔接"对比图解

注：图中的实线箭头表示 P 对于 R 的 IA 可及方向；虚线箭头代表会话交际中话轮传递的方向

从图 5.3 可以看出，会话衔接似乎比篇章衔接的 DA 操作模式显得更为复杂一些。但事实上，两者并无本质不同，均为 R 对 P 实施 IA 的结果，只不过篇章衔接中的 P 和 R 是固定的，且互为隐性关系，而会话衔接中的 P 和 R 会发生互换（$P_2=R_1$；$P_1=R_2$），且互为显性状态。

在篇章交际中，R 往往要面对 P 的一个话轮中的多个小句，故话轮通常为常量而小句一般是变量；在会话交际中，R 经常要面对 P 的多个话轮中的多个小句，故话轮和小句都有可能是变量。

由于口语交际的话轮数量通常要多于书面交际，且话轮又是由小句构建的，因此我们可以得出如下推论：

篇章衔接机制可被视为会话衔接模式的一个组成部分或基本构件。前者是后者的基础；后者是前者的拓展。

5.4.4.2　会话衔接的 DA 模式分析

图 5.3 揭示了会话衔接的两种情形：（i）和（iii）说明 R 仅对 P 的前一个话轮进行了 IA 解读，只确认了该话轮内部的话语衔接，即"话轮内"衔接；（ii）和（iv）表明 R 对 P 的前后两个话轮均实施了 IA 构建，以此建立这两个话轮之间的语义联系，即"话轮间"衔接。

从衔接的交际力来看，"话轮内"衔接体现了会话交际的局部衔接关系，其交际力相对较弱，但也可作为构成"相邻话对"的先决条件；"话轮间"衔接是会话衔接的完整形态，反映了会话交际的整体衔接关系，展现出较强的交际力，也是言语交际活动得以持续推进的根本动力。试比较：

例（26）A：我上周回老家去了。我爷爷生病了。
　　　　B：你老家是哪里的？
　　　　A：山东济南的。
　　　　B：那里的趵突泉很美。

例（27）A：我上周回老家去了。我爷爷生病了。
　　　　B：你就这么回去可以吗？
　　　　A：小王代我向领导请假了。
　　　　B：那就没事了。

例（28）A：我上周回老家去了。我爷爷生病了。
　　　　B：你爷爷多大年纪了？
　　　　A：八十多岁了。
　　　　B：老年人需要精心照顾。

例（29）A：我上周回老家去了。我爷爷生病了。
　　　　B：你爷爷得的什么病？
　　　　A：领导知道我没来上班么？
　　　　B：应该还没有吧。

例（30）A：我上周回老家去了。我爷爷生病了。
　　　　B：你爷爷还住在老家？
　　　　A：他已适应了老家的生活环境。
　　　　B：老年人一般都不喜欢住在外地。

以上五组会话均包含了三个相邻话对（A—B、B—A、A—B），每个话对中的第一个话轮主体均为P，第二个均为R，各自产生"话轮内"衔接。

下面以A和B的首个相邻话对为例。从篇章衔接的角度讲，A的初始话轮内的两个小句"我上周回老家去了"和"我爷爷生病了"之间呈现Ⅲ级"事件类"句间衔接（"我—爷爷"+"回老家—生病"）。然而，通过B的话语表达形式，我们可以发现在每一个话对中，A的话语实际上仅有部分话题、过程或事件被R所突显，从而形成相应"话轮内"的会话衔接模式。

具体而言，在例（26）和例（28）中，B的首个话轮分别突出了A的第一个话轮中的话题"老家"和"爷爷"，在B看来，此时A的话语已然构成"话轮内"的Ⅰ级"话题类"衔接。在例（27）和例（29）中，B的第一个话轮分别突出了A的首个话轮中的过程"回老家"和"生病"，对于B来说，A的话语这时已经产生了"话轮内"的Ⅰ级"过程类"衔接。在例（30）中，B的首个话轮强化了

A 的首个话轮中的事件"爷爷住在老家",此时 A 的话语已在 B 的认知体系中形成了"话轮内"的Ⅰ级"事件类"衔接。

不难发现,例(26)—例(29)的首个话对均系话轮内的句内衔接(A 被 B 突显的话题或过程都在同一个小句中),而例(30)的首个话对则为话轮内的句间衔接[A 被 B 突出的事件(话题+过程)横跨了两个小句]。

与此同时,上述五个对话中均含有两组"话轮间"衔接(A—B—A、B—A—B),依次由 B 和 A 促成,并分别通过与之对应的 A 和 B 各自的两个话轮(A—A、B—B)予以体现。确切地讲,"话轮间"衔接是以一种"双肩挑"或"环绕"的型式,从某一话语主体(R)的认知视角出发,去解读其对象主体(P)前后话轮中话语成分之间的语义联系的会话衔接模式。

下面以各组对话中的 A—B—A 衔接为例。例(26)、例(28)和例(30)中 A 的前后两个话轮之间分别形成了Ⅱ级"话题类"句间衔接("老家—山东济南")、Ⅲ级"过程类"句间衔接["(爷爷)住在老家—(爷爷)八十多岁"]和Ⅰ级"事件类"句间衔接["爷爷+(住在)老家—爷爷+(适应)老家"]。更为重要的是,上述三例中 A 的两个话轮均是围绕 B 的首个话轮涉及的事件而展开的,故 A 的这三组"话轮间"衔接兼具篇章衔接和会话衔接的特征。

如此一来,以上三例中 B 的第二个话轮更易于与其首个话轮基于同一话题、过程或事件构成 B—A—B 会话衔接。这样,A、B 之间会话交际的整体衔接力便可得到充分保证。如前文所述,就 DA 衔接力而言,事件衔接>过程衔接>话题衔接,故以上三组对话的衔接力呈依次递增之势。

相比之下,例(27)和例(29)中 A 的两个话轮均为Ⅲ级"事件类"句间衔接("我回老家看望生病的爷爷—小王向领导请假"和"我回老家看望生病的爷爷—领导是否知道我没来上班"),其本身的篇章衔接力并不高。值得注意的是,A 在这两例中的第二个话轮均与 B 的首个话轮涉及的事件相脱离,故以上两组中 A 的"话轮间"衔接的实际交际力也不高,其篇章衔接和会话衔接的作用均打了折扣。

相对而言,例(29)的衔接力还不及例(27),因为在由 B—A 构成的"话轮内"衔接中,例(29)中的 A 话轮(领导知道我没来上班么?)没有突显或激活 B 话轮(你爷爷得的什么病?)中的任何话题、过程或事件,反映了 A 更有可能在试图转移当前的话语交际主题。

在这种条件下,上述两例中 B 的第二个话轮很有可能转而同 A 的第二个话轮提及的话题、过程或事件相关联,由此改变了 A 和 B 先前的交际主题,同时也进一步降低了 B—A—B 的会话衔接力。这样,A、B 之间话语交际的总体衔接力便被削弱,不过其话语信息推进力反而得以加强。

5.4.4.3 篇章衔接及会话衔接的 DA 融合性研究

综上所述，基于 DA 的篇章衔接和会话衔接的主要特征及基本原则可以概括为以下 10 个方面。

（1）直接构成 DA 篇章衔接的两个（或多个）话语成分（话题、过程或事件）只能出现在 P 单方的话语中。此时，R 既是话语衔接方式的实际控制者，也是话语信息推进的主要操控者。

（2）能够引发 DA 会话衔接的两个（或多个）话语成分（话题、过程或事件）既可源于 P 和 R 双方的话语（此时 P 和 R 的前后话轮可形成"相邻话对"），也可出自 P 单方的话语（此时同篇章衔接机制基本无异）。在前一种情况下，R 只是话语衔接方式的实际控制者，而话语信息推进则由 P 和 R 在话轮转换中共同掌控。

（3）DA 模式下的篇章衔接和会话衔接最终均通过 P 的话轮予以输出。前者由 R 直接在 P 的话语中激活并体现；后者先由 R 在己方话轮中激活，再在 P 的前一个话轮（话轮内）或者 P 的前后多个话轮（话轮间）中予以体现。

（4）"话轮内"衔接为会话交际中的局域性衔接，既可作为控制和稳定当前交际主题的重要手段之一，也可作为引发或者变更交际主题的起点，成为会话信息推进的原动力，其标志是 R 的话轮没有突显 P 先前话轮中的相关话题、过程或者事件。

（5）"话轮外"衔接系会话交际中的整体性衔接，可以视为控制和稳定当前交际主题的首要途径，其标志是交际双方各自连续激活一次或者轮流激活数次 Ⅰ—Ⅲ 级"话轮外"衔接，且 P 位于 R 前后的两个话轮均依托 R 的话轮所涉及的话题、过程或者事件展开。

（6）不同主体的话轮衔接与同一主体的话轮衔接（或者话语衔接）的区别在于：前者可以引发会话衔接，但其本质上并非真正意义的会话衔接。会话衔接仍主要基于后者，前者则属话语连贯的范畴（参见第 6 章）。

（7）P 的话语中至少须经由两个话语成分（话题、过程或事件）方可构成 DA 篇章衔接；P 的单个话轮中只需一个话语成分（话题、过程或事件）即可构成 DA 会话衔接，但前提是该话语成分须在 R 的话轮中被突显。

（8）DA 会话衔接打破了当前话语分析学界普遍认为的"至少由两个话语成分所形成的语义联系才能称得上是衔接"这一学理上的桎梏。

（9）P 的单个话轮或者多个话轮均可同时产生篇章衔接和会话衔接，会话衔接因与 R 的话轮直接对接并受其直接影响，因而其对于话语交际义的制约作用要比篇章衔接更为显著。

（10）在通常情况下，对于由篇章衔接和会话衔接共同促成的 DA 会话交际，

其总体衔接力及其与话语交际的关联性遵循以下原则:

(i) 篇章衔接力强,则会话衔接力未必强;

(ii) 篇章衔接力弱,则会话衔接力必定弱;

(iii) 会话衔接力强,则篇章衔接力必定强;

(iv) 会话衔接力弱,则篇章衔接力未必弱;

(v) 篇章衔接力和会话衔接力都强,则交际主体的话语控制力必定强,话语推进力必定弱;

(vi) 篇章衔接力和会话衔接力都弱,则交际主体的话语控制力必定弱,话语推进力必定强;

(vii) 篇章衔接力强,会话衔接力弱,则交际主体的话语控制力未必强,话语推进力必定强。

5.5 小　　结

话语衔接是功能主义话语研究体系的主要组成部分。韩礼德和韩茹凯将衔接解释为话语成分之间的语义关系(Halliday & Hasan 1976),但因其是"意义系统中与形式特征最接近的一种意义"(张德禄 2005:32),故关于衔接的形式机制的探讨已成为话语衔接研究的主流。随着话语多维度分析的不断深入,话语衔接在概念界定、分析手段以及研究范围等方面逐步显露出一些值得思考的问题,主要表现在以下三个环节:

(1) 衔接关系的本质是什么?

(2) 衔接的意义及其体现的形式是如何统一的?

(3) 衔接机制是否已被过度阐释?

这些问题的根源在于:衔接研究到底是基于话语本体还是基于话语主体?目前的大多数成果围绕前者展开,本章则着眼于后者,通过本书提出的 SA 分析模式(DA+CA)对上述问题进行深入反思与探索,"衔接"和"(交际)连贯"由此被分别置于 IA 与 FA 这两个阶段加以解读,代表了"P→R"和"R→P"两种认知可及方式。

其中,话语衔接是通过 DA 机制构建起来的,由此形成的话语衔接研究的总体构架如图 5.4 所示。从图中可知,本章运用 SA 体系中的 DA 分析框架对衔接手段及其运作机制进行了重新分类。我们认为,衔接关系产生于"话题""过程""事件"这三种语义成分之间。

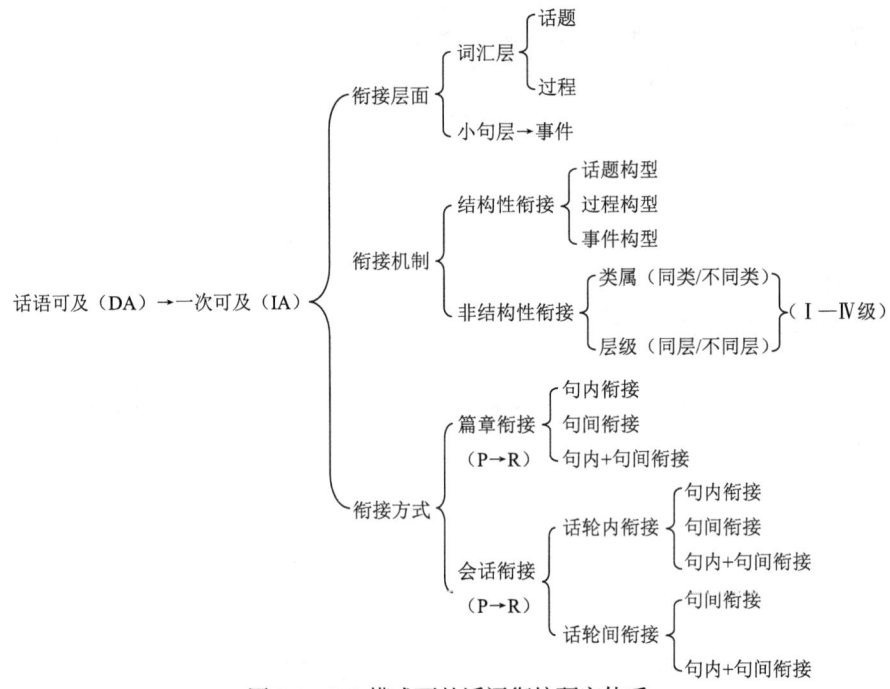

```
                              ┌─词汇层 ┌─话题
                       ┌─衔接层面┤        └─过程
                       │        └─小句层→事件
                       │              ┌─话题构型
                       │        ┌结构性衔接┤过程构型
话语可及(DA)→一次可及(IA)┤衔接机制┤        └─事件构型
                       │        │        ┌─类属(同类/不同类)┐
                       │        └非结构性衔接┤                ├(Ⅰ—Ⅳ级)
                       │                 └─层级(同层/不同层)┘
                       │        ┌篇章衔接 ┌─句内衔接
                       │        │(P→R)   ┤句间衔接
                       └─衔接方式┤        └─句内+句间衔接
                                │        ┌话轮内衔接 ┌句内衔接
                                │会话衔接 ┤           ┤句间衔接
                                │(P→R)   │           └句内+句间衔接
                                │        └话轮间衔接 ┌句间衔接
                                │                    └句内+句间衔接
```

图 5.4 DA 模式下的话语衔接研究体系

一方面，它们在话语中彼此关联，构成"话题类""过程类""事件类"三种结构性衔接，并在 IA 的作用下，随着 R 的话语认知焦点的变化产生了 18 种 DA 衔接构型，它们可以在"句内"和"句间"同时起到话语衔接的作用，反映了不同的话语控制力和话语推进力。

另一方面，话题、过程、事件在"类属"与"层级"这两个范畴认知参数的制约下可形成Ⅰ、Ⅱ、Ⅲ、Ⅳ级非结构性衔接。

基于 DA 的结构性与非结构性衔接机制在宏观和微观两个层面融为一体，在 P 和 R 的控制下共同起到了重要的话语组织作用。本书认为，话语组织力是话语的衔接力以及话语信息的可持续性协同作用的结果，前者主要由 R 控制，后者由 R 和 P 共同把握，由此可生成 32 种不同的话语组织模式，最大限度发挥了 DA 的谋篇效能。

此外，分别由书面文本和口语文本组织起来的"篇章衔接"和"会话衔接"在构成型式、发生过程等方面有所差异，这主要是话语表征方式以及主体存在方式的不同所造成的，然而，两者背后的 DA 衔接运作机制没有本质上的区别。如此一来，书面语和口语的话语衔接便可统一于 DA 模式下，充分表明 DA 具有较强的话语分析整合力。

第6章　主体化连贯研究与主体语境的构建

6.1　引　　言

自从"连贯"这一概念被引入话语分析体系（Harweg 1968）以来，连贯研究已历经半个多世纪。其间，学界围绕连贯的本质及其运作机制等问题大体形成了"话语""语境""功能"三种研究模式。

（1）连贯的话语研究

话语研究主要通过"主位推进"（Danes 1974）、"宏观结构"（van Dijk 1977）、"修辞结构"（Mann & Thompson 1987）、"连贯关系"（Sanders et al. 1992）等连贯的输出型式对语言成分或语义结构所产生的关联方式进行描述与归纳。

（2）连贯的语境研究

语境研究主要依托"心理框架"（Brown & Yule 1983）、"文化和情景语境"（Halliday & Hasan 1985）、"概念结构"（Goldberg 1996）、"语篇世界"（Werth 1999）、"认知语境"（Blakemore 2002）等社会文化及心理认知因素对连贯的输入机制加以追溯与限定。

（3）连贯的功能研究

功能研究试图揭示话语和语境的互动对于连贯的构建作用，例如把连贯解读为话语本体连贯（衔接）与情景语境连贯（语域一致）或认知语境连贯（心智协同）的结合体（Halliday & Hasan 1976；Givón 1995b）。

然而，上述三种分析模式均存在一定的缺陷：首先，话语模式实质上仅是对韩礼德和韩茹凯（Halliday & Hasan 1976）提出的衔接机制的一种补充，缺少统一的话语分类和界定标准。其次，语境模式在某种意义上将衔接和连贯割裂开来，分别置于篇内与篇外加以区分，且有些语境要素的界定过于泛化，与话语本体融合得不够紧密（O'Driscoll 2013）。最后，在功能模式下，衔接与连贯虽可联系起来，但两者的边界也由此变得模糊不清，易于混淆（Sanders et al. 1992；Givón 1995b）。我们认为，这些问题的共同症结基于以下两点。

第一，连贯研究未能充分"主体化"。话语和语境以及二者的联系（即功能）

均取决于 P 和 R 这两个话语交际主体。我们不能简单地说"语境决定了话语"或"某种语境必然对应于某种话语功能",因为那些"不受话语主体控制的语境在话语分析中的作用极为有限"(Tracy et al. 2015:91),话语的产生与理解实质上是主体所约束的语境的适配过程,且同一话语也可在不同主体的影响下激活不同的语境。也就是说,任何脱离主体的连贯分析都不是真正意义上的连贯研究,这在口语会话交际中尤为明显,针对"口语文本连贯性的评价标准尚不明确"(Hyland & Jiang 2016:253)。

第二,连贯主体研究的"本体化"程度不够。客观地讲,以主体为导向的话语分析并不少见,例如,将连贯视为与小句命题所反映的 P 的言外行为相关(Widdowson 1978);或将 P 和 R 融合在"合作原则"(Cooperative Principle)之下,认定话语处理的关键在于 P 的交际意图能否为 R 所理解(de Beaugrande & Dressler 1981);或试图揭示交际者的实践意识所产生的行动启示在话语分析中的作用(Tracy 2005);或关注话语交际中人际关系的形成过程(Locher & Graham 2010)等。然而,这些成果均带有些许片面性,在突显话语主体地位的同时,"未将话语和语境系统地融入主体研究的框架之下"(O'Driscoll 2013:175),致使三者之间的关系及其在话语分析中的作用尚未完全厘清。

由此可见,连贯研究目前面临的核心问题在于其主体与本体研究之间缺少一个系统的分析界面。连贯的主体化研究可以通过本书提出的 SA 话语分析模式考察主体之间在话语交际中的认知关系及其在话语推进中的作用。主体可及关系可以进一步体现为 DA 和 CA 这两个本体层面。其中,前者可以独立形成"话语衔接"机制(第 5 章);两者协同可以产生"话语连贯"(第 7 章)和"交际连贯"(第 8 章)机制。据此,SA 模式可将连贯的主体和本体分析融为一体,为连贯的构建过程以及连贯性的衡量标准提供新的认知语用理据。

本章重在探讨基于 SA 的主体性连贯的总体研究范式,并以此为依托构建"主体语境"理论体系,为连贯的主体化研究提供必要的分析依据。

6.2 连贯主体和本体的 SA 界面研究

既然连贯研究的主体和本体要素之间有必要建立一个"界面",为此我们须解决以下两个研究论题:

(1) 连贯主体化的生成机制是什么?
(2) 连贯的本体要素(语境和话语)是如何在主体的制约下协同作用的?

据此，我们试图以 SA 话语分析框架为基础，重新界定连贯的主体化和本体化研究（图 6.1）。

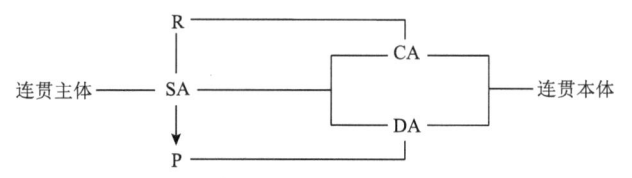

图 6.1　连贯主体与本体的 SA 界面分析框架略图

如图 6.1 所示，作为联系连贯主体和本体的界面，SA 的"内涵"是指交际主体之间的交互认知关系，其"外延"则是由这种认知关系形成的语境和话语等各类手段。前者是连贯关系建立的认知基础，后者是连贯的具体运作机制。

图 6.1 表明，基于 SA 的连贯研究是在 SA 所引发的 CA 和 DA 的共同作用下实现的。其中，SA 揭示了连贯构建过程中 P 和 R 由深层向表层转换的心理连通机制，包含两个可及阶段（IA 和 FA），代表了连贯研究的主体层面；CA 和 DA 则是主体可及关系在连贯分析本体层面的具体表现，由"言前语境""言内语境""言后语境""话题""过程""事件"等六个受制于主体的本体要素协同完成，由此产生"话语连贯"和"交际连贯"。

下文将围绕这三种可及关系在连贯形成中的具体作用展开深入探讨。

6.3　基于 SA 的连贯主体化生成理据

从语言哲学的角度讲，话语与交际分别是"主体性"和"主体间性"（详见第 2 章）的体现方式，前者使 P 能够"自我"地构建现实世界，后者通过主体之间的互动揭示在 P 之外如何对同一现实进行识解，话语分析理论的发展在一定程度上就是从主体性到主体间性转换的过程（Traugott 2010：35）。然而，话语交际的主体化研究仍留有以下两个疑问：

（1）P 和 R 的关系是否平等？
（2）P 和 R 如何交互作用？

上述两个环节是解决连贯主体化问题的出发点和突破口，也是 SA 视角下连贯研究体系构建的前提和基础。为此，我们须明确几组概念之间的差异。

6.3.1 表层主体与深层主体

基于主体性的 P 和 R 系同一话语主体的两种角色，显然是平等的。P 和 R 曾被分为若干处于不同交际状态的"话语角色"（discourse roles）（Thomas 1991），具体分类如下。

（1）根据发话者所负责任的大小，P 可以进一步分为下述 5 种角色：
（i）讲话者（speaker）：正在说话的人。
（ii）作者（author）：不直接说话的人。
（iii）报告者（reporter）：自由传递话语内容的人（要负一定责任）。
（iv）代言者（spokesperson）：传递个人或团体认可的话语意图（要负一定责任）。
（v）传话者（mouthpiece）：按原话传递作者的话语内容（无须负责任）。

（2）按照所掌控的发话权的大小，R 可以进一步分为以下 4 种角色：
（i）听话者（addressee）：直接受话对象。
（ii）旁听者（auditor）：非直接受话对象。
（iii）偶闻者（overhearer）：非话语对象（大多没有发话权）。
（iv）窃听者（eavesdropper）：非法话语参与者（没有发话权）。

也就是说，同一个人可以在不同的交际场合充当上述所有的话语角色。此外，根据主体间性理论，分属不同话语主体的 P 和 R 的地位也是平等的，然而，大多数话语分析者以 P 为研究重心（成晓光 2009：13）。我们认为，这是分析视角的差异造成的。主体间性中的 P 和 R 的身份无论如何变换，或是被冠以上述何种类型的功能标签（Thomas 1991），话语均由一系列身份不同的 P 交替输出，R 只是相对于 P 的一种提法，两者同为各自话轮的实际控制者。

但若从交际性话语的输入及发生过程来看，P 的话语一定先于 R 出现，即使 R 随后成为新的 P，其产生的话语在功能上也要受制于先前的 P，此时 R 就是依附于 P 的一种被动的存在（Locher & Graham 2010：28）。可见，话语主体这一概念在语言哲学和话语分析体系内分别具有"一元性"和"二元性"的特征。两者看似对立，其实并不矛盾，可以融合在由 P（P$_1$）和 R（P$_2$）的可及关系所建立的连贯模式中（图 6.2）。

$$P_1 \rightarrow P_2 \rightarrow P_1 \rightarrow P_2 \rightarrow \cdots$$
$$R_1 \quad R_2 \quad R_1 \quad R_2 \quad \cdots$$

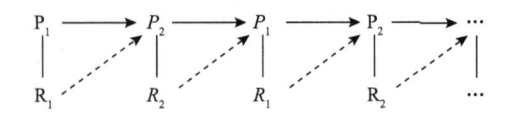

图 6.2　P 和 R 的可及性连贯关系

第 6 章　主体化连贯研究与主体语境的构建

据图 6.2 可知（为了便于论证，图中展示的是双主体交际模式，多主体交际的基本原理与之相同），依托主体可及性的话语分析将主体关系分为"表层"与"深层"两类。

（1）表层主体

表层主体关系具有"一元性"，体现了主体之间的"交替性"和"平等性"（$P_1 \rightarrow P_2 \rightarrow P_1 \rightarrow P_2 \rightarrow \cdots\cdots$），图中实线箭头代表话语形式的传导方向。

（2）深层主体

深层主体关系具备"二元性"，既体现了代表同一主体的 P 和 R 之间的"互换性"（$P_1—R_1$；$P_2—R_2$），又反映了分属不同主体的 R 对于 P 的"依附性"（$R_1 \rightarrow P_2$；$R_2 \rightarrow P_1$），图中虚线箭头标识话语功能的来源方向。

图 6.2 表明，在主体的深层关系中，P 是显性的，R 是隐性的，主体之间的交互作用源于深层关系。我们知道，话语分析中的可及性指人们在生成和理解话语时，从大脑记忆系统中提取某一语言单位的便捷程度（Ariel 1994：5）。相比之下，交际主体的可及性表现为主体关系由深层向表层转变过程中 R 对 P 交际意图的获取方式，这是连贯主体化研究的关键所在。

根据图 6.2，主体可及在促成连贯的过程中可以解析为 IA 和 FA 两个阶段。下面分别解读图 6.2 中标识为斜体部分的 P_2 和 P_1（表层主体）各自的两次（深层）主体可及过程。

（1）P_2（斜体）的 IA 和 FA

（i）IA（$R_1 \rightarrow P_2$）

在 P_2 的首次话语输出之前，P_2 试图从之前 P_1 的首个话轮中推测 P_1 的交际意图。在 P_2 看来，此刻 P_1（非斜体）的角色为 R_1 潜势，P_2 意在使 R_1 接受 P_2 即将生成的话语。为此，P_2 从 R_1 潜在的言外行为中任意提取一个作为 P_2 认可的交际意图，以此充当 P_2 自身交际意图的形成以及相应话语产出的前提条件。在这一阶段，P_2 占据主导地位，R_1（非斜体）也由此被 P_2 带入了自己的认知范畴。

（ii）FA（$R_2 \rightarrow P_1$）

当 P_2 的首次话语输出之后，话轮转换也随即发生，R_1（斜体）恢复为 P_1（斜体）的身份并成为话语的新主导者。对于 P_1（斜体）而言，P_2（斜体）此时的角色已变为 R_2（斜体），P_1（斜体）又将 R_2（斜体）纳入自身的认知体系并再次以话语的形式（P_1 的第二话轮）对 P_2 在 IA 阶段对 P_1 的话语意图的推断做出反馈，P_2 是否真正把握了先前 P_1（非斜体）在其首个话轮中的交际意图也由此得到验证。

(2) P_1（斜体）的 IA 和 FA

(i) IA ($R_2 \rightarrow P_1$)

在 P_1 的二次话语输出之前，P_1 试图从之前 P_2 的首个话轮中判断 P_2 的交际意图（即 P_2 是否把握了 P_1 的话语意图）。在 P_1 看来，此时 P_2（斜体）的角色系 R_2 潜势，P_1 旨在使 R_2 理解 P_1 即将生成的话语。由于先前 P_1（非斜体）在其首个话轮中已有较为明确的话语意图（仅对 P_1 而言），故 P_1 可能会在其第二个话轮中向 R_2 直接或间接展示其交际意图，以此证明 P_2 是否真正把握了此前 P_1（非斜体）的首次话语的交际意图。在这一阶段，P_1 占据主导地位，R_2（斜体）也因而被 P_1 引入了自己的认知范畴。

(ii) FA ($R_1 \rightarrow P_2$)

当 P_1 的二次话语输出之后，话轮转换也随之再次发生，R_2（非斜体）恢复为 P_2（非斜体）的身份并成为话语的新的控制者。对于 P_2（非斜体）来说，P_1（斜体）此时的角色又重新变回 R_1（斜体），P_2（非斜体）又将 R_1（斜体）带入自身的认知体系并再次以话语的形式（P_2 的第二话轮）对 P_1（斜体）在 IA 阶段对其话语意图的展示做出进一步反馈，此前 P_1（斜体）是否真正把握了 P_2（斜体）在其首个话轮中的交际意图也因此得以证明。

不难发现，图 6.2 中的 P_1（非斜体）是整个话语交际的发起者，由于在其之前并无其他话语或话轮出现，故此时 P_1（非斜体）是不存在 IA 的，那么其 FA 也就无从谈起。因此，图中的 P_2（斜体）才是 IA 和 FA 在话语交际中同时运行的真正起点。

综上，我们可将"表层主体可及"和"深层主体可及"进行简明直观的对比。

(1) 表层主体可及

$P_1 \rightarrow P_2$（IA）；$P_2 \rightarrow P_1$（FA）

(2) 深层主体可及

$R_1 \rightarrow P_2$（IA）；$R_2 \rightarrow P_1$（FA）

从表层看，两次主体可及发生在两个表层主体之间，只是可及方向正好相反；从深层看，两次主体可及的方向均为"（深层）R→（表层）P"，只不过主体角色发生了互换。事实上，"表层主体可及"和"深层主体可及"的工作原理完全相同，只是标识方法有所不同。

为了便于读者进一步理解，除非做特别说明，本书一般用 P 代表 P_1 或者 P_n，由 R 表示 P_2 或者 P_{n+1}。

由此可见，会话交际中任一话轮的认知构建受到这两次主体可及的共同影响。IA 和 FA 分别代表某话轮的主体对前一个主体交际意图的主观理解及其实际效果，IA 用以显示该话轮的"话语义"（由 R 决定），FA 能够确认其"交际义"（受 P 制约）。例如：

例（1）A: Michael is a tiger.

B: This guy must be very dreadful.

A: $\begin{cases} \text{a. We all fear him.} \\ \text{b. He is not so horrible.} \\ \text{c. Michael is the tiger's name.} \end{cases}$

例（1）中 B 的话语义体现为 B 对 A 交际意图的主观预判（IA），但其交际义产生于 A 对 B 的回应情况（FA）。在 A 可能的几种应答中，例（1a）表明 B 的话语义与 A 的交际义完全重合，B 话语的交际性较强；例（1b）和例（1c）分别说明 B 和 A 的话语义与交际义部分重合或完全不重合，B 的话语交际性依次减弱。据此，A 与 B 首个话轮之间的"表层（话语）"连贯性仅受控于 IA，而其"深层（交际）"连贯性源于 IA 和 FA 的协同作用并最终取决于 FA。这样一来，SA 模式解决了连贯研究的主体化程度不够且主体之间的关系界定较为模糊的问题。

6.3.2 会话衔接与会话连贯

值得注意的是，例（1）还表明，A 的首个话语（Michael is a tiger）的"话语义"只需两个话轮便可确定，首尾话轮持有者可以是不同主体，而其"交际义"经由三个话轮才得以完全确立，首尾话轮持有者此时为同一主体。由此可见，会话分析理论中的"相邻话对"这一概念往往仅能揭示会话中的衔接而非连贯现象。试比较：

例（2）A：这位姑娘像朵玫瑰。

B：她确实长得很漂亮。

A：是啊，非常美。

例（3）A：这位姑娘像朵玫瑰。

B：她确实长得很漂亮。

A：不，我是说她的性格很泼辣。

按照传统"相邻话对"的分析模式，上述两段会话均形成了 A—B 和 B—A 两个话对。其区别在于，例（2）中的 B 在 IA 阶段便把握住了 A 的交际义（在 B 的 FA 阶段得到 A 的证实），故本例中的 A—B 话对既是衔接的，也是连贯的。反观例（3），此时 B 在 IA 阶段仅解读了 A 的话语义，其交际义在 B 的 FA 阶段才获得 A 的确认，故该例中的 A—B 话对只衔接，但不连贯，直至 B—A 这一话对的出现才实现了最终的连贯。由此可见，例（2）和例（3）中"会话连贯"的基础均取决于 B 对"这位姑娘像朵玫瑰"这句话的交际义的正确解读。

更为重要的是，例（3）进一步表明，话语交际并非总是依靠 A—B 或 B—A 这种纯粹的话对来达成连贯，而往往需要通过 A—B—A 这一"非话对"模式来实现（因为如果首尾话轮的主体均系一人，便构不成"话对"了）。不难发现，A—B 或 B—A 均被包含在 A—B—A 模式之中，显然，后者的覆盖面更广。

据此，我们可以得出如下推论：

（1）会话连贯的标志是 P 的"交际义"最终被 R 所确认；
（2）会话连贯性的程度取决于 R 在确认 P 的"交际义"的过程中所付出的认知努力的大小；
（3）IA 是会话连贯的"必要但不充分条件"，其基本会话结构为 P—R 型式；
（4）FA 是会话连贯的"充要条件"，其基本会话结构为 P—R—P 型式；
（5）会话连贯的输入端（起始）和输出端（终结）均为 P 所掌控。

上述分析再次证明，"衔接"是"连贯"认知构建体系的一部分，两者都是"主体可及"关系作用下的产物。由此，两者的"主体化"属性以及在话语交际中的关系和定位也进一步得以确立。根据前面的分析及推论，"会话衔接"与"会话连贯"在研究对象等方面的根本区别如下：

（1）"会话衔接"体现于"表层"同一主体的话语关系中（$P_1 \rightarrow P_1$；$P_2 \rightarrow P_2$）（参见上一章 5.4.4 小节）；
（2）"会话衔接"仅受制于 DA，表现为 P 的话轮中各类"话语成分"（话题、过程、事件）之间的语义关系；
（3）"会话连贯"反映于"深层"不同主体的交际关系中（P—R；R→P）（参见图 6.2）；
（4）"会话连贯"直接受控于 CA，表现为三种"主体语境"要素（言前语境、言内语境、言后语境）对于 P 和 R 之间"话语成分"（话题、过程、事件）的生成、理解和转换过程中的限定作用。

同样，"篇章衔接"和"篇章连贯"在话语主体关注范围、主体关系和可及机制上的差别与此相仿（前者呈现于同一 P 之内，不受语境因素制约；后者发生于 P 和 R 之间，受制于主体语境），只是篇章层面的 P 一般为常量，而 R 通常为变量，且两者在篇章生成和理解的过程中角色不可更迭，其基本分析单位系"话语"而非"话轮"。

在此基础上，结合图 6.2，我们可将 SA 模式下的"会话连贯"机制的总体特征梳理为以下两个方面。

（1）参与会话交际的每个主体（占据会话首个话轮的 P 除外）均经历了 IA 和 FA 两个认知阶段。从会话的第二个话轮开始，每一个主体的 FA 均与其对象主体的 IA 发生重叠，以此推动会话交际整体的推进式 SA 连贯。

（2）会话交际每一个话轮中的"话语义"均由下一个话轮主体的 IA 来限定，而其"交际义"均为下一个话轮主体的 FA（存在于当前话轮主体的下一个话轮）所确定。也就是说，某个主体的话语交际义在理论上需要连续经历两个话轮（话轮主体不同）之后方可确认。简言之，原则上至少由三个话轮确定首个话轮的交际意图，以此实现会话交际局部的互动式 SA 连贯。

6.3.3 话语连贯与交际连贯

由于话语主体在口语交际中均以显性的个体出现，所以 IA 和 FA 对于交际双方而言是对等存在的。相比之下，书面文本中的 P 往往是隐性的，因而 IA 相对于 FA 来说更易于为 R 所把握。如前所述，"连贯"是 IA 和 FA 共同作用的结果，而"衔接"在 IA 阶段即可实现，故针对连贯的 SA 分析在会话交际中显得更为直观和完整，但这并不代表书面语篇不具备 SA 连贯机制，只不过后者可以融入前者的研究体系之中，且两者在某些分析环节上略有差异。

既然"连贯"源于 IA 和 FA，那么这两种 SA 机制对于连贯的作用有何不同呢？本书认为，两者虽然均由"话语"和"语境"共同构建，但区别在于以下方面。

（1）"话语连贯"存在于 IA 阶段（"话语衔接"也现于此阶段，但两者有所不同，参见上节）；"交际连贯"始于 IA 阶段，归于 FA 阶段。

（2）"话语连贯"适用于"P—R"交际模式分析；"交际连贯"贯穿于"P—R—P"交际模式研究。

（3）"话语连贯"通常能够反映话语交际的局域；"交际连贯"一般可以展现话语交际的整体。

（4）"话语连贯"的发起者是 P，但实际控制者是 R（P→R）；"交际连贯"的发起者和实际控制者均为 P，R 只是介入者（R→P）（"→"表示主体可及方向）。

（5）"话语连贯"研究旨在分析 R 以何种主体语境（言前语境、言内语境或言后语境）解读 P 的何种话语成分（话题、过程或事件），或者说 P 以何种话语成分使其与 R 的主体语境发生可及；"交际连贯"研究意在展现 R 通过何种主体语境（言前语境、言内语境和/或言后语境）把握 P 的言后语境（交际意图）。

此外，在书面语交际中，促成连贯的话语成分（话题、过程或事件）直接体现为相应的话语表达形式；在会话交际中，促成连贯的话语成分还可以先表现为相应的交际行为（言语功能），再由具体的话语形式予以输出。

由此可见，"话语连贯"上承 IA，下启 FA，介于"话语衔接"和"交际连贯"之间，是两者进行话语主体构建的连接通道。

6.4　主体语境构建与 CA 连贯分析

人们需要通过交互性的主观协调以某种话语方式共同认知事物（O'Driscoll 2013：172）。话语和语境之间的互动是实现话语主体交互认知的根本途径（Verhagen 1995；Tracy et al. 2015）。据此，SA 话语分析体系中的 IA 和 FA 两个阶段分别终结于"话语层"和"语境层"这两个本体层面。我们在上一章专门针对"话语层"的 DA 衔接方式进行了系统研究，本节主要讨论"语境层"的 CA 模式及其与 DA 的协同问题，进而构建由此引发的"主体性"连贯机制。

依托 SA 框架的话语研究在语境层面上的相关分析须具备以下三个限定条件：

（1）话语主体（P 和 R）；
（2）话语成分（话题、过程、事件）；
（3）主体的话语融入机制。

在这三种因素的共同制约下，与其说是语境构建了话语，不如说是主体和话语造就了语境，我们称之为"主体语境"（subject context）。

6.4.1　语境研究的现状与不足

"语境"这一概念所涉范围甚广，总体上分为"话语内"和"话语外"两大语境范畴，前者即俗称的"上下文"，而后者则涵盖多个理论体系，目前主要包括"社会"和"认知"两类语境研究模式。

（1）社会语境

通常而言，社会语境主要指影响和控制话语使用方式的"群体性"约束条件，并已在特定的社会文化背景下成为规范性的原则或准则。社会语境一般由下述两种语境构成。

（i）文化语境

主要指话语使用的宏观背景，用来限定"话语义"的选取视角和发展路径，主要包括（但不限于）以下几种类型（Halliday 1978）：
（a）文化习俗；
（b）文化常识；
（c）社会规范；
（d）社会结构；
（e）社会阶层；
（f）生活习惯；
（g）道德准则。

（ii）情景语境

主要指话语交际的现时场景，用以保证"交际义"的适切性和有效性，主要包括（但不限于）以下几种模式。

（a）分类模式一（Firth 1950）

话语参与者：参与者的地位和作用。

话语参与者行为：语言或非语言活动。

话语交际情景特征：与交际有关的事物或事件。

（b）分类模式二（SPEAKING 模式）（Hymes 1974）

背景和场合（Setting and scene）：言语行为发生的物理环境和心理文化情景。

话语参与者（Participants）：P 和 R。

交际目的（Ends）：言语行为的目标和结果。

行为序列（Act sequence）：实施言语行为过程中事件的发生顺序。

格调（Key）：言语行为的风格（正式或非正式等）。

交际工具（Instrumentalities）：话语媒介（书面语或口语等）。

交际规范（Norms）：言语行为的社会规约。

语类（Genre）：言语行为的具体类型。

（c）分类模式三（Halliday 1978）

话语范围：话语交际的内容。

话语基调：交际双方的关系和地位。

话语方式：话语交际的渠道和媒介。

（2）认知语境

一般来讲，认知语境主要指制约话语使用方式的"个体性"约束条件，并可在交际者之间达成即时的、动态的"互识"或"互信"。认知语境研究通常包含以下两种视角。

（i）认知语用学视角（关联理论）（Sperber & Wilson 1986/1995）

将语境界定为一种"心理构体"，是 R 对于世界的众多"假设"中的一部分，这些"假设"制约了 R 对于 P 话语的理解。认知语境源于 R 拥有的以下三种"概念性"知识信息。

（a）逻辑知识：确定具有一定联系的概念以及这些概念之间的具体联系方式及其形式化的演绎规则。

（b）百科知识：关于相关联的特定概念的一般属性的知识。

（c）词汇信息：表达相关概念的词汇的音位、句法和语义信息。

（ii）认知语言学视角

基于"体验哲学"，语境在认知语言学研究体系中被阐释为人们对于自身经历和体验的事物和事件所产生的特定心理表征、认知模式或者思维定式，主要表现为以下几种"自上而下"层层体现或者"由下而上"层层组合的认知语境构型：

（a）意识形态（ideology）；

（b）ICM；

（c）（意象）图式（schema）；

（d）（心理）框架（frame）；

（e）（认知）脚本（script）。

尽管可谓"多点开花"，但目前的语境分析理论却丰富有余而实效不足，主要存在以下三个方面的问题。

6.4.1.1 语境研究过于泛化

当前，语境研究体系总体上讲较为宽泛，似乎除语言本体之外的所有要素都可充当语境。即使确是如此，但现有的语境理论大多缺乏明确的语境分类标准，致使各理论框架下的语境类型的堆砌感和宽泛感比较明显。例如，关于"文化语境"的具体构成要素学界众说纷纭，至今未能达成共识，仍处于一种笼统模糊的状态。

我们注意到，不少学者将各种语境要素并置起来予以阐述，却并未厘清它们之间的关系。例如，上文提及的 SPEAKING 模式（Hymes 1974）对于 8 种情景语境的划分依据及关联性均未给出充分的解释，只因它们的首字母刚好合成 SPEAKING 一词，难免有些牵强附会。

不仅如此，一些语境类型在概念或表述上有彼此重叠之嫌。例如，弗斯（Firth 1950）提出的"参与者活动"和"交际情景"在某种意义上是相互兼容的；海姆斯（Hymes 1974）的"格调"和"交际工具"均可视为韩礼德（Halliday 1978）

提出的"话语方式"的组成要素，而"背景和场合"同"交际规范"可一并归入"文化语境"范畴；认知语言学的"图式""框架""脚本"等语境概念在实际分析中差异也并不十分明显。值得一提的是，韩礼德（Halliday 1978）试图将之前的情景语境类型加以整合简化并收获了一定的效果，这一点是非常可取的，也是语境研究的大势所趋，但其对于文化语境的梳理并不尽如人意，依然显得较为模糊笼统。

更为重要的是，现有研究中，社会语境和认知语境在"群体性"和"个体性"、"外在性"与"内在性"等环节也未做明确区分，导致在做语境分析时两者的界限似乎并不明朗，甚至有时还可以相互转化。社会语境的约束力也可表现在个体的心理现实之中，并随不同个体的认知体验过程而发生变化（如"交际目的""行为序列"等），而个体的认知语境亦可带有普遍性、一致性和社会性特征（如"意识形态""ICM""百科知识"等）。只不过前者对于话语交际的制约作用相对稳定，后者则更为灵活一些。

6.4.1.2 语境分析未能充分主体化

虽然上述列举的各种语境理论都直接或者间接涉及话语主体（参与者）因素，但是大多在实际话语分析中并未完全突显"交际主体"的制约和参与作用，主要表现在以下三个环节。

其一，仅从语境的视角观察主体的言语活动，而未从参与主体出发限定和剖析话语交际实际激活的语境要素。一方面，这是导致语境研究"泛化"的重要原因之一；另一方面，话语分析的主体也由此从"交际主体"偏离至"分析主体"，在一定程度上由话语分析者分担了交际参与者的角色。这似乎是话语交际定性研究难以避免的通病，定量分析或实证研究或许能够对之稍加改进，但还是难以排除受试对象的主观性因素的影响。

其二，主体在语境分析中的核心地位和主控作用未能完全彰显。下面以目前影响力最大的情景语境三分法（Halliday 1978）以及认知语境三分法（Sperber & Wilson 1986/1995）为例。

韩礼德（Halliday 1978）将"话语范围""话语基调""话语方式"并置起来，并分别体现为"概念""人际""语篇"这三类纯理功能。然而，在依托口语文本的会话分析中，话语基调对于话语交际的实际控制力更为突出，人际功能对于话语表达的限定作用相对于另外两种功能而言也更加明显。试比较：

例（4）A: I'm just wondering if you can lend me your book.

　　　　B: That's OK. But remember you need to return it next weekend.

例（5）A: Your book?

B: Take it.

以上两组会话的话语范围均为"求取—提供物品"（借书请求得到应允），话语方式均系"口头"媒介，唯一变量在于话语基调：例（4）通常发生在陌生的或地位不平等的主体之间，而例（5）一般存在于熟悉的或地位相等的主体之间。

显然，正是话语基调上的差别促使上述两例中 A 和 B 各自小句的"语气结构"（mood）和"剩余成分"（residue）也有所不同。同时，从礼貌原则的角度讲，例（4）的"面子威胁行为"（face-threatening act）要弱于例（5），这是由交际主体之间的"社会距离"（social distance）与"相对权势"（relative power）等因素造成的（Brown & Levinson 1978）。显然，例（4）中 A 和 B 的上述两个参数值级均比例（5）要高一些。由此可见，对于会话交际分析来讲，主体因素在情景语境中所占比重应大于其他语境成分，也就是说，情景语境有时应被视为一种"主体语境"，其内部各要素往往须围绕话语主体之间的关系特征来控制相关话语的生成和理解以及话语间的连贯性，它们之间未必总是单纯的并列关系。

斯波伯和威尔逊（Sperber & Wilson 1986/1995）提出认知语境的初衷在于保证 P 的话语能够产生"最优关联"（optimal relevance），也就是 R 借助最小"处理努力"（processing effort）获取 P 的话语所能提供的最大"语境效果"（contextual effect），以此强调认知语境所含的各种相关知识和信息的"选择性"和"匹配性"。例如，B 在向 A 询问时间时，可能会得到以下两种回答方式：

例（6）A:
a. It is eight o'clock.
b. The football match will start right away.

显然，对于 B 而言，例（6a）的关联性明显高于例（6b），因为后者需要 B 启用更多的认知语境假设（逻辑、百科、词汇等信息）以便建立起"球赛开始"和"现场时间"之间的联系，也就是说，例（6b）不像例（6a）那般将 A 和 B 共有的认知语境"现场时间"直接匹配起来，而是增加了 B 的认知推理步骤，使之从多个认知语境中选定与 A 的认知语境最有可能匹配的信息，这便降低了例（6b）的话语义自身的语境效果。

关联理论的上述思想对于后来的"顺应论"（Adaptation Theory）（Verschueren 2000）以及本书的 SA 话语研究模式均有一定的启发意义。然而，认知语境在依托关联理论的语用分析中更多聚焦在 P 的话语上，并未对 R 的话语给予同等关注。试比较：

例（7）A：听说小兰结婚了。

B：你听谁说的？

例（8）A：听说小兰结婚了。
B：她什么时候结婚了？

例（9）A：听说小兰结婚了。
B：她这么快就结婚了？

例（10）A：听说小兰结婚了。
B：她和谁结婚了？

例（11）A：听说小兰结婚了。
B：婚礼办得怎么样？

在以上五组对话中，A 的认知语境为 B 提供的相关信息是一致的，也就是这五组会话中 A 的话语关联性对 B 来讲也应是相同的，甚至可以说五组对话具有同等的关联效应。然而，从各组 B 的话语回应来看，事实却并非如此：B 在例（7）—例（11）中分别强调了 A 的认知语境的不同侧面，即"婚讯来源""结婚时间""结婚速度""结婚对象""结婚方式"，从而将 B 对于"小兰结婚"这一事件从"不确定"到"基本确定"再到"完全确定"层层深入地演绎出来。由此可见，B 对于 A 的认知语境完整性的把握程度是不同的，换言之，B 对于 A 的"可及性"是有区别的。我们认为，B 的可及性决定了 A 的话语关联性的大小，也决定了 A 和 B 之间话语连贯性的强弱，故例（7）的连贯性最低，例（11）的连贯性最高。据此，认知语境在会话交际关联性研究中的作用同现于交际双方的话语之中，是由 P 和 R 共建起来的。

值得注意的是，例（7）—例（11）也暴露出关联理论对话语主体的潜在交际意图关注不够这一弱点。由上例可知，B 之所以对 A 的同一话语表达的关注重点不尽相同，其中除了认知语境的可及性差异这一因素之外，还可能是因为 B 在回应 A 的话语时存在不同的交际动机（如"明知故问"等）。同样，在 B 看来，A 的话语也会展现出多种潜在的交际目的。下文还会对此做进一步探讨。

其三，大多数语境分析仅停留在"表层主体"关系层面，未对构建"深层主体"关系所依赖的语境因素展开更为深入的探讨。也就是说，现有研究（尤其是"文化语境"和"情景语境"）更多倾向于以"结果"为导向的语境分析，注重语境对话语主体的"整体性"制约作用，却很少反向关注主体在话语交际"过程"中对语境进行的"局部性"改造或转换。试比较：

例（12）A：你觉得小李这个人怎么样？
B：感觉他人挺好的。

　　　　A：确实不错。
　　　　B：可不是嘛。

例（13）A：你觉得小李这个人怎么样？
　　　　B：感觉他人挺好的。
　　　　A：这人其实挺小气的。
　　　　B：别说还真有点儿。

例（14）A：你觉得小李这个人怎么样？
　　　　B：感觉他人挺好的。
　　　　A：这人其实挺小气的。
　　　　B：我觉得还可以啊。

　　如果采用韩礼德（Halliday 1978）的情景语境模式分析上述三组对话，那么它们在"话语范围"（评价小李）、"话语基调"（朋友关系）和"话语方式"（口头闲聊）这三个环节上完全吻合，因而二者归于相同的语域。然而，这只是从宏观的视角对 A 和 B 的交际背景施以静态的框定，而对于 A 和 B 在这三段会话中的实际交流过程而言意义并不大，更无法展现主体语境在其中的微妙变化。不难发现，例（12）—例（14）中的 A 和 B 对于"小李为人"的认知先后呈现出"互为认同""互为参照""互为排斥"三种关系，主体间的可及性逐渐降低，所以三组会话的连贯性也随之减弱。由此可见，话语主体的认知语境往往会因交际活动的不断深入而发生改变，话语连贯程度也会因此受到影响。斯波伯和威尔逊（Sperber & Wilson 1986/1995）曾提出"新旧信息的结合产生新的语境意义"、"新信息加强已知信息"以及"新信息排除已知信息"这三种认知语境的变换途径，对于话语交际的认知研究起到了重要的指引性作用。我们由此可以得出以下推论。

　　（1）"社会语境"和"认知语境"在话语分析中的作用分别侧重于对话语交际的"整体性"框定和"局部性"推进。

　　（2）"社会语境"和"认知语境"分别影响或制约话语交际活动的"静态结果"和"动态过程"。

　　（3）"社会语境"有时是由话语本体预设或话语分析者给定的；"认知语境"大多是由话语主体自行选定的。

　　（4）对于受制于话语主体的连贯研究而言，"认知语境"所发挥的作用往往要比"社会语境"更为突出。

　　（5）在话语交际过程中，交际主体之间可以"互为"语境，这也是"主体语境"研究的重要环节之一。

6.4.1.3 语境和话语的融合度不够

语境和话语的密切联系似乎毋庸置疑，然而上文探讨的"语境体系泛化"以及"语境未充分主体化"这两个弊端却造成话语和语境的关系在一些话语分析实践中显得"貌合神离"：前者导致笼统庞杂的语境世界无法同层次分明的语言逻辑对应起来；后者使得"研究者假定语境"和"话语主体语境"并不同步一致。

语境曾被比作"废纸篓"（waste paper basket）（Verschueren 2000），以此喻指语境分析往往与话语研究相脱节。很多研究者在话语分析受阻时，并未试图寻求话语本体解决方案，而是一味求助于外部语境因素，将其硬套在所分析的语言现象上来化解相关难题。如此，语境在某些时候成为话语分析的附属品，其自成一个体系，任由研究者从有利于语言分析的角度加以选用，否则便将其束之高阁。我们认为，语境与话语的偏离具体表现为以下两种情形。

首先，言外语境与言内语境结合得不够紧密，过于强调言外因素而淡化了上下文对言外语境的引导与制约作用。例如：

例（15）A：你看到"眼镜"没有？
　　　　B：你不正戴着的么？
　　　　A：我是说咱班的那个"眼镜"。
　　　　B：坐在第一排的就是啊。
　　　　A：我是在找那个女生，不是那个"眼镜男"。
　　　　B：我还真没瞧见她。

（电视连续剧《十八岁的天空》）

在例（15）中，B 对于"眼镜"的理解经历了从"A 戴的眼镜"到"戴眼镜的某男生"再到"戴眼镜的某女生"的转变过程，这一转变本质上是在 A 的话语所充当的言内语境（此例仅有"上文"）的指引和限定下，促使 B 对于"眼镜"一词所激发的认知语境（百科知识和逻辑知识）随着 A 的话语表达不断做出调整的结果。如果仅从文化语境和情景语境来分析例（15），我们只能判定 A、B 两人的总体会话框架。

（1）文化语境：A 话语中的"眼镜"可以是由镜片和镜架组合起来的，用来改善视力、保护眼睛或作装饰用途的用品，也可以指代佩戴眼镜的人。B 可以采取上述任意一种理解方式。

（2）情景语境：A 和 B 以同班同学的身份（话语基调）在谈论（话语方式）班上自己的某位同学（话语范围）。

这样一来，B 由"眼镜"到"戴眼镜的人"这一认知迁移就同 A 的话语无甚关联了，也就是 B 理论上完全可以凭借自身对于"眼镜"的字面义和转喻义的相关知识储备自行做出推理，则 A 在该对话中的引导作用相当于可有可无，若如此，A 和 B 的言语行为的"交际性"本质也就无从谈起了。这再次说明，社会语境分析往往缺乏"实时性"和"动态性"，难以全面解析交际主体心理和认知变化情况及动因。从话语分析过程来看，"社会语境"归属于话语研究者，"认知语境"贴近于话语交际者，后者更具语用分析价值。

其次，语境分析与话语形式的协同关联研究并不多见，没有充分挖掘主体认知与言语表达在交际过程中的潜在联系。试比较：

例（16）A：刚才有人找你。
　　　　B：谁啊？
　　　　A：小王。

例（17）A：刚才有人找你。
　　　　B：谁啊？
　　　　A：昨天和你吃过饭。

例（18）A：刚才有人找你。
　　　　B：谁啊？
　　　　A：你昨天见过他。

在以上三组对话中，A 对于 B 的疑问分别采用了"名词"（小王）、"动词（短语）"（和你吃过饭）和"小句"（你见过他）这三种不同的话语形式单位予以应答。根据句法层面的"数量象似性"（quantitative iconicity）原则，语言形式的复杂性通常与其表达的概念的复杂程度成正比，故例（16）—例（18）中 A 的次话轮对于 B 的认知可及性和话语连贯性逐渐降低，B 也因而需要依次调用愈加复杂的概念和逻辑信息（认知语境）才能确定 A 的具体所指。这表明，各个层次的语言单位和语境之间确有对应的关系存在，两者对主体认知和话语交际产生的影响在一定程度上是相通的。

值得注意的是，目前针对话语交际的主流语用研究往往聚焦于不同层级的语言单位，形式单位均衡分布的情形相对少见，主要列举如下。

（1）指示语研究：指示性名词和动词。
（2）言语行为理论：施为性动词。
（3）合作原则：小句（功能）。
（4）新格莱斯主义：动词、连词、量词（等级性谓词）。
（5）礼貌原则：名词和小句（形式）。

（6）语用预设：名词和动词（功能）。
（7）会话分析：小句（功能）。
（8）关联理论：名词和小句（形式）。

我们不妨也打一个比喻：其实语境和话语的关系有时就如同父母和子女一般，某些家长在教育子女的过程中只扮演了"旁观者"的角色，仅在孩子犯错时才出来强行纠正，而没有主动发挥"参与者"的作用，即经常监督孩子以避免其总是犯错。据此，我们也有必要重新审视语境和话语之间的关系逻辑：语境应该仅作为话语使用的旁观者，还是应全程参与或完全融入话语交际的过程中？

下节将采取后一种视角，突显语境的"主体化"本质，尝试将"社会语境"和"认知语境"进一步整合提炼为"主体语境"，并借助"主体语境"框架将语境和话语融入同一分析层面，进而构建话语研究的 CA 模式。

6.4.2 主体语境的基本构成及运作机制

依照前文论述，"主体语境"本质上归属认知语境范畴，它受制于 P 和 R 的认知状态、解读视角及选择方式，既是 P 和 R 在话语交际中实施互动的连接通道，又是 P 和 R 各自所用的话语成分的认知理据。主体语境作为联系主体和话语的纽带，贯穿于话语交际活动的全过程。

根据话语交际的发展流程，"主体语境"可以分为"言前语境""言内语境""言后语境"三个部分，均受制于话语主体的认知机制。本节从这三类语境的基本含义、构成要素、核心特征、界定标准和主要作用等环节分别予以阐述，并探讨主体语境和话语成分（话题、过程、事件）的关系。

6.4.2.1 言前语境与话题成分

对于"言前"的字面理解一般为"话语主体在取得话语权、占有话轮或者发话之前"，而"言前语境"作为"主体语境"生成的开端，在此基础上还特指话语主体在确认"话题"成分之前的心智状态及认知形态，其来源主要为以下三个要素。

（1）话语交际环境（主体感知）

通常指 P 和 R 双方共处的物理环境（如人物、事物、场景等）及其他客观因素（如背景、现状、形势、氛围、时间等）。

（2）群体思维模式（主体认知）

一般指话语主体所在的社会文化环境下的思维方式、文化观念、道德标准或行为准则等，通常对 P 和 R 双方均有一定的约束力。

（3）个体认知状态（主体认知）

主要指话语主体自身的(初始)话语意图(另见下文 6.4.2.3 小节的相关论述)、个人理解、性格特征、情感倾向、习惯偏好、心理状态、知识储备、记忆水平、注意力等，通常仅对 P 或 R 一方具有一定的约束力。

其中，话语交际环境和群体思维模式分别代表"社会语境"的"外在客观"与"内在主观"要素，且两者均具备"群体性"（社会性）特征，虽不为话语主体单独所有，但可为其独立感知（话语交际环境）或者认知（群体思维模式）。相比之下，尽管个体认知状态也具备"内在主观性"，但其反映了话语主体的"个体性"特征，完全为其单独所有，故将其归属"认知语境"。由此，上节提及的社会语境和认知语境界限模糊的问题便得以解决。

然而，上述三类语境要素并非"言前语境"本身，它们只是构成"言前语境"的三种"潜势"（potentials），而真正意义上的"言前语境"是话语主体从上述三个要素中进行"选择"与"组合"的结果，最终将与话语交际相关的语境要素择取出来，同时过滤掉那些与当前交际行为无关的语境成分（图 6.3）。

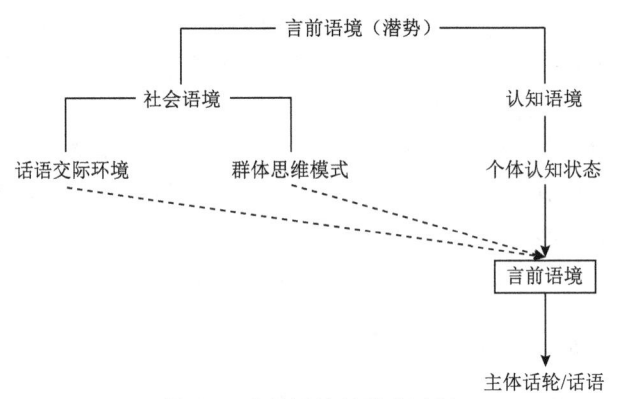

图 6.3　言前语境的形成过程

图 6.3 再次明确了言前语境的"认知"属性（见方框部分）。其中，"个体认知状态"因包含了主体的话语意图，故其为构成言前语境的"必选成分"（见实线箭头），可直接转化为同属认知语境的言前语境。相比之下，"话语交际环境"与"群体思维模式"系生成言前语境的"可选成分"（见虚线箭头），它们一般不会直接成为言前语境，往往要借助"个体认知状态"的融合、参与及中转才能实现转化。由此，三者可以通过以下四种"选择"与"组合"的主体化方式，产生 A、B、C、D 四类言前语境类型。

(1) A 类言前语境=个体认知状态；
(2) B 类言前语境=话语交际环境+个体认知状态；
(3) C 类言前语境=群体思维模式+个体认知状态；
(4) D 类言前语境=话语交际环境+群体思维模式+个体认知状态。

不难发现，上述四种言前语境需要话语主体付出的认知处理努力依次增加（注：由于"话语交际环境"和"群体思维模式"分别代表主体的感知和认知阶段，所以前者一般会先于后者为主体所察觉）。

此外，言前语境在会话交际中既可以非语言或伴语言（如表情、手势等肢体语言）的方式展现，亦可由具体的话语表达形式体现。下面我们以后一种情况为例，试比较：

例（19）A：
a. 咱们来评评理：这种事你也做得出来？
b. 咱们当着大家的面来评评理：这种事你也做得出来？
c. 咱们拿员工守则来评评理：这种事你也做得出来？
d. 咱们当着大家的面，拿员工守则来评评理：这种事你也做得出来？

例（19）中 a、b、c、d 话轮分别对应了上文 A、B、C、D 四类言前语境，揭示了 A 在发话之前可能面对的交际场景（周围的其他同事）、依据的行为准则（单位的规章制度）以及流露的个人情绪（对方的不当行为）等各种语境潜势，并从中择取一种或几种用以生成话语。

需要说明的是，言语与非言语手段在表现言前语境时亦可结合使用，例如"个体认知状态"虽为言前语境的必选成分，但未必总是以显性的话语形式体现，它既可通过"身势语"隐性表达，也可借助"话语交际环境"或"群体思维模式"所产生的间接言语行为或会话含义隐性表达。试比较：

例（20）A：（一边指着正在自习的同学们，一边严肃地看着 B）
B：我一定好好学习。

例（21）A：你看大家都在认真学习。
B：我一定好好学习。

例（22）A：学生的天职就是认真学习。
B：我一定好好学习。

A 在以上三组会话中的"个体认知状态"均为"督促 B 认真学习"并"表达对 B 的不满"，本来可以通过"你为什么不好好学习？"或诸如此类的话语形式直接表达出来，但例（20）和例（21）中 A 的"个体认知状态"分别以非言语手段和言语手段通过"话语交际环境"间接体现，而例（22）则由"群体思维模式"自带的会话含义这一途径展现了 A 的交际意图。

此外，三种言前语境潜势的组合并无严格的先后顺序，例如 D 类言前语境也可以组合为"群体思维模式→话语交际环境→个体认知状态"或者"个体认知状态→话语交际环境→群体思维模式"这两种模式。

总的来说，由于"言前语境潜势"的覆盖面颇为广泛且在话语交际前便已然形成，话语主体对其进行选择与组合时的自由度和任意性相对较高，因此"言前语境"的生成过程一般不需要耗费话语主体太多的认知处理努力。

值得一提的是，"顺应论"语用分析框架（Verschueren 2000：76）把制约话语交际的语境因素分为"物理世界"（physical world）、"社会世界"（social world）和"心理世界"（mental world）三种类型，同时也强调 P 和 R 的话语生成和理解是一种针对语境的"选择"（choices）过程。尽管如此，"顺应论"依旧将这三种语境成分并置起来，而未理顺它们之间的系统关系，而且重在阐释语境的"选择"特性而忽略其"组合"机制，故其"主体化"和"过程化"程度仍然较为有限。

此外，姜望琪（2014：300）认为语境分析应引入"情感因素"，在一定程度上扩展了语用推理模式并强调了语用研究的"主体性"特征，但该模式主张把主体的"个人情感"划为情景语境而非认知语境，仅聚焦于 R 的理解过程而忽略了 P 的生成过程，这一点值得商榷。同时，情感分析模式将会话的"时间""地点""事件"等"客观"情景语境与"参与者"（主体）这一"主观"情景语境对立起来，相当于将前三者排除在话语主体之外，因此其语境分析的"主体化"程度依旧打了折扣。

值得注意的是，这里的"言前"不等同于"言外"，即言前语境并非完全不受主体话语形式的影响。对于 P_1 而言（此处 P_1 专指"话语交际的第一发起者"），其首个话轮的言前语境通常确与"言外语境"基本相当，因为此时 P_1 和 R 的言语行为均未发生。然而，如果这一言前语境是经由 P_1 假定 R 可能存在的言前语境（即"我若对他说了此番话之后，他会怎么想？"）或者做出的话语回应（即"我若对他说了此番话之后，他会怎么说？"）所引发的，那么此刻 P_1 首个话轮的言前语境就相当于受到了 R 的"潜在"语境成分或者话语形式的制约。

在此之后，每当 P 发话时（此处 P 通指"话语交际中的实际发话者"，由交际双方轮流担当），P 的话语均可直接从 R 的"言前语境潜势"中激活相应的语境成分，以便形成 R 的言前语境，因为此时 R 均未发话。同样，R 在成为下一个 P 之前也可以做出与上一段类似的语境或话语假设，并以此激发自己的言前语境。当然，R 理论上也可如 P_1 那样完全无视 P 的话语而自行生成言前语境，但是这种可能性在实际交际过程中相对较低，否则 P 和 R 之间的话语互动便失去了意义。

据此，相对于传统意义上的"言外语境"，"言前语境"的区别性特征可以归纳为以下几点：

（1）言前语境源于言外语境；

（2）言前语境对于话语本体的依赖程度高于言外语境；

（3）言前语境原则上既可由经过主体处理后的言外语境直接激活，也可由其对象主体上一话轮中的话语本体激活（P_1的首个话轮除外），还可由该主体"假设"的对象主体的言前语境或其下一话轮中的话语本体激活；

（4）综合前三项，相对于言外语境，言前语境是话语交际"主体化"和"本体化"高度统一的主体语境形态。

由此可见，某一主体的"言前语境"一般产生于其对象主体的上一话轮开始之时到该主体下一话轮的话题确立之前的这一阶段（P_1的首个话轮除外）。这样，"言前语境"的主要作用就在于发起新话题或者锁定主体下一话轮的话题。从前例可知，在这一过程中，话语主体的个人主观判断往往起到关键作用。

在通常情况下，上述所列的几种言前语境激活方式（P_1的首个话轮除外）所发挥的话语作用力及话题制约力由大到小依次排列为：

（对象主体）话语本体＞（主体言外）语境成分＞（对象主体）语境假设＞（对象主体）话语假设。

另外，言前语境对于话语交际的实际作用还会受到主体间言前语境"契合度"的影响，也就是交际主体在发话时是否已将对方的全部或部分言前语境纳入自己的言前语境中。试比较：

例（23）A：我知道你和老李的关系不好，老李批评你是不对的。
B：他就不该责怪我。

例（24）A：你和老李的关系怎样我不知道，老李批评你是不对的。
B：他就不该责怪我。

例（25）A：我知道你和老李的关系不好，但老李批评你是对的。
B：他就不该责怪我。

例（26）A：你和老李的关系怎样我不知道，但老李批评你是对的。
B：他就不该责怪我。

在上述四组对话中，A的四个话语形式均体现了其"B类言前语境"（话语交际环境+个体认知状态），结合B的应答，四组会话的区别在于：例（23）中A

和 B 的"话语交际环境"及"个体认知状态"均一致,两人的言前语境完全契合;例(24)中 A 和 B 的"话语交际环境"不一致,但"个体认知状态"相同,两人的言前语境部分重合;例(25)中 A 和 B 的"话语交际环境"相同,但"个体认知状态"不一致,两者的言前语境同样部分重合;例(26)中 A 和 B 的"话语交际环境"与"个体认知状态"都不一致,两者的言前语境完全不契合。

显然,这四组会话的连贯性依次降低,这表明交际双方言前语境的契合度与话语交际的连贯程度成正比(第 8 章还会专门探讨主体语境和交际连贯的关系问题)。值得注意的是,虽同为"部分契合",但例(24)的连贯性明显大于例(25),原因是前者的交际双方"个体认知状态"相一致,从而进一步证明了"个人认知状态"在言前语境体系中不可或缺的核心地位及关键作用。

6.4.2.2 言内语境与过程成分

一般认为,"言内语境"就是"上下文"的别称,其位于话语中某一语言成分的前后,用来确定该语言成分确切的"话语义"。然而,目前关于"上下文"的研究仍然不够系统深入,主要存在以下三个问题。

第一,"上文"和"下文"各自所涉范围过于宽泛,缺乏明确的界定。尽管从理论上讲,两者似乎无须设定边界,但主体对于话语成分意义的识别精度及其认知处理程度确实会受到该话语成分在文中所指范围的影响,这一点不容忽视。

第二,"上文"及"下文"在制约主体对话语认知处理方面有何差别,目前未有深入探讨。由于主体在生成和理解话语时的认知处理顺序通常均为先"上文"后"下文",故两者相对于主体认知的贴近程度肯定存在差异,其实际发挥的作用也会因此有所不同,不可一概而论。

第三,话语主体在根据"上下文"锁定话语成分确切所指的过程中具体展现出怎样的认知路径,以及 P 和 R 在话语交际中各自利用"上下文"的具体方式有何不同,针对这些问题的讨论仍显得十分模糊。也就是说,"上下文"研究尚未充分"主体化"。

我们认为,主体语境框架下的"言内语境"和传统意义的"上下文"并不是同一概念。"言内语境"在此专指话语主体对于已经确认的话题进一步修饰、描写、阐释或延伸所使用的话语成分。

如上节所述,"言前语境"的基本功能是确立新话题,这就意味着"言内语境"的生效范围始于某一话题形成之后,止于下一话题生成之前,也就是介于两个话题之间,其作用是对前述话题进行补充说明。试比较:

例(27)a. Her uncle <u>is a photographer</u>. He <u>is very handsome</u>. <u>Last week I met him</u>.

b. Her uncle <u>is a photographer</u>. He <u>is very handsome</u>. <u>Last week I met</u> him. Her grandfather <u>is a chef</u>.

不难发现，例（27a）只有一个话题 Her uncle，并在该语段中形成了 Her uncle—He—him 这一衔接链，其周围的话语成分（见画线部分）均可视为该话题的言内语境，而例（27b）涉及 Her uncle 和 Her grandfather 两个话题，故由两者所引发的言内语境被这两个话题在文中分隔开来（见画线部分），换言之，Her grandfather 已然是新话题，不能再充当 Her uncle 的言内语境成分了。

在无标记条件下，言内语境更多由"过程"成分来体现。然而，"话题"或"事件"成分有时亦可发挥部分言内语境的作用，尽管并不多见。试比较：

例（28）a. Catherine <u>goes to the library every day</u>. She <u>loves poetry</u>.

b. Catherine <u>goes to the library every day</u>. <u>This girl loves poetry</u>.

c. Catherine <u>goes to the library every day</u>. <u>This "bookworm" loves poetry</u>.

d. Catherine <u>goes to the library every day</u>. <u>Her teacher told me that</u> she <u>loves poetry</u>.

e. Catherine <u>goes to the library every day</u>. Jack loves poetry.

显然，例（28a）—例（28d）各语段均围绕 Catherine 这一话题展开，而例（28e）中的第二个小句引入了新话题 Jack，故该小句已不属于 Catherine 的言内语境。关键在于，例（28a）中后句的 She 和前句的 Catherine 构成Ⅰ级话题类衔接（详见第 5 章 5.4 节），使得两者形成"同指"关系，且未产生任何新信息，故 She 不能作为 Catherine 的言内语境，而是与其同为由言前语境所确认的话题。

相比之下，例（28b）和例（28c）中的 girl 和 bookworm 与前面的 Catherine 分别构成Ⅱ级和Ⅲ级话题类衔接，故它们同 Catherine 均无法产生完全"同指"关系，而是对前述话题 Catherine 分别起到了"延伸"和"描绘"的作用。同样，例（28d）通过"Her teacher told me (that)"这一话语事件也对 Catherine 进行了背景延伸和添加说明。因此，例（28b）—例（28d）中的画线部分内容均系 Catherine 的言内语境要素，相当于赋予了 Catherine 新的信息。

值得注意的是，言内语境在文中有一定的位置限制，一般位于已确认话题首次出现的位置之后，而该话题在被确立之前的所有"前置"修饰成分成为话语主体的"个体认知状态"，也就是言前语境的一部分，如例（29）中的 A very pretty 只可归为话题 girl 的言前语境（言内语境如画线部分所示）。

例（29）A very pretty girl <u>came into the office</u>. She <u>asked for a new document</u>.

相对而言，例（28d）中的"Her teacher told me (that)"虽在话题 she 之前，但其仍现于同一话题 Catherine 的首次出现之后，故依然为言内语境。据此，言内语境在某种意义上更接近于"下文"，而非"上文"。

同时，例（27）—例（29）还揭示了"言内语境"和"上下文"在语法辖域上的细微差别：前者不受小句界限的制约，既可发生在句间，也可出现于句内，而后者在功能话语分析中一般多指句间语言成分（如在功能语法的语篇衔接研究中，"前照应"和"后照应"的对象通常与其"照应词"分属不同的小句）。

此外，尽管言内语境对于话语形式的依赖程度（即"本体化"程度）要远高于言前语境，但言内语境有时也可借助"身势语"等多种非言语手段获取，因为其本质上也是"主体化"的语境要素，在此不赘述。

我们认为，言前语境和言内语境的主要区别和联系可归纳为以下几点。

（1）言前语境用以展现"话题是什么"或者"下一个话题会是什么"，而言内语境用来说明"话题具备什么特征"，故后者在"话题"的限制程度上要高于前者。

（2）言前语境是"话语义"形成的必要条件，而言内语境是"话语义"推进的根本途径。

（3）言前语境向言内语境的过渡反映了主体由"点"到"线"的渐进式认知过程：前者是主体语境形成的第一阶段，后者是第二阶段，后者的获取通常比前者需要调用主体更大的认知努力（含话语分析力）。

（4）言前语境可以解读为"言内语境的语境"，故话语主体对于言前语境的选择自由度及任意程度均高于言内语境。

（5）从话语义推进的角度讲，在无标记状态下，言前语境和言内语境分别对应于话语的"已知信息"和"新信息"。

（6）某一话题形成之后的言内语境可以被同一主体转化为其下一话题产生之前的言前语境。

那么言内语境如何在 P 和 R 的话语互动过程中发挥作用？结合上述讨论，我们认为会话交际中的言内语境主要存在下述五种最具代表性的分布型式。

（类型 1）$\begin{cases} P：话题 A \\ R：话题 A'（言内语境） \end{cases}$

（类型 2）$\begin{cases} P：话题 A \\ R：过程 A（言内语境） \end{cases}$

（类型3） { P：话题A+过程A（言内语境）
           R：话题A'（言内语境） }

（类型4） { P：话题A+过程A（言内语境）
           R：过程A'（言内语境） }

（类型5） { P：话题A+过程A（言内语境）
           R：话题A'（言内语境）+过程A'（言内语境） }

以下依次为这五种类型所对应的简明示例（画线部分系言内语境所对应的话语成分）。

例（30）A：你看见<u>小明</u>了吗？
　　　　B：没见到<u>那个淘气包</u>。

例（31）A：<u>小明</u>怎么了？
　　　　B：他<u>感冒了</u>。

例（32）A：<u>小明</u><u>感冒了</u>。
　　　　B：是<u>那个淘气包</u>吗？

例（33）A：<u>小明</u><u>感冒了</u>。
　　　　B：他<u>生病了</u>？

例（34）A：<u>小明</u><u>感冒了</u>。
　　　　B：<u>那个淘气包</u><u>生病了</u>？

可见，在P引入"小明"这一话题之后，P和R对话的后续内容基本上均是由言内语境组织起来的。需要说明的是，上述列举的类型均为基于同一话题（小明）的话语交际，如果出现新话题（如话题B、C、D等），并不会改变言内语境组构会话或语段的基本原理。此外，由于话题A'充当了话题A的言内语境，所以两者之间须为"非Ⅰ级话题类DA衔接"，以此促成话题形式的更新，避免交际双方重复使用相同的话题表达方式。与此同时，过程A及过程A'虽然同为话题A的言内语境，但两者也应呈现"非Ⅰ级过程类DA衔接"，否则同样会影响主体在会话交际过程中的信息推进。

6.4.2.3 言后语境与事件成分

所谓"言后"，不能简单理解为"主体的话语结束之后"，而是指 P 在其话语中向 R 展示了"话题"和"过程"之后。此时，P 的话题和过程会被 R 组构为相关"事件"。这一阶段是生成主体语境的第三阶段，也是最终阶段，即为"言后语境"。在 P 的言后语境的作用下，其话语意图才有可能为 R 所识别，同时，P 也可以借助 R 提供的言后语境改变自己的话语意图。例如：

例（35）范（德彪）：听说玉……玉芬？
　　　　马（大帅）：玉芬咋了？
　　　　范：没……没了？啥时候的事儿啊？心梗啊？
　　　　马：别在那儿瞎扯！玉芬好好的。
　　　　　　　　　　　　　　　　（电视连续剧《马大帅》）

例（36）A：我今天下午去你家玩？
　　　　B：我爸今天休息。
　　　　A：那我还是在家写作业吧。
　　　　B：今天作业很多，得写一下午。

在例（35）中，由于剧中范德彪的首个话轮只有话题（玉芬）而缺少过程，所以马大帅一开始并未弄清其话语意图，在范德彪将过程（离世）补全之后，"玉芬离世"这一话语事件才得以完整呈现，并作为"言后语境"引导马大帅理解了范德彪的话语意图（询问"玉芬去世"这一事件的真实性）。

在例（36）中，B 通过首个话轮向 A 展示了"爸爸在家休息"这一事件，以此作为"言后语境"促使 A 将其话语意图由原先的"去 B 家玩"变为"在家写作业"，并由此引发了新话题（作业），同时也激活了 B 次话轮的"言前语境"，A 和 B 也随之进入下一个话语事件。例（36）表明，P 的话语意图可以分为以下两类。

（1）初始话语意图

通常指由 P 的"言前语境"（专指"个体认知状态"）激活的话语意图，在无标记条件下，主要体现为 P 话语中由"起始话题"构成的"事件"成分。

（2）修正话语意图

主要指由 R 的"言后语境"激活的话语意图，用以取代或改变 P 先前的话语意图，在无标记条件下，一般体现为 P 话语中除"起始事件"之外的其他"事件"成分。

上述分类的重要性在于区分了话语交际中的"话语意图"和"交际意图"。

具体而言，P的"初始"话语意图可能仅为其个人所有，对整个交际活动来说未必具有决定性意义，而经P根据R提供的"言后语境"予以"修正"（一次或多次）后的话语意图才有可能成为P和R共认的交际意图，故后者更具交际意义。值得注意的是，P的"初始话语意图"也有可能无须"修正"，换言之，我们也不排除P和R的上述两种话语意图有时亦可部分或者完全重合。在这种情况下，"话语意图"和"交际意图"就别无二致了。

由此可见，与言前语境和言内语境相比，"言后语境"往往需要调用话语主体（尤其是R）更多的认知资源及更大的处理努力，其主要功能是在主体之间构建一个或多个具备"共享性""主题性""框定性"功能的话语事件，而非仅仅充当交际双方相互显映各自话语事件的工具。我们将这两种话语事件分别称作"交际事件"和"主体事件"，两者可以同时作用于同一话语：前者可以浓缩为交际活动的中心主题；后者通常分布于话语交际的全过程。试比较：

例（37）I would describe life in terms of a journey. But we're walking through it. Sometimes we see clearly, and other times it's dark and hidden. And you can still walk and think through it. And walking through it, in walking through a darkness, you come to a fuller understanding. A sense of it. And sometimes tripping and falling. And yet still "come follow me" is what you have to remember.

（Goatly 1997: 88）

例（38）黎（叔）：黎叔不是吃"火轮"的。登车前已有交代，这趟车不打猎。那只羊是你的了。

王（薄）：你前脚探完营，他们后脚就来圈羊了。

黎：瞧这意思，我兄弟没圈着羊，倒让牧羊犬给咬了。

王：牧羊犬？不敢当。只是饿极的狼。谁和我抢食，我就和谁拼命。

（电影《天下无贼》）

如果R抛开例（37）的首个小句，仅凭后续语段中若干分散的话语事件，可能无法明确把握P的真实用意，因而余下的这些话语事件仅为P的"主体事件"，尚未同R形成共鸣或者产生交际关系。只有当它们被整合为首个小句中更为抽象的话语事件（Life is a journey）之时，所有"主体事件"之间的关联性方可体现出来，因为它们均与"Life is a journey"构成Ⅱ级事件类DA衔接关系，此时P的话语意图及交际目的便可清晰地展现给R，"交际事件"也由此形成，P和R的交际关系最终得以确立。

例（38）中的对话是围绕影片中"盗取傻根钱财"这一"交际事件"展开的。片中黎叔和王薄通过各种隐喻性"主体事件"不断向对方间接地展示上述交际意图并以此达成默契。与例（37）不同的是，该会话中的"交际事件"未以话语事件的形式显露出来，而是隐含在交际主体的"言后语境"之中。

在此基础上，言后语境控制下的"主体事件"和"交际事件"的主要区别与联系可以总结为以下几点。

（1）主体事件由 P 或 R 单方生成，而交际事件由 P 和 R 共同构建。后者对于话语交际的制约作用大于前者。

（2）主体事件一般出现于话语交际的局域，而交际事件通常覆盖了话语交际的整体。前者通常是显性的，后者可以是隐性的。

（3）主体事件通常被界定为从交际一方的某一话题（含）生成之后到下一话题（不含）引入之前的过程，而交际事件则没有严格的既定界限，主要取决于交际双方言后语境的融合性与默契度。

（4）交际事件可由交际双方或者一方的若干主体事件组构而成，也可由交际双方达成共识的某个主体事件或者交际一方的某个主体事件单独构建。

（5）交际事件源于主体事件，主体事件可以转化、升级或者抽象为交际事件，也可偏离于交际事件。

（6）主体事件的变更未必会导致交际事件的变化，而交际事件的改变必然引发主体事件的变化。

（7）主体事件和交际事件可以分别用来构建话语连贯和交际连贯。

总之，生成言后语境的根本目的是促使主体事件与交际事件相吻合或者将主体事件顺利转化为交际事件，同时也是话语交际活动的最终目标。其中，"主体事件一致性"是构建"话语连贯"的基本途径。在这一过程中，主体语境和话语成分在话语主体的调动下可以产生各种主体化"话语连贯"机制。对此，我们将在下一章予以系统阐释。

6.5 小　　结

连贯研究中的"主体化"和"本体化"问题长期以来缺乏系统的融合，其本体研究的主体化程度不够，其主体研究的本体化分析不足，致使连贯研究目前在理论构建及话语分析等环节存在一些问题，尤以口语层面的会话分析为甚。

本书提出的 SA 分析模式能够弥补现有研究的缺陷，将话语研究的主体与本体要素有机地统一起来,构成两者之间的"界面",是对传统的主体间性理论的一种发展,其下的 CA（IA 和 FA 阶段）与 DA（IA 阶段）机制不仅可以揭示语境和话语的生成过程,而且能够构建"主体性"连贯研究的形成机制。

依托 SA 的基本原理,我们对表层主体与深层主体、会话衔接与会话连贯、话语连贯与交际连贯这几组易混淆的概念进行了明确区分,并重新定义了连贯研究的主体属性与主体关系,统一了连贯分析中的语境和话语这两个本体要素的分类标准、限定原则及两者之间的关系模式,进一步明确了衔接和连贯的主体性特征及其差异,为连贯动态研究以及话语交际分析提供了一种新的研究范式与分析思路。

在全面分析语境研究现存缺陷的基础上,我们提出了由言前、言内和言后语境一体成型的"主体语境"理论构架,并深入解析了主体语境与其话语成分（话题、过程和事件）的对应与协同关系。

后面两章将充分结合"主体语境"模式分别解析由 CA 主导的"话语连贯"和"交际连贯"机制。

第7章 主体可及性作用下的话语连贯研究

7.1 引　　言

根据前章所述，主体语境的三个组成部分虽然贯穿于话语交际全程，然而三者之间绝非简单的并列关系，而是随着交际活动的不断深入呈现一种递进态势，这主要表现在以下三个方面。

（1）生成顺序递进

在无标记状态下，言前语境、言内语境、言后语境是依次生成的，具有不可逆性，与话语成分的组构过程（话题→过程→事件）基本上同步。

（2）认知成本递增

在无标记条件下，交际主体生成言前语境、言内语境、言后语境各自所需的认知努力程度和话语处理能力依次加码，与语言单位的层级和话语形式的复杂程度（词汇层→小句层）成正比（图7.1）。

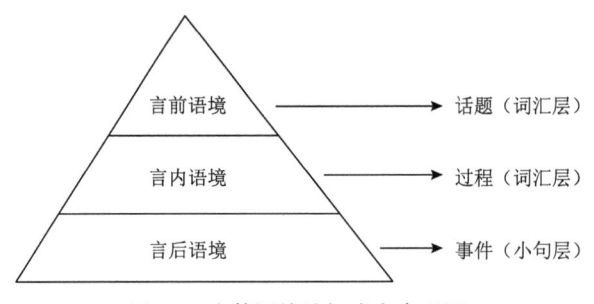

图 7.1　主体语境认知成本直观图

（3）认知辖域递减

在无标记情况下，话语主体构建言前语境、言内语境、言后语境分别调用的知识储备及其他主客观资源的可控范围和自由度依次减小，与话语交际的深入度或者 P 与 R 的融合度成反比（图7.2）。

```
         言前语境          R
          言内语境
           言后语境
                          ↓
                          P
```

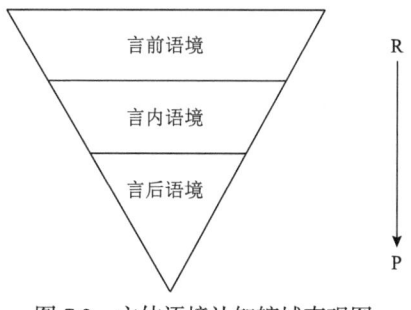

图 7.2 主体语境认知辖域直观图

正是因为主体语境内部具备上述三种关系，CA 才成为可能，同时也为 CA 和 DA 在话语交际中的有机结合创造了前提条件。

本章主要探讨 CA 机制在 IA 阶段促成主体间"话语连贯"的基本原理及其实施过程。

7.2　CA-1 和 DA 协同下的"语境—话语"合成机制

本章探讨的 CA 机制尚处于主体可及的 IA 阶段（P→R），还不能揭晓主体间交际互动的全貌。如第 6 章 6.3.1 小节所述，CA 最终归结为 FA 阶段。为了避免混淆，我们不妨将分属 IA 和 FA 阶段的 CA 分别标记为 CA-1 和 CA-2（参见第 8 章）。

7.2.1　CA-1 机制的运行方式及路径

作为连接 P 和 R 这两个主体范畴的认知通道，CA-1 可以经由以下三种方式促成以话语为载体的主体可及关系。

（1）主体语境假设

在 P 和 R 的话语交际发生之前（即 P 的首个话轮产出之前），P 既可设定己方潜在的言前语境（所思）、言内语境（所言）和/或言后语境（所为），也可对 R 在接受 P 的话语之后可能形成的言前语境（所思）、言内语境（所言）和/或言后语境（所为）进行自主假定，以此整合为 P 的主体语境，为 P 随之产生的话语成分（话题、过程或事件）提供相关的认知基础。

此后，在 P 和 R 的话语交际过程中，由于 P 和 R 的角色会在交际双方之间进行轮换，所以 P 对于 R 的主体语境的设定方式自此以后均会受到 R 的前述话语表达形式的制约,除非双方的话语交际活动终结(如一方选择退出或者被第三方中断)。

(2)主体语境匹配

在 P 的话语生成之后,其话语会激活 R 的某种主体语境,R 随之将被激活的言前语境、言内语境或言后语境体现为相应的话语成分(话题、过程或事件),以此作为对 P 的回应(同时 R 也由此成为下一个 P),从而在 P 的话语成分和 R 的主体语境之间建立联系,将两者匹配起来。

(3)主体语境转化

言前语境、言内语境和言后语境可以在 P 和 R 的交际互动过程中相互转化,这种转化既可以产生于 P 或 R 一方,也可以发生在 P 和 R 双方。换言之,P 和 R 可以相互充当对方的主体语境。

需要说明的是,主体语境假设和主体语境匹配这两种 CA-1 机制按照从 P 到 R 的顺序依次发挥作用,前者产生"P 语境→P 话语",后者形成"P 话语→R 语境"和"R 语境→R 话语",共计三条主体认知路径。主体语境转化机制则贯穿于主体语境假设和主体语境匹配之中。

具体而言,路径一和路径三分别反映了 P 和 R 的"内省式"或"自反式"话语构建行为,即主要通过 P 或 R 自身的主体语境(有时也包括假设对方的主体语境状况)引导自身的话语输出,代表了一种主体的"自我可及"过程,由此分别控制了 P 和 R 各自话语的"生成"过程。值得注意的是,路径三中的"R 话语"是否"显性化"是区分"会话交际"和"书面交际"的根本标准,但是"R 语境"的运作方式并不会因此受到影响。

相比之下,路径二揭示了 R 对于 P 话语的"理解"过程,也是 P 对于 R 的可及过程,同时也是连通路径一、路径三的关系纽带。从 P 的角度而言,路径二展现了 P 的话语成分在 R 一方所产生的主体语境效应。从"主体可及"视角来看,路径二显示了 R 通过何种主体语境(付出怎样的认知努力)应对 P 的话语表达,也就是 P 在多大程度上可及于 R。与路径一、路径三不同的是,该路径以一方的话语直接对接另一方的语境,以此将 P 和 R 直接联系起来,而不是由主体进行自我设定。由此可见,路径二是路径一、路径三的"交汇处",也是 P 和 R 的"可及点"。换言之,路径一、路径三实质上都要依靠路径二方能实现,故路径二可视为 CA-1 机制的"中枢神经",是最为核心的一环。

在通常情况下,CA-1 工作机制的正常启动一般要基于话语主体的下述两个"前置"假设。

(1)P 的前置假设

己方的交际意图可以通过己方的某个话轮(话语)一次性为对方所识别或共

享，无须已方的再次确认或修正。

（2）R 的前置假设

已方能够一次性识别对方的某个话轮（话语）所隐含的交际意图，不必经过对方的再次确认或修正。

由此可见，CA-1 建立在主体之间"互信"这一理想化认知状态的基础上，体现了交际双方的"求同"这一初始化交际倾向。此外，同处于 IA 阶段的 DA 话语衔接机制（参见第 5 章）更可在话语层面进一步加深 P 和 R 的互信程度，并集中体现于前文提及的路径二当中。

这样，在 CA-1 和 DA 的协同作用下，主体之间只能建立"话语连贯"（路径二）而非"交际连贯"关系。

7.2.2　话语连贯的主体化构建模式

结合上文的相关论述，"话语连贯"的 SA 分析模式如图 7.3 所示。

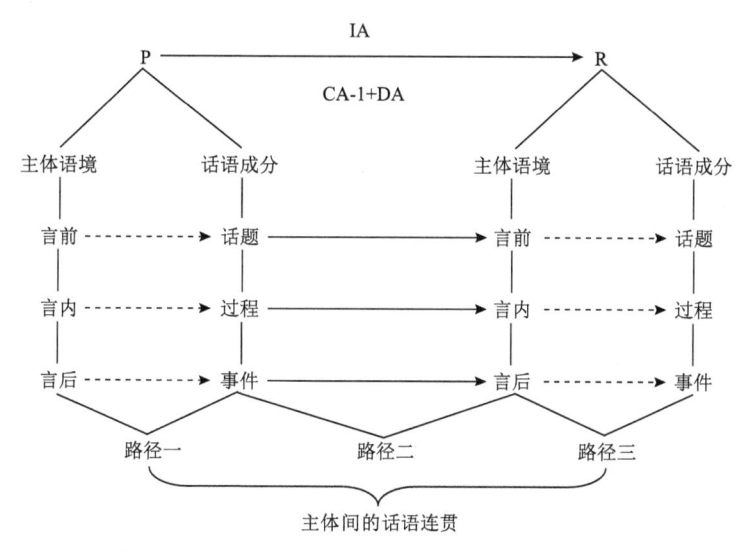

图 7.3　话语连贯分析的 CA-1 和 DA 组合机制示意图
注：实线箭头代表"一般性主体可及"；虚线箭头表示"自我可及"

从图 7.3 中不难发现,话语连贯和话语衔接的 SA 分析模式最显著的差异在于：前者同时受控于 CA-1 和 DA 机制，后者仅受限于 DA 机制；前者源于语境和话语之间的关系，后者限于话语成分之间的联系；前者同时体现于 P 和 R 的话语成分中，后者只体现在 P 的话语表达之中。

话语是交际与认知共同的本体，故话语成分与主体语境的关系十分密切。语言的概念、人际和语篇三大纯理功能并非泾渭分明，实际上都是人际意义或交际功能的体现，均受交际主体的控制（Hyland 2005；Jiang & Hyland 2017）。此外，涉及语言使用的人类活动本质上是一种认知活动，语言是交际参与者认知语境的再现（Sperber & Wilson 1986/1995）。据此，P 的话语与 R 的言前、言内和言后语境有直接或间接的对应或可及关系，如图 7.4 所示。

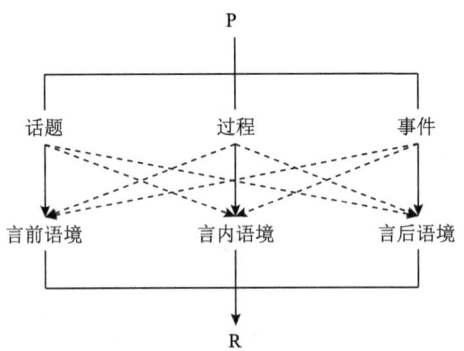

图 7.4 主体语境和话语成分对应关系示意图

注："→"表示"可及于"

图 7.4 中的话语类型代表了话语由局部向整体发展过程中的三种意义构建状态，均受制于主体语境。综合前述各章的分析可得出以下观点：

（1）"话题"包含话语中相对稳定的意义节点（主要体现为名词、代词、动名词及相应类型短语）和主体在话语中的注意焦点（由主体任意选择，包括被主体名物化的语法成分）。

（2）"过程"包括话题的形成过程（一般由形容词、副词及相应类型的短语体现）与话题的发展过程（主要由动词、介词及相应类型的短语体现）。

（3）"事件"为话题和过程的结合、重组、总结或评述，构成较为复杂或者更为抽象的语义结构（主要表现为小句形式及其命题结构）。

值得一提的是，在某些"隐喻性"话语表达中，"喻标"（本体）可代表该隐喻式的话题，"喻源"（喻体）和"喻底"（喻标和喻源之间的相似性）等同于其过程，而"隐喻式"本身可视为由喻标和喻源所构成的事件。它们在话语中既可是显性的，也可是隐性的。此外，由于喻标、喻底、喻源、隐喻式对于主体的心理可及性依次降低（Cameron & Deignan 2006：677），因此话语主体在处理上述四者时所付出的认知努力也会逐步增加，这与话题、过程、事件的认知属性完全一致。

我们仅需通过例（1）和例（2）中的"John came home."和"This man is a strong

lion."（strong 为喻底）这两个"非隐喻性"及"隐喻性"小句便可简明直观地展现话题、过程和事件之间的结构关系。

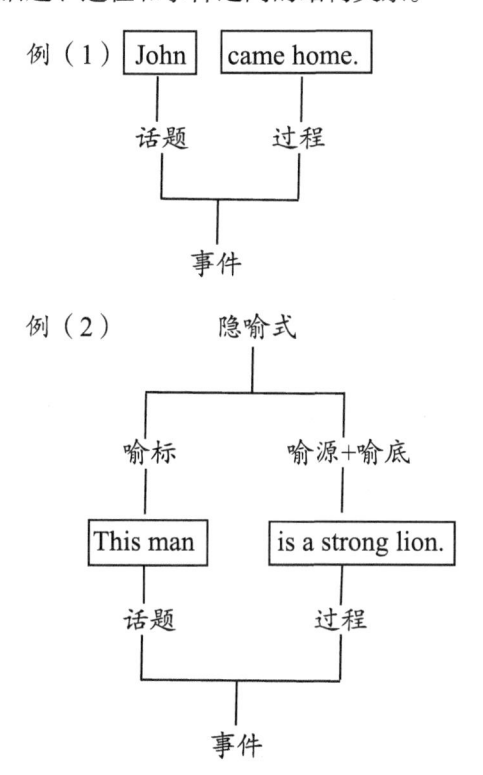

例（1）

```
    John        came home.
     |              |
    话题           过程
     |_____|
            |
           事件
```

例（2）
```
              隐喻式
         _____|_____
        |             |
       喻标        喻源+喻底
        |             |
     This man    is a strong lion.
        |             |
       话题          过程
        |_____|
              |
             事件
```

话语类型的上述划分依据源于主体语境的分类模式，目的在于最大限度地整合各类形式的语言单位并使之融入相应的话语意义构型中，从而尽量避免话语分析的重叠问题，例如传统的"语法衔接"和"词汇衔接"的划分在体现形式上就存在重叠之处（详见第 5 章 5.2.2 小节的有关论述）。

图 7.4 中的实线箭头表明，在无标记状态下，话题、过程与事件分别体现了言前、言内和言后语境，代表了一种从简到繁、由浅入深的"点→线→面"式的交际性话语构建型式。这样，DA 与 CA-1 的融合便可解决话语分析中的语境泛化以及语境和话语之间缺乏系统关联的问题。

值得注意的是，图 7.3 中的"路径一"和"路径三"都是在 P 和 R 的自我调控下运作的，两者都不必受"对象主体"话语成分的制约，因而两种路径中的主体语境和话语成分均可能出现"有标记"的不对应情况（如图 7.4 中的虚线箭头所示）。同样，"路径二"跨越于 P 和 R 之间，虽然交际双方会以话语形式彼此实施干预，但是语言形式与其功能的不一致也会造成该路径中的语境和其标配的话语成分未必总是一一对应，其内部各要素也可交叉关联。

如此，路径一、路径三可产生"自主式"话语连贯，而路径二则形成"协作式"话语连贯：前者体现了主体自身或主体间的"隐性"可及；后者反映了主体间的"显性"可及。这样，话语连贯的"主体化"和"本体化"机制便可统一于 CA-1 和 DA 的协同作用下，也再次证明了受制于主体的话语衔接是话语连贯机制的组成部分。此外，因大多发生在 IA 阶段，故话语连贯一般由 P 的一个或若干小句（书面交际），或者由 P 和 R 生成的两个话轮中的话语或交际行为（口头交际）予以体现。

7.3 主体语境假设与"自主式"话语连贯分析

如上节所述，主体语境假设代表了 CA-1 机制的"路径一"，连同"路径三"分别体现了 P 和 R 的"内省式"话语连贯构建方式，其中连带了"主体可以将自身设定为对象主体"这一心理倾向。尽管"路径三"源于下一节探讨的"主体语境匹配"机制，但其与"路径一"本质上均属"自主式"连贯，运作机理非常相近。

7.3.1 P 的"自主式"话语连贯

由 P 所引导的"自主式"话语连贯的建构体系及衡量标准通常由以下三个环节（阶段）组成（每一环节的连贯性视具体情况由高到低划分为 i、ii、iii 或 a、b、c 等若干等级）。

（1）P 的前置假设（具体内容参见上节）
（i）P 忽略或者认可己方的前置假设；
（ii）P 不认可己方的前置假设。

（2）P 的主体语境（具体工作机制详见第 6 章 6.4.2 小节）
（i）P 己方的主体语境
（a）A 类言前语境；
（b）B 类言前语境；
（c）C 类言前语境；
（d）D 类言前语境；
（e）言内语境；
（f）言后语境。

（ⅱ）P 假定 R 方的主体语境

（a）A 类言前语境；

（b）B 类言前语境；

（c）C 类言前语境；

（d）D 类言前语境；

（e）言内语境；

（f）言后语境。

（3）P 的话语衔接（具体工作机制详见第 5 章 5.4 节）

（ⅰ）事件类衔接

（a）Ⅰ级衔接；

（b）Ⅱ级衔接；

（c）Ⅲ级衔接；

（d）Ⅳ级衔接。

（ⅱ）过程类衔接

（a）Ⅰ级衔接；

（b）Ⅱ级衔接；

（c）Ⅲ级衔接；

（d）Ⅳ级衔接。

（ⅲ）话题类衔接

（a）Ⅰ级衔接；

（b）Ⅱ级衔接；

（c）Ⅲ级衔接；

（d）Ⅳ级衔接。

上述三个阶段揭示了 P 从"所思"到"所言"的各种潜在的"心路历程"，由 P 根据实际需要从中自行选择一种可以贯通"主体语境"和"话语成分"的认知通道来发起与 R 的话语交际活动。关于 P 的"自主式"连贯的具体运作机制与等级标准区分，以下几点需要进一步明确。

第一，（1）和（2）受制于 CA-1，（3）归结为 DA。三者呈现递进式"合取"关系，均为 P 的"必选"连贯机制[P 只可按照（1）→（2）→（3）的顺序依次执行，不可进行"跳跃式"或"回转式"选取]，系"自主式"连贯的基本构成要件，但对连贯性程度并无实质性的影响。

第二，由（1）、（2）、（3）各自所辖的诸子要素（编号为 i、ii、iii 或 a、b、c 等）构成并列式"析取"关系，它们均系 P 的"可选"连贯机制，对"自主式"连贯性大小起到重要的制约作用。

第三，处于同一阶段的各子要素的连贯性与其对应的编号排序成反比，即序号越靠后，P 在执行时就需付出更大的认知处理努力，其连贯性也就越低。例如，（2）-i＞（2）-ii、（3）-i-a＞（3）-i-b 等（"＞"表示"连贯性高于"，下同）。

第四，分属不同阶段的各子要素的连贯性衡量标准一般遵循"以下为先"的层级优选原则。例如，虽然（2）-i-a＞（2）-ii-a，但是（2）-ii-a＞（2）-i-b。同样，尽管（3）-i-b＞（3）-ii-b，然而（3）-ii-b＞（3）-i-d 等。

第五，P 对于（1）、（2）、（3）中各子要素的择取限制不尽相同。P 对（1）中的（i）和（ii）只能二选一，但其理论上可以在（2）和（3）范围内对各子机制进行相对自由的筛选或组合。例如，P 既可在（2）-i 和（2）-ii 中任选其一，也可两者都选；既可单选（2）-i-a，也可将其与（2）-i-e 搭配使用；既可仅顾及（2）-i-a，也可将（2）-ii-a 和/或（2）-ii-e 一并考虑在内；既可只突出（3）-ii，也可仅彰显（3）-iii，亦可（3）-ii-a 与（3）-iii-b 兼备；等等。显然，P 对于这些机制的择取或整合的频次与其耗费的处理努力成正比，与其"自主式"连贯性大小成反比。

第六，P 对于某些具备"兼容性"的子机制不可进行"叠加式"的重复选用。例如，（2）-i 和（2）-ii 中的（a）、（b）、（c）、（d）不可为 P 同时择取。同样，一旦 P 选取了（3）-i，便不能同时兼顾（3）-ii 和/或（3）-iii。

第七，（2）和（3）在某种意义上是一种"体现"关系：P 先通过（2）将自己拟发起的话题或者连同该话题的"组织"策略以言前、言内或言后语境的方式在脑海中形成预设，抑或同时将 R 可能对该话题的一系列"回应"策略（R 的言前、言内或言后语境）也纳入己方的思维之中，并最终通过（3）以具体的话语形式手段产出相应的话题、过程或事件及其各级衔接模式。

这样，以上构架及相关原则基本上覆盖了 P 的"自主式"连贯的各种获得机制。按照"以最小的认知努力获取最大的交际信息量"这一根本的"经济性"法则与"连贯性"认知原则，P 可以采取下述三条连贯性相对较高的话语生成途径（Ⅰ级＞Ⅱ级＞Ⅲ级）。

（1）Ⅰ级"自主式"连贯

（1）-i→（2）-i-a→（3）-i-a

（2）Ⅱ级"自主式"连贯

（1）-i→（2）-ii-a→（2）-i-a→（3）-i-a

（3）Ⅲ级"自主式"连贯

（1）-i→（2）-i-a→（2）-ii-a→（3）-i-a

以上Ⅰ—Ⅲ级"自主式"连贯模式分别体现为下面的例（3a）—例（3c）。

具体而言，Ⅰ级连贯性之所以最高，是因为 P 此时只展现出 DA 可及效应，并未触发 CA-1 可及机制，也就是 P 省去了事先假定 R 的主体语境这一环节，而是直接通过自身的 A 类言前语境（"批评"态度）生成了具有 Ⅰ级事件类衔接的话语（你犯了错，就得认错）。这样，P 在例（3a）中所耗费的认知努力就要小于已启动 R 语境假设的例（3b）和例（3c）。

P 在 Ⅱ、Ⅲ级连贯构建中均启用了 CA-1 可及机制，也就是 P 假定了 R 的 A 类言前语境（认为对方可能处在"委屈"的心理状态中），且在其他环节的连贯模式与 Ⅰ级别无二致，故 Ⅱ、Ⅲ级连贯性虽不如 Ⅰ级，但仍然较高。Ⅱ、Ⅲ级的根本区别在于启动 P 与假定 R 的主体语境的顺序。通常情况下，P 自身的主体语境与其产出的话语成分有直接联系，一旦两者被 R 的主体语境阻隔开来，其话语连贯性必然受到影响，因此例（3b）总体上要比例（3c）更为连贯。

例（3）A:
  a. 你肯定明白我的意思。我必须批评你。你犯了错，就得认错。
     （1）-i   （2）-i-a   （3）-i-a
  b. 你肯定明白我的意思。也许你觉得委屈，但我必须批评你。
     （1）-i   （2）-ii-a   （2）-i-a
   你犯了错，就得认错。
     （3）-i-a
  c. 你肯定明白我的意思。我必须批评你。也许你觉得委屈。
     （1）-i   （2）-i-a   （2）-ii-a
   你犯了错，就得认错。
     （3）-i-a

另外还有一种级别最低的"自主式"连贯机制（如下所示），即 P 从一开始就不相信 R 能够把握其交际意图，并调用了己方和假设了对方言前（D 类）、言内、言后等全部潜在的主体语境要素，且生成的话语仅构成了Ⅳ级事件类衔接。也就是说，P 此时可谓"绞尽脑汁""百转千回"，故其自身的连贯性是最低的。当然，此种情况较为极端，实属罕见，我们也就不便举例说明了。

（1）-ii → （2）-i-d → （2）-i-e → （2）-i-f → （2）-ii-d → （2）-ii-e → （2）-ii-f → （3）-i-d

7.3.2 R 的"自主式"话语连贯

在阶段（3）中，会话交际一般会以"话轮内 DA 衔接"（详见第 5 章 5.4.4

小节）的方式生成话语，因为此刻只涉及 P 的一个话轮，同时也是 R 的"自主式"连贯的触发点。相比之下，书面语篇因不受话轮的约束，故原则上 P 此时采用"句内"或"句间"DA 衔接模式输出话语均可行，且话语形式单位及其数量也不受限制，但若从 R 的主体可及视角来看，R 一般会以 P 的首个话语事件或者围绕同一话题的话语事件为界来启动 R 的"自主式"连贯机制。

由于 R 本质上与把持下一话轮的 P 同属一个主体，因此 R 和 P 的"自主式"连贯机制大致相同，仅在阶段（1）中比 P 多出（i）和（iii）两个子要素。

（1）R 的前置假设（具体内容参见 7.2.1 小节）
（i）R 认可 P 的前置假设（通常表现为"R 直接肯定、强调或重申 P 的话题、过程和/或事件"）；
（ii）R 忽略或者认可己方的前置假设；
（iii）R 不认可 P 的前置假设（一般表现为"R 直接否认、质疑或无视 P 的话题、过程和/或事件"）；
（iv）R 不认可己方的前置假设。

不难发现，上述（i）—（iv）的话语连贯等级依次降低。这充分表明，R 的主体连贯构建在很大程度上受制于上一话轮中 P 的话语成分，这些话语表达会影响到 R 的主体语境的激活与调用以及相应话语成分的选取与组织。这一切集中体现在下节的"协作式"话语连贯模式中。

7.4 主体语境匹配与"协作式"话语连贯分析

总体上讲，语境匹配源于 P 的话语与 R 的语境的可及方式：一方面，P 的"所言"能够引发 R 的"所思"；另一方面，R 的"所思"也可以促使其解析 P 的"所言"，从而把握 P 的"所思"。可见，语境匹配本质上还是 P 和 R 之间主体语境的连通，只不过此时的语境假设主动权在 R 一方，但因 P 的主体语境已通过具体的话语形式展现在 R 面前并供其参照，故 R 不可执行"自主"假设，只能试图择取己方适当的主体语境成分去"回应" P 的话语信息，从而形成"P 话语→R 语境"这一基本的主体可及路线（如 7.2 节中的图 7.3 所示）。由此，R 的"协作式"话语连贯构建需要同时触发 CA-1 和 DA 机制，作为 P 对 R 在 IA 阶段实施主体可及的主要方式。

由于 R 在处理"书面语篇"时一般处于隐性状态，也就是 R 通常无法以话语形式对 P 生成的语篇做出现时回应，因此对于书面交际而言，P→R 的"协作式"

话语连贯主要依赖于 DA 模式下的话语衔接机制，其主体可及路径同为"P 话语→R 语境"，最终体现为被 R 所突显的 P 的话语成分形成的各种"结构性"与"非结构性"谋篇方式（详见第 5 章），在此不复赘述。

相比之下，"口语交际"可以展现"协作式"连贯的完整形成机制。

7.4.1 基于"P 话语→R 语境"的话语连贯

7.4.1.1 基础模式

在保证 R 对 P 的"前置假设"充分成立的条件下（否则可能导致交际中断），"P 话语→R 语境"可以归纳为以下九种"基础模式"（"→"代表"可及于"）。

（1）Ⅰ级"协作式"连贯
P（话题）→R（言前语境）
（2）Ⅱ级"协作式"连贯
P（过程）→R（言内语境）
（3）Ⅲ级"协作式"连贯
P（事件）→R（言后语境）
（4）Ⅳ级"协作式"连贯
P（事件）→R（言前语境）
（5）Ⅴ级"协作式"连贯
P（过程）→R（言前语境）
（6）Ⅵ级"协作式"连贯
P（事件）→R（言内语境）
（7）Ⅶ级"协作式"连贯
P（话题）→R（言内语境）
（8）Ⅷ级"协作式"连贯
P（过程）→R（言后语境）
（9）Ⅸ级"协作式"连贯
P（话题）→R（言后语境）
现将与之对应的简明会话示例依次展示如下。

例（4）A: Tony was a burglar.
　　　　B: I knew him.

例（5）A: Tony was put in prison.

B: He should get punished.

例（6）A: Tony's experience was a real lesson.
B: We should take it as a warning.

例（7）A: Tony's experience was a real lesson.
B: I knew him.

例（8）A: Tony was put in prison.
B: I knew him.

例（9）A: Tony's experience was a real lesson.
B: He should get punished.

例（10）A: Tony was a burglar.
B: He should get punished.

例（11）A: Tony was put in prison.
B: We should take it as a warning.

例（12）A: Tony was a burglar.
B: We should take it as a warning.

不难发现，A 在例（4）—例（6）中所陈述的话题（Tony 的身份：a burglar）、过程（Tony 的处境：was put in prison）和事件（此处指 A 对 Tony 及其处境的总结和评述：Tony's experience was a real lesson）分别可及于 B 的言前、言内与言后语境并转化为相应的话语表达。也就是说，这三组会话反映了 7.2 节的图 7.4 中实线箭头标示的 P 的话语成分与 R 的主体语境之间"无标记性"的体现关系，故其总体的话语连贯性要强于例（7）—例（12）。在同等条件下，例（4）—例（6）中的 B 启动主体语境的认知处理强度依次增加，因此例（4）的话语连贯性是前三组中最高的。

由于后六组对话中 A、B 间的话语和语境类型并非严格对应，其连贯性的判定标准便更多依赖于交际的"经济性"原则，即 A 的话语语义复杂性和 B 的语境激活力度之间的关系。具体而言，例（7）中的 B 仅通过言前语境便可融入 A 相对复杂的话语事件中，以最小的认知努力获取了对方最大的信息量，认知成本最低，故其话语连贯级别是后六组中最高的。反观例（12），A 引入的话题在尚未拓展之际便激活了 B 的言后语境，说明 B 很可能对 A 的话语进行了"过度阐释"，即 B 耗费的认知努力存在"事倍功半"的风险，其交际的经济性程度最低，话语连贯性也自然最差。

由此，"协作式"话语连贯性的等级划分基于以下两个标准。

（1）首要标准

指话语成分和主体语境类型之间对应关系的"标记性"。

（2）次要标准

指话语成分和主体语境协同下的交际"经济性"。

显然，在"无标记"的对应关系以及"省力性"的语境激活控制下的话语连贯性等级相对较高，也就是上述两个标准分别与 R 的"协作式"话语连贯程度成反比和正比关系，且后者在会话分析中通常要让位于前者。通俗地讲，"协作式"话语连贯性的排序规律取决于 P 和 R 认知处理成本"高低"之间的匹配方式：

P（低）→R（低）>P（高）→R（高）>P（高）→R（低）>P（低）→R（高）

7.4.1.2 衍生模式

此外，如果 P 方话轮中含有多个话语成分或者更为复杂的话语形式（如长句或多个小句等），那么 DA 主导的话语衔接机制也可加入上述九种话语连贯的"基础模式"中，这样 DA 便可同 CA-1 实现充分融合，形成了另外 36 种更加多样化的"协作式"话语连贯"衍生机制"（表 7.1）。

表 7.1　P→R 的"协作式"话语连贯"衍生机制"（不含"基础模式"）

P 的话语成分	言前语境	言内语境	言后语境
Ⅰ级话题类衔接	1	25	33
Ⅱ级话题类衔接	2	26	34
Ⅲ级话题类衔接	3	27	35
Ⅳ级话题类衔接	4	28	36
Ⅰ级过程类衔接	17	5	29
Ⅱ级过程类衔接	18	6	30
Ⅲ级过程类衔接	19	7	31
Ⅳ级过程类衔接	20	8	32
Ⅰ级事件类衔接	13	21	9
Ⅱ级事件类衔接	14	22	10
Ⅲ级事件类衔接	15	23	11
Ⅳ级事件类衔接	16	24	12

下面的例（13）—例（48）分别体现了表 7.1 中的 1—36 级话语连贯类型。为了更加直观地理解与比较，以下各例中 A 和 B 分别掌控的"基础性"话语成分和主体语境与例（4）—例（12）保持一致。

例（13）A: Tony was a burglar. He is dangerous.
　　　　B: I knew him.

例（14）A: Tony was a burglar. Any dangerous guy should get punished.
　　　　B: I knew him.

例（15）A: Tony was a burglar. Mary called the police.
　　　　B: I knew him.

例（16）A: Tony was a burglar. Everything is OK now.
　　　　B: I knew him.

例（17）A: Tony was put in prison. He wore the stripes yesterday.
　　　　B: He should get punished.

例（18）A: Tony was put in prison. He got into a big trouble.
　　　　B: He should get punished.

例（19）A: Tony was put in prison. He took a beating yesterday.
　　　　B: He should get punished.

例（20）A: Tony was put in prison. He lay in ruins.
　　　　B: He should get punished.

例（21）A: Tony's experience was a real lesson. His end has taught everyone.
　　　　B: We should take it as a warning.

例（22）A: Tony's experience was a real lesson. This event would be remembered.
　　　　B: We should take it as a warning.

例（23）A: Tony's experience was a real lesson. His son's situation would get affected with it.
　　　　B: We should take it as a warning.

例（24）A: Tony's experience was a real lesson. Daily life will return to normal soon.

B: We should take it as a warning.

例（25）A: Tony's experience was a real lesson. His end has taught everyone.

B: I knew him.

例（26）A: Tony's experience was a real lesson. This event would be remembered.

B: I knew him.

例（27）A: Tony's experience was a real lesson. His son's situation would get affected with it.

B: I knew him.

例（28）A: Tony's experience was a real lesson. Daily life will return to normal soon.

B: I knew him.

例（29）A: Tony was put in prison. He wore the stripes yesterday.

B: I knew him.

例（30）A: Tony was put in prison. He got into a big trouble.

B: I knew him.

例（31）A: Tony was put in prison. He took a beating yesterday.

B: I knew him.

例（32）A: Tony was put in prison. He lay in ruins.

B: I knew him.

例（33）A: Tony's experience was a real lesson. His end has taught everyone.

B: He should get punished.

例（34）A: Tony's experience was a real lesson. This event would be remembered.

B: He should get punished.

例（35）A: Tony's experience was a real lesson. His son's situation would get affected with it.

B: He should get punished.

例（36）A: Tony's experience was a real lesson. Daily life will return to normal soon.
B: He should get punished.

例（37）A: Tony was a burglar. He is dangerous.
B: He should get punished.

例（38）A: Tony was a burglar. Any dangerous guy should get punished.
B: He should get punished.

例（39）A: Tony was a burglar. Mary called the police.
B: He should get punished.

例（40）A: Tony was a burglar. Everything is OK now.
B: He should get punished.

例（41）A: Tony was put in prison. He wore the stripes yesterday.
B: We should take it as a warning.

例（42）A: Tony was put in prison. He got into a big trouble.
B: We should take it as a warning.

例（43）A: Tony was put in prison. He took a beating yesterday.
B: We should take it as a warning.

例（44）A: Tony was put in prison. He lay in ruins.
B: We should take it as a warning.

例（45）A: Tony was a burglar. He is dangerous.
B: We should take it as a warning.

例（46）A: Tony was a burglar. Any dangerous guy should get punished.
B: We should take it as a warning.

例（47）A: Tony was a burglar. Mary called the police.
B: We should take it as a warning.

例（48）A: Tony was a burglar. Everything is OK now.
B: We should take it as a warning.

由上可知，上文表7.1中的数字编号（1—36）代表话语连贯性的大小，数字越大，说明其连贯性的等级越低，充分显现了前述Ⅰ—Ⅸ级"基础模式"的主导性作用。此外，各类"衍生机制"的组构方式进一步表明，"话语衔接"主要源于同一主体（P—P），而"话语连贯"通常源自不同主体之间（P—R），且前者从属于后者。

7.4.2 依托"P语境→R话语"的话语连贯

"P话语→R语境"代表了"协作式"话语连贯的"标配"或"经典"模式，且书面文本与口语交际均适用。除此之外，还有一种会话交际所独有的"P语境→R话语"连贯机制（书面语篇的"R话语"通常处于缺失状态，故不具备该类机制）。需要强调的是，此处的"P语境"专指"P的言后语境"，也就是说，这种"协作式"连贯是在R"自认为"已确认了P的交际意图（或者R认定己方的"前置假设"已经实现）的条件下构建起来的。由于满足这一条件需要R为此付出更大的处理努力，因此"P语境→R话语"的总体连贯性不及"P话语→R语境"。

更为重要的是，此类连贯模式中的话语成分除了可体现为具体的话语表达形式之外，还能够从中反映出主体之间具有"人际功能"的"交际行为"。主体交际行为主要指话语形式表现出的"言语功能"。韩礼德（Halliday 1985/1994：69）将言语功能解析为"言语角色"（speech role）和"交际物"（commodity exchanged）两大构成要素：前者包括"给予"（giving）和"求取"（demanding）；后者分为"物品与服务"（goods-and-service）和"信息"（information）。由此，言语功能便可根据不同的组合方式分成以下四种类型：

（1）"提供"（给予物品和服务）；
（2）"命令"（求取物品和服务）；
（3）"陈述"（给予信息）；
（4）"提问"（求取信息）。

其中，"陈述"功能一般作为普通书面语篇的首选，而会话交际则囊括了上述全部四种言语功能。

值得注意的是，主体交际行为的组成部分与SA模式下的语境和话语存在一定的对应关系。据此，我们可将融入"主体交际行为"之后的"主体语境"和"话语成分"中各个要素所具备的"人际意义"诠释如下。

（1）主体语境
（i）言前语境

交际主体针对"交际物"的百科知识、认知习惯、情感与价值取向等主观要素。
（ii）言内语境
由"言语角色"引发、描述或构建的"交际物"之间的常规或即时逻辑关系。
（iii）言后语境
由言前语境和言内语境合并生成的话语主体的交际意图，主要包括"复合式""抽象式""因果式"三种，分别通过"交际物"和"言语角色"的直接融合、融合后进一步抽象或者融合后再行推理等方式获得。

（2）话语成分
（i）话题（交际物）
交际活动涉及的相关事物和内容，分为"物品与服务"和"信息"，通常体现为"名词性"成分，代表了话语的纵向替代关系。
（ii）过程（言语角色）
交际主体借由"交际物"所结成的角色关系或执行的交际任务，分为"给予"和"求取"，一般以"动词性"成分体现，约束着话语的横向组合关系。
（iii）事件（交际行为）
由话题和过程融合而成的"交际事件"，主要体现在小句层，归结为抽象的语义和命题结构（给予/求取物品和服务/信息）。

同样，"交际行为"视角下的主体语境的处理强度原则上依然与话语成分的功能层级成正相关，仍旧遵循"点→线→面"这一主体认知规律。

从宏观上讲，P掌控了所生成话语的交际意图（言后语境），而R可能需要通过展现其话语中的"交际物""言语角色""交际行为"这一层层拓展的方式才可使其确信已经把握了P的交际意图。

从微观而论，上述每一层级成员均可依托"类属"和"层次"这两个范畴参数以话语的形式在P和R之间形成Ⅰ、Ⅱ、Ⅲ、Ⅳ级心理连通（关联）关系：Ⅰ级为相同（同类同层），Ⅱ级为相邻（同类不同层），Ⅲ级为相似（同层不同类），Ⅳ级为相关（不同类不同层）（详见第4章4.4.2小节）。

需要强调的是，如前文所述，由于上述四级关系存在于主体之间，故在此并非指涉"话语衔接"关系，而属"话语连贯"范畴。试比较：

例（49）A: What do you think of a Whisky?
B: $\begin{cases} \text{a. Whisky is my favorite.} \\ \text{b. Liquor is my favorite.} \\ \text{c. Vodka is my favorite.} \\ \text{d. Wine is my favorite.} \end{cases}$

例（50）A: What do you think of a Whisky?

B:
- a. I want to have a drink.
- b. I wonder if drinks are available here.
- c. I will get you a drink.
- d. Drinks are available here.

例（51）A: What do you think of a Whisky?

B:
- a. Please get me a Whisky.
- b. Please get me a wine.
- c. You can get a Whisky.
- d. You can get a wine.

我们假设 R 已经认定例（49）—例（51）及后文例（52）—例（54）中 A 的言后语境（交际意图）均为"A INTENDS TO GET B A WHISKY"。B 在上述三组对话中分别从"交际物""言语角色""交际行为"层面对 A 的"交际意图"进行了回应。

具体说来，例（49）中的 A 通过 Whisky 一词激活了 B 对"酒类"这一交际物的言前语境，可能会引发例（49a）—例（49d）这四种对相关话题的陈述，分别与 Whisky 构成Ⅰ—Ⅳ级连通关系。在例（50）中，B 根据 A 的表达方式启动了言内语境，并可将 A 的交际行为解读为"给予物品""给予信息""求取物品""求取信息"，分别体现为与 A 的言语角色形成四级关系的四个过程（"给予"和"求取"不同类；"物品与服务"和"信息"不同层，前者具体，后者抽象，故前者的范畴层级低于后者）。例（51）中的 B 在前两例的基础上产生了"复合式"言后语境，可以生成四种交际事件，同时与 A 话语中的交际事件也形成了四级关系。

从局部来看，每一组对话中的 B 相对于 A 的关联性以 a—d 的顺序依次降低。从整体而言，由于 B 在例（51）中实现了与 A 的交际事件对接[本例与例（50a）—例（50d）在逻辑主语上的差异也充分证明了这一点]，其关联性总体上要大于前两组中相应的各类表达，因而例（51a）的关联程度最高，此时交际双方的话语贴近度最高。

以上三例中的话语关联方式仅代表语义层面的交际常态，并非话语连贯的全貌，因为话语的形式和功能并不完全对应，话语和语境也可能在交际中相互排斥。例如：

例（52）A: What do you think of a Whisky?

B:
- a. I feel very thirsty.
- b. I think Whisky originates from Ireland.

在例（52）中，a 与 A 的交际事件不相关，但双方的言后语境趋于一致；b 的事件与 A 基本对应，但彼此的言后语境却截然不同。

传统的"格莱斯主义"语用分析大多偏重于 a 这种情况，以话语表层的"不合作"为基点来考察其深层的"合作"，而对 b 这类情形的关注度不高。"关联理论"虽注重命题与语境的联系，但过于突出并泛化后者，压制了话语本身的功能。语境的重要性对于连贯而言固然要大于话语本身，但两者在话语交际中的作用是协同的。

例（52）中 a 的话语连贯性表面上要强于 b，但 a 的言后语境与交际事件并不对应，依然可能会影响到 A 对其意图的精确判断，而 b 的言后语境和交际事件完全吻合，也许还会促使 A 就此转换话题。

我们认为，一般意义上的话语连贯是指 R 在语境和话语完全对应时对 P 的话语实施回应的结果，而建立在 SA 基础上的话语连贯则是 R 在语境和话语不同步的情况下与 P 的话语进行沟通的过程。试比较：

例（53）A: What do you think of a Whisky?

B:
- a. Whisky is my favorite. I want to have a drink. Please get me a Whisky.
- b. Liquor is my favorite. I want to have a drink. Please get me a Whisky.
- c. Whisky is my favorite. I wonder if drinks are available here. Please get me a Whisky.

例（54）A: What do you think of a Whisky?

B:
- a. Whisky is my favorite. Please get me a Whisky.
- b. I want to have a drink. Please get me a Whisky.
- c. I want to have a Whisky. Please get me a Whisky.

B 在以上两例中与 A 的话语关联性总体上是相同的。值得注意的是，例（53）中的 a—c 的话语推进都是在言前、言内与言后语境的合力作用下实施的，三者的语境调用力度均等，区别在于交际物、言语角色和交际行为与 A 的关联方式：a 的三个小句均呈 I 级关联，连贯性也最高，而 b 和 c 的三个小句则分别为 II、I、I 级和 I、II、I 级，连贯性也相对较差，由于过程较之话题对于关联程度的影响更大（参见第 5 章的表 5.1 和表 5.2），故 b 的连贯性要强于 c。

顺带说明的是，例（53）中 a—c 均受控于同一主体 B，如若单独比较三者的连贯性大小，可将这三个语段视为书面语篇，如前文所述，其连贯性在很大程度上取决于自身的衔接力（三者呈依次递减之势）。

在例（54）中，a—c 的第二个小句显示 B 与 A 在交际事件层面均为 I 级连通关系，但从第一个小句来看，a—c 的交际事件分别是由言前、言内和言后语境引发的，主体的语境处理强度依次增加，因此 a—c 同 A 的话语连贯性逐步减弱。从这个意义上讲，例（54）的话语连贯度整体上高于例（53）。

综合 7.4.1 和 7.4.2 两小节，P→R 的"协作式"话语连贯的最高标准（级别）必须同时满足以下两个条件。

（1）前提条件
R 与 P 的言后语境（交际意图）和交际事件（行为）均构成 I 级关联（连通）。
（2）使成条件
R 在言前语境的驱动下直接与 P 的交际事件（行为）构成 I 级关联（连通）。

7.4.3 隐喻性会话的"协作式"连贯机制

自 20 世纪 90 年代以来，在认知语言学、功能语言学、批评语言学的影响下，隐喻的交际功能在话语（语篇）层面逐步展现（MacCormac 1990；Goatly 1997；Liao 1999；Charteris-Black 2004；Johnson 2005；Cameron & Deignan 2006）。然而，针对该问题的研究仍集中于隐喻在"书面语篇"中的人际意义分析（我们在第 5 章的个别例证中也有提及），而对于隐喻在"会话交际"中发挥的作用尚未展开深入研究（Kimmel 2010：99）。此外，大多数研究只是把话语交际作为分析隐喻的应用平台，而没有把隐喻视作组建会话交际的工具和手段。

既然隐喻本质上是一种话语现象，那么会话交际也会出现由 P 和 R 创建的"隐喻话对"。此类话对中至少有一个话轮须与隐喻相关，且同样能够产生话语连贯效应。值得注意的是，隐喻话对同时适用于我们目前为止所探讨的"P 话语→R 语境"和"P 语境→R 话语"这两种"协作式"连贯模式（以下分别简称为 I、II 类模式），具体区分如下。

（1）I 类模式
P 的话轮是否含有隐喻性表达不作为前置条件，但是 R 的话轮不可包含能够体现"喻源"或"隐喻式"的话语成分，是否出现"喻底"不作为必要条件。
（2）II 类模式
P 的话轮是否含有隐喻性话语不作为前置条件，但是 R 的话轮必须包含可以体现"喻源"或"隐喻式"的话语成分，是否出现"喻底"不作为必要条件。

与普通的非隐喻性表达相比，隐喻性话语的生成和理解往往需要话语主体付出更大的认知努力（"文化隐喻""规约性隐喻""死喻"等除外）。因此，倘若R在回应P的话轮时使用了隐喻,表明R很可能已然领悟到了P的交际意图(言后语境),并通过各种与之相应的喻源或隐喻式(话语成分)形象化地展现、扩展或升华P的交际目的,故而可将此类隐喻话对归为Ⅱ类模式。

相比之下,假设P采用了隐喻表达,而在R的应答中未能出现与之相称的"喻源"或"隐喻式",那么R尚未把握甚至意识到P的隐喻性交际意图(言后语境)的可能性陡增,R大概率只是凭借自己的主观臆断(主体语境)对P的隐喻性话语成分进行了简单回应而已,因而可把该类隐喻性交际列为Ⅰ类模式。显然,Ⅰ类模式的连贯性要强于Ⅱ类模式,因为R无须额外付出对P的话语进行隐喻阐释、加工或改造的认知成本。

如7.2节所述,喻标、喻底、喻源、隐喻式在认知处理难度方面依次递增,分别相当于话题、过程、事件及其所需主体调用的言前、言内、言后语境。据此,隐喻话对的"协作式"连贯构建机制可进一步分为以下12种具体类型("→"表示"可及于";"i、ii、iii……"代表主体连贯性由高到低的等级排序)。

(1)Ⅰ类模式
(i)P(隐喻式)→R(喻标)
(ii)P(喻源)→R(喻标)
(iii)P(隐喻式)→R(喻底)
(iv)P(喻源)→R(喻底)

(2)Ⅱ类模式
(v)P(喻源)→R(喻源)
(vi)P(隐喻式)→R(隐喻式)
(vii)P(隐喻式)→R(喻源)
(viii)P(喻底)→R(喻源)
(ix)P(喻标)→R(喻源)
(x)P(喻源)→R(隐喻式)
(xi)P(喻底)→R(隐喻式)
(xii)P(喻标)→R(隐喻式)

上述12级话语连贯模式依次对应于例(55)—例(66)中A、B两人的12组对话示例(例中的喻标、喻源和喻底分别为waiter、mule与stubborn)。

例(55)A: This waiter is a mule.
　　　　B: I blamed him last week.

例(56)A: I met this mule yesterday.

B: He is a waiter.

例（57）A: This waiter is a mule.

B: He is very stubborn.

例（58）A: I met this mule yesterday.

B: He is very stubborn.

例（59）A: I met this mule yesterday.

B: I blamed it last week.

例（60）A: This waiter is a mule.

B: He is (not) a very stubborn mule.

例（61）A: This waiter is a mule.

B: I blamed it last week.

例（62）A: This waiter is very stubborn.

B: I blamed this mule last week.

例（63）A: I met this waiter yesterday.

B: I blamed this mule last week.

例（64）A: I met this mule yesterday.

B: It is a waiter.

例（65）A: This waiter is very stubborn.

B: He is a mule.

例（66）A: I met this waiter yesterday.

B: He is a mule.

在例（59）中，如果 mule 和 it 的实际所指均为"骡子"而非"服务员"，那么 A、B 就不构成隐喻话对。在例（60）中，A、B 共享同一个隐喻式"THE WAITER IS A MULE"。这样，即使 A、B 两个话轮中的隐喻式命题相互否定，也不妨碍 B 对 A 的"协作式"话语连贯程度，这一点与"书面语篇"截然不同，后者会因此产生前后自相矛盾的两个小句，衔接力和连贯性均会大打折扣。

需要注意的是，如果 I 类模式中的 P 并未使用任何隐喻性话语，而 R 却采用了与 P 的交际事件毫不相关的隐喻表达，虽说 P 和 R 这样也可构成隐喻话对，但不能产生隐喻性主体话语连贯。倘若 R 的话语也未包含"显性化"的隐喻表达，如 P（喻标）→R（喻标）、P（喻底）→R（喻底）、P（喻底）→R（喻标）、P（喻标）→R（喻底）等，那么所谓的隐喻话对也就难以成立。

值得一提的是，尽管"喻底"是隐喻形成的关键因素，但其亦可出现在非隐喻性话语中（如仅对某话题进行特征描述，并不提及其喻源等），不作为隐喻话对的基本构成性条件，故将其纳入Ⅰ类模式。

当然，前文 7.4.1 小节中的表 7.1 也同样适用于融入 DA 衔接机制的扩展式隐喻话对的衍生连贯模式，此时只需将该表左列的"话题""过程""事件"分别替换为"喻标""喻源""隐喻式"即可，其余内容和原理不变，故在此不必详述。

7.5 主体语境转化与话语连贯分析

从前文的分析中可以看出，在话语交际（尤其是会话交际）过程中，一方的主体语境是否成功迁移或者经由何种途径转换至另一方的主体语境之中，对于主体间的话语连贯效应会产生较大影响。试比较：

例（67）高连长：你可千万别去！就你现在这副德行，去了也得吃苍蝇！
士兵：苍蝇？那玩意儿可咋吃啊？

（粟青《虚晃一枪》）

例（68）郑金珠：听说大家都称呼你白天鹅。
郑银珠：别叫我白天鹅，我是一只没人理睬的丑鸭子。

（韩国电视连续剧《看了又看》）

例（67）中的"吃苍蝇"在高连长看来是一种隐喻用法，喻指"自取其辱"，而士兵却按其字面意义予以解读，也就是前者未能将己方的"言后语境"转化为后者的"言前语境"，尽管首个话轮含有隐喻性表达，但两人实际并未构成一个连贯的隐喻话对。反观例（68），剧中郑金珠把自己的"言内语境"传给了妹妹，成为后者的"言内语境"。这样，同一个喻标"郑银珠"与两个喻源"白天鹅""丑鸭子"形成共指，在两人之间形成了由两个隐喻性话语事件组构的隐喻话对，系Ⅱ类模式的 v 级连贯机制（参见 7.4.2 小节）。换言之，P 在此时成为 R 的主体语境的一部分。

7.5.1 主体语境转化的特征及类型

与主体语境匹配（参见 7.4 节）的"单向性"（P→R）特征有所不同，主体语境转化代表了更为宏观的主体间"双向性"（P↔R）认知机制，可以覆盖"自主式"和"协作式"两种话语连贯机制乃至交际连贯模式（详见第 8 章），其作用是促使交际双方"互为语境"，为实现主体可及和保证话语交际的持续推进创造条件。主体语境转化可以分为以下两种情形（此处的 i 和 ii 与主体的话语连贯性等级无关）。

（1）R 作为 P 的语境（从 R 向 P 转化），适用于以下两种情况。
（i）部分类型 P 的"自主式"话语连贯分析（如 7.3 节中的 II 级自主连贯等）；
（ii）基于"P 话语→R 语境"可及的"协作式"话语连贯分析（参见 7.4.1 小节）。

（2）P 充当 R 的语境（从 P 向 R 转化），适用于以下两种情况。
（i）部分类型 P 的"自主式"话语连贯分析（如 7.3 节中的 III 级自主连贯等）；
（ii）依托"P 语境→R 话语"可及的"协作式"话语连贯分析（参见 7.4.2 小节）。

上述几种话语连贯机制在前述几节已有详细阐述，在此无须赘言。下节仅针对（2）-ii 型语境转化做几点补充说明。

7.5.2 主体语境转化的实施途径

P 的交际目的之一通常是期待 R 能够把握其言后语境，但在 P 的话语（尤其是含有多个小句）的产出过程中，R 可能误将（有意或无意）P 的言前或言内语境视作 P 的言后语境，因此 7.4.2 小节的"P 语境→R 话语"模式只是 R 所设定的"无标记"状态，仅限于 P 转化其"言后语境"这一种情况，有赖于 P 和 R 均实现了各自的"前置假设"（参见 7.2.1 小节）。

据此，在实际会话中，P 往往向 R 传递了其言前、言内或言后语境中的一种或多种，且理论上可能与 R 的言前、言内或言后语境形成多条转化路径，如图 7.5 所示（"→"同时代表主体可及和主体语境转化的方向。请注意与 7.2.2 小节中图 7.4 的区别）。

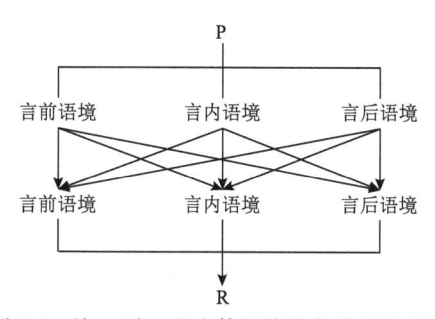

图 7.5 从 P 到 R 的主体语境转化路径示意图

根据图 7.5，P 可将三种主体语境分别通过下述 9 种方式转移至 R 的各类主体语境当中（"→"表示主体语境转化的方向）。

（1）P（言前语境）→R（言前语境）
（2）P（言内语境）→R（言前语境）
（3）P（言后语境）→R（言前语境）
（4）P（言前语境）→R（言内语境）
（5）P（言内语境）→R（言内语境）
（6）P（言后语境）→R（言内语境）
（7）P（言前语境）→R（言后语境）
（8）P（言内语境）→R（言后语境）
（9）P（言后语境）→R（言后语境）

在 R 看来，其与 P 语境匹配的"标记性"和"经济性"决定了话语连贯程度（详见 7.4 节）；对于 P 而言，R 的主体语境与 P 的言后语境叠合度越高，话语连贯性就越大。据此，以上诸类主体语境转化路径可依次表现为下面例（69）中的 a—i。

例（69）A：我们公司出了一批新电脑，都非常简单实用，你可以考虑购买。

B：
a. 你们生产的电脑？
b. 你们的电脑挺好用的。
c. 你们这批电脑贵不贵？
d. 电脑就应该方便操作。
e. 便捷易用就是好。
f. 实用型的东西不愁销量。
g. 新款好像都挺贵的。
h. 实用型产品应该不会很贵吧？
i. 太贵了我就不买了。

在例（69）中，A 的三个小句中的"电脑""简单实用""你……购买"分别对应于话题、过程和事件，并依次体现了 A 的言前、言内和言后语境（此处为"因果式"言后语境，参见上文 7.4.2 小节）。

具体说来，A 会将 i 视为最连贯的话语，因为 A、B 不但均启用了言后语境，而且此时两人的话语信息焦点完全融入了 A 的言后语境。同时，c、f、g、h 也会被 A 当作连贯性相对较高的"第一梯队"，因为 c 和 f 均吸收了 A 的言后语境，尽管未能将之转化为 B 的言后语境，而 g 和 h 虽并未如 i 那样与 A"门当户对"，却也在 A 的语境转换中成功激活了 B 的言后语境。

值得注意的是，有时 P 的主体语境也可进行整体性迁移，换言之，R 可能将 P 的言前、言内和言后语境"打包"纳入己方的言前语境。例如：

例（70）A：我们公司出了一批新电脑，非常简单实用，你可以考虑购买。

B：
- a. 太好了，这件事我很感兴趣。
- b. 非常抱歉，这件事我不感兴趣。

如前文所述，言前语境一般具有发起或确定话题的作用。A 的三个小句在例（70）中一同转化为 B 的言前语境，并以相应话题（这件事）的形式开启新的话轮。随后，a 和 b 分别通过该话题引发的两个命题截然相反的话语事件"我很感兴趣"和"我不感兴趣"吸纳和排除了 A 的言后语境（交际意图）。因此，从主体语境转化的角度讲，a 的话语连贯性高于 b。

7.6 小 结

本章重在讨论"话语连贯"的主体构建模式。"主体语境"（参见第 6 章）打通了 P 和 R 之间的认知联系与交际渠道，形成了由 CA-1（IA 阶段）主导、DA 辅助的话语连贯系统分析框架（参见 7.2 节的图 7.3）。该框架包括主体语境"假设""匹配""转化"三大 CA-1 认知机制。

具体而言，语境假设和匹配分别促成了 P 或 R 控制的"自主式"话语连贯以及由 P 到 R 的"协作式"话语连贯。其中，最具代表性的"P 话语→R 语境"连贯模式兼容了书面语篇与会话交际，而"P 语境→R 话语"这一连贯机制仅适合于会话交际分析。语境转化机制则全面融入话语连贯的"主体化"过程之中。此外，每一种 CA 话语连贯模式均具备特定的主体性连贯等级划分与衡量标准。

第8章　主体可及性模式下的交际连贯研究

8.1　引　　言

上一章探讨的"话语连贯"的基本单位为"P—R"话对，表明 R 可以在与 P 的一个"交际回合"（两个话轮）内获取 P 的交际意图，只是具体的实现路径有所差异（详见前章7.2节）。

主体性连贯的构建主要基于两个根本条件：一是主体间先行"互信"；二是这种"互信"得以应验。但事实上，主体间的交流沟通并非总是如"话语连贯"那样"一拍即合"，也就是上述两个条件未必为 R 在一个话对内同时满足。试比较：

例（1）A：小王中了一等奖。
B：
　　a. 太厉害了！
　　b. 这不可能！

例（2）A: This boy is always heeling after us. We all dislike this dog.
B:
　　a. It is following us all the way.
　　b. He keeps shouting at us.

不难发现，上述两组会话中的 a 均同 A 达成了较高等级的话语连贯。相比之下，b 和 A 之间的话语连贯性就要弱一些，具体表现在以下方面。

例（1）中 b 直接否认了 A 的话语事件，因而归属于 R 的（ⅲ）级"前置假设"（参见第5章5.5.2小节），也就是 A 与 B 没有建立"互信"。例（2）中 b 虽然察觉到 A 使用了"THE BOY IS A DOG"这一隐喻式，但未能明确其喻底 "following us all the way"，而误认为是"shouting at us"，也未像 a 那样通过 It 来延续 A 的喻源 dog，因此并没有形成实质性的隐喻话对，换言之，A 和 B 的"互信"没有同时生效。这样看来，以上两例中的 b 均未触及 A 的真实意图。

可见，主体间的话语连贯性不高，确有可能会制约 R 对 P 的交际意图的准确领悟，从而影响交际效果。问题在于，如例（3）所示，即使 A 和 B 的首个交际回合呈现出高级别的话语连贯，A 和 B 的第二个话轮也显示双方都曲解了对方首个话轮的真实意图。这说明，话语连贯性的强弱并非交际意图识别的决定性因素。

  例（3）A：你来了？
     B：来啦。
     A：其实你不必来的。
     B：我是专门过来的。

  因此，仅凭"话语连贯"不足以促使主体迅速且同时达到前面提到的两个条件。若要确保交际意图的互认或共享，主体间还须建立"交际连贯"。简言之，前者意在揭示 R 对 P 的话语的理解过程；后者重在阐明 P 的交际意图的确认机制。

  虽然例（1）和例（2）中 a 的话语都表明话语连贯和交际连贯有时亦可叠加，即 R 所认定的 P 的交际意图有时恰好就是 P 的真实意图。然而，在多数情况下，交际连贯需要摆脱交际话对的束缚和限制。也就是说，P 往往会主动或者应 R 的要求以增补话轮的方式确认或验证自己的交际意图是否已被 R 成功识别，进而将 R 纳入自己的认知体系，达成一种"解铃还须系铃人"的默契。同时，P 也会如例（3）中那样随即转换角色，接受 R 的检验，如此反复。这样，话语连贯的"P—R"结构便在交际连贯构建机制中扩展为"P—R—P"话语模式。换言之，P 的交际义一般至少要经由其后 R 和 P 的两个话轮方可最终确认，由此形成一个完整的"主体可及轮次"（SA turn）。此时的 SA 认知机制由 IA 阶段的"CA-1+DA"转为 FA 阶段的"CA-2"，主体可及路线也从"P→R"变为"R→P"。

  由此可见，话语连贯受制于 R，体现了 P 和 R 的主体语境和话语成分之间的关联方式，是话语的主体性和本体性的高度统一。相比之下，交际连贯受控于 P，反映了 P 和 R 之间主体语境的连通路径，其主体化程度更高，主体性特征也更为显著（关于话语连贯与交际连贯的更多区别，详见第 6 章 6.3.3 小节）。

  本章旨在深入剖析由 CA-2 独立形成的以及 CA-1 和 CA-2 共同作用下的"交际连贯"的运作机制及其构建类型。

8.2 CA-2 主导的局域性交际连贯形成机制

  交际连贯本质上反映了 R 与 P 在"主体语境"层面上的认知可及机制，其主体可及效应通常需要 P 的及时话语反馈加以验证。值得注意的是，处于会话交际中的 P 对 R 的反馈是即时在线的，而这种反馈在书面语篇中往往是离线且滞后的。

也就是说，口头话语和书面话语的交际连贯获取方式有所不同。尽管如此，交际连贯在这两类话语型式中的主体可及路径（R→P）仍趋向一致。

8.2.1　会话模式下的交际连贯构建

与 CA-1 状态下不同，P 在 CA-2 状态下处于绝对的控制地位。P 在己方"前置假设"（参见第 7 章 7.2 节）失效的情况下，通常会借助其"后续话轮"来引导 R 的主体语境，并将其直接融入 P 的"言后语境"，也就是促成 R 对于 P 在"语境"层面上的主体可及。

值得注意的是，在 CA-1 控制下的"P 语境→R 话语"的话语连贯模式中，P 的言后语境是由 R 根据 P 的先前话轮自行判定的（参见第 7 章 7.4.2 小节），故其仅代表 P 潜在的"话语意图"，未必反映 P 的"交际意图"。相比之下，由 CA-2 主导的 P 的言后语境是在 R 的话语输出之后形成的，故其完全受制于 P，因而更接近于 P 的"交际意图"。

据此，基于 CA-2 的交际连贯源自"R 语境→P（言后）语境"这一可及机制，换言之，R 调取了何种主体语境成分触及 P 的后续话语所体现的言后语境。这样，在会话交际模式下，评判"交际连贯性"的等级主要是基于以下两个标准：

（1）R 的主体语境的启用路径；
（2）P 的言后语境的激活层级。

下文将对此分别予以详述。

8.2.1.1　R 的主体语境的启用路径与交际连贯

语境亦可视作宏观意义上的话语本体的一部分（O'Driscoll 2013：174）。我们认为，语境依托于话语而存在，话语因素有时也能转化为语境，且语境和话语均受制于主体，都是主体的认知工具。据此，传统的文化语境、社会语境和情景语境等在 SA 模式下都可视为主体控制下的认知语境（主体语境），它们在话语交际中均为主体临时抽取的认知资源，并可能随着交际的延续被主体删减、补充或调整。

由此可见，脱离主体控制而相对独立的语境分析对于话语研究的作用非常有限，只有对这些语境要素加以限制，将其充分主体化并使之发挥话语组织的功能，这样的语境分析才有实际意义（Tracy et al. 2015：90-93）。

鉴于此，依托于 CA-2 的主体语境各要素的运作基本流程如图 8.1 所示。

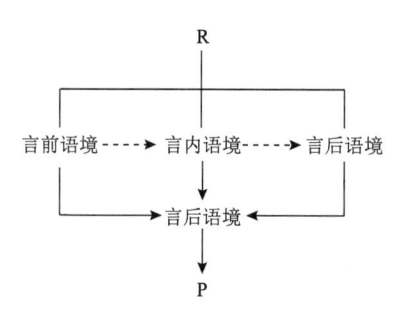

```
                    R
          ┌─────────┼─────────┐
          ↓         ↓         ↓
       言前语境---→言内语境---→言后语境
                    ↓
                 →言后语境←
                    ↓
                    P
```

图 8.1　基于 CA-2 的交际连贯（R→P）运作流程（会话与篇章模式通用）
注：实线箭头代表"可及于"；虚线箭头表示"主体语境的启用顺序"

图 8.1 中主体语境的分类依据在于会话话轮在 P 和 R 之间的切换过程中交际双方对于彼此话语所表现出的不同认知状态，具体而言如下。

（1）R 的言前语境

从 P 的话语（P 的先前话轮）生成之时到 R 接收 P 的话语之初，R 的主体语境表现为 P 的话轮开端初步激活的社会、文化、个体等百科知识资源，其认知活跃度较弱，选取的随意性较强。

无标记情况下，该语境产生于 R 发话之前，并可继续以话语形式体现于与 P 先前话语中的"话题"成分相关联的 R 的首个（或后续）话轮。

（2）R 的言内语境

从 R 接收 P 的话语之后到 R 对 P 的完整话语义进行解读之时，R 的部分认知资源被 P 于同一话轮的后续话语形式及其他显性信息中逐步前景化，其认知活跃度相对较高，提取的随意性有所降低。

无标记状态下，该语境生成于 R 于同一话轮的发话初期，并可继续以话语形式转化为和 P 先前话语中的"过程"成分相关联的 R 的首个（或后续）话轮。

（3）R 的言后语境

从 R 理解 P 的话语义之后到 R 确认 P 的交际义之时，R 的主体语境被 P 于同一话轮的话语功能及相关隐性信息进一步限定，其认知突显度最高，抽取的随意性最低。

无标记条件下，该语境形成于 R 在同一话轮的发话末期或者覆盖了 R 在该话轮的发话全程，并可继续以话语形式表现为与 P 先前话语中的"事件"成分相关联的 R 的首个（或后续）话轮。

（4）P 的言后语境

在 R 接管并生成己方话轮之后，在无标记状态下，P 向 R 核实了 P 在先前话轮中意欲向 R 展现的言后语境，并通过 P 的后续话轮体现出来。

值得注意的是，P 的言后语境在其后续话轮中未必只表现为"事件"成分，亦可由"话题"或"过程"成分予以体现。

需要指出的是，此处的"言后"同时包含以下三层含义：
(i) P 的首个（或先前）话轮生成之后；
(ii) R 的首个（或后续）话轮输出之后；
(iii) P 的原本交际意图为 R 所确认之后。

由此可见，CA-2 实质上是 P 促使 R 对自身的主体语境进行逐步限制和过滤的过程。由此，目前的话语研究中语境分析较为宽泛且语境因素缺乏必要的限定这一问题可在一定程度上得到缓解。

值得注意的是，R 的三种主体语境是在 P 和 R 的协同下建构起来的。其中，R 的言前和言后语境相对稳定，分别对接于 R 和 P 的认知世界；言内语境充当 P 和 R 的连通界面，具有不确定性。随着 R 的主体语境受制于 P 的程度不断提高，它们所含的信息量依次递减，R 付出的认知努力逐步递增。从图 8.1 可知，在无标记条件下，P 的言后语境在其先前话轮生成之时便已确定，一般不会因 R 的三种语境的推进或变化而发生改变，只有 R 的任一主体语境与之相符，CA-2 才会最终生效，并在语境层面促成"交际连贯"，此时的话语交际才有意义。

交际连贯表现为 R 以何种类型的主体语境（言前、言内和/或言后）与 P 所设定的言后语境相吻合，或者说由 P 控制的言后语境需要 R 以何种类型的主体语境（言前、言内和/或言后）与之可及。据此，FA 是衡量 CA-2 效果的关键，即 CA-2 须至少贯穿 P—R—P 三个话轮。例如：

例（4）A: Linda is an angel.

B: This girl must be very warm-hearted.

A: { a. We all like her.
　　 b. She is so beautiful actually.
　　 c. Linda is the angel's name.

在例（4）中，B 的话语显示其言后语境已被 A 的首个话轮激活，产生了"因果式"主体语境。然而，A 第二个话轮中的 b 和 c 表明 A 起初意在激活 B 的言内和言前语境，所以 b 和 c 与 B 的交际连贯性要弱于 a。

基于图 8.1，为了促成交际连贯，R 的主体语境原则上可以通过下述七种启用和运行路径实现与 P 的言后语境的主体可及关系（"→"表示"可及于"；"∧"表示"主体语境的启用顺序"）。

(1) Ⅰ级运作路径（R 语境）

R（言前语境）→P（言后语境）

(2) Ⅱ级运作路径（R 语境）

R（言内语境）→P（言后语境）

（3）Ⅲ级运作路径（R 语境）

R（言后语境）→P（言后语境）

（4）Ⅳ级运作路径（R 语境）

R（言前语境）∧R（言内语境）→P（言后语境）

（5）Ⅴ级运作路径（R 语境）

R（言前语境）∧R（言后语境）→P（言后语境）

（6）Ⅵ级运作路径（R 语境）

R（言内语境）∧R（言后语境）→P（言后语境）

（7）Ⅶ级运作路径（R 语境）

R（言前语境）∧R（言内语境）∧R（言后语境）→P（言后语境）

以下七组对话分别对应于上述各等级的语境启用路径。

例（5）A：明天去登山，小丽也要一起去。
B：登山一定很累，还是别去了。
A：我觉得也是，要么改天吧。

例（6）A：明天去登山，小丽也要一起去。
B：小丽就算了吧，我不想让她加入。
A：我觉得也是，那就别让她去了。

例（7）A：明天去登山，小丽也要一起去。
B：那小辉还去不去嘛，我想让他加入。
A：我觉得也是，我去跟他说说。

例（8）A：明天去登山，小丽也要一起去。
B：登山一定很累，还是别去了。
A：这倒没什么，但是小丽也想去。
B：小丽就算了吧，我不想让她加入。
A：我觉得也是，那就别让她去了。

例（9）A：明天去登山，小丽也要一起去。
B：登山一定很累，还是别去了。
A：这倒没什么，只是不知道小辉怎么想。
B：那小辉还去不去嘛，我想让他加入。
A：我觉得也是，我去跟他说说。

例（10）A：明天去登山，小丽也要一起去。

B：小丽就算了吧，我不想让她加入。
　　A：这倒没什么，只是不知道小辉怎么想。
　　B：那小辉还去不去嘛，我想让他加入。
　　A：我觉得也是，我去跟他说说。

例（11）A：明天去登山，小丽也要一起去。
　　　B：登山一定很累，还是别去了。
　　　A：这倒没什么，但是小丽也想去。
　　　B：小丽就算了吧，我不想让她加入。
　　　A：这倒没什么，只是不知道小辉怎么想。
　　　B：那小辉还去不去嘛，我想让他加入。
　　　A：我觉得也是，我去跟他说说。

　　在以上系列对话中，B 的言前、言内与言后语境先后突显于 A 的首个话轮中的"登山"和"小丽也要一起去（登山）"明示的话语义及其可能隐含的交际义"想让小辉而不是小丽加入"（由 B 推知），但实际上三者可及于 A 不同的言后语境（在每组会话的最后一个话轮中显现）。

　　从局部来看，例（5）—例（7）中的 B 分别以其言前、言内和言后语境与 A 的言后语境发生可及，说明 B 对于 A 的话语的识解力度在逐步增加，A、B 之间的交际连贯性也由此逐渐减弱。

　　就整体而言，前三组对话中的交际连贯构建均限于一个"主体可及轮次"（A—B—A），所以它们的交际连贯性要高于例（8）—例（11）。A、B 在后四组对话中的主体可及关系均多于一个交际回合，表明 B 对于 A 的言后语境的可及性在降低，特别是 B 在例（11）中依次调用了言前、言内、言后三种语境模式才与 A 首个话轮原本的言后语境实现对接，认知处理耗时最长，交际连贯性也最差。尽管例（8）—例（10）的主体可及频次相同，但例（8）中 B 的语境驱动（言前语境∧言内语境）所消耗的处理努力总体上要小于后两例（言前语境∧言后语境；言内语境∧言后语境），故其交际连贯性相对略高。

　　综合上述分析，基于 R 主体语境启用路径的交际连贯程度的评判依据包括以下两条标准（"<"表示"处理强度弱于"）。

（1）首要标准

R 为取得 CA-2 所启用的主体语境的处理强度（言前语境＜言内语境＜言后语境）。

（2）次要标准

CA-2 最终达成时 R 和 P 共同经历的话轮数量。

如上述几例所示，两类标准均与主体的交际连贯性成反比，在会话分析时通常一方为常量，而另一方则充当变量。

8.2.1.2　P 的言后语境的激活层级与交际连贯

作为传统会话分析的基本单位，"相邻话对"这一概念之所以饱受诟病（Coulthard 1977：92），主要因其囿于"P—R"这种两段式的分析方法，将 P 的反馈话轮排除在外，无法精确考察主体之间的语境贴合度，尤其是对受制于 P 的言后语境的具体表现方式缺乏系统的描述与定位。

据此，交际连贯研究基于"P—R—P"三段式的话轮序列，把话语的"生成""回应""反馈"三者结合起来，通过 P 的言后语境的现时激活层级来衡量 R 对于 P 的实际认知可及度，以此作为交际连贯性大小的另一评判标准。例如：

例（12）A: Kelvin is a robber.

B: { a. He is dangerous.
　　 b. I never expect that he is such a person.
　　 c. I had better stay alert to him.

A: { a. He is a real danger.
　　 b. You know him now.
　　 c. You should keep cautious of him.

在例（12）中，Ba、Bb、Bc 分别从言前、言内、言后这三个主体语境层级对 A 的首个话轮进行了回应，且 A 的反馈话轮 Aa、Ab、Ac 表明 A 和 B 已在首个回合实现了话语层面的Ⅰ级关联（详见第 7 章 7.4.2 小节）。Ba、Bb、Bc 的主体语境处理强度与话语成分层级依次提升。

值得注意的是，Aa、Ab、Ac 实质上是 A 在向 B 显映 A 首个话轮中的言后语境，分别为"A INTENDS TO ASSERT THAT KELVIN IS A DANGEROUS ROBBER"、"A INTENDS TO INFORM B OF KELVIN'S IDENTITY"和"A INTENDS TO WARN B AGAINST KELVIN"（系"因果式"言后语境）。

更为重要的是，对于 A 而言，Aa、Ab、Ac 均为其"（交际）事件"，但在 B 看来，Aa、Ab、Ac 分别由"话题""过程""（主体）事件"这三个"从低到高"的话语层级体现，其所包含的交际信息量依次递增。

综合以上分析，依托 P 言后语境激活层级的交际连贯性的衡量标准一共分为以下九个等级（"→"表示"可及于"）。

（1）Ⅰ级激活层级（P 语境）

R（言前语境）→P（"事件层"体现的言后语境）

（2）Ⅱ级激活层级（P语境）
R（言前语境）→P（"过程层"体现的言后语境）
（3）Ⅲ级激活层级（P语境）
R（言前语境）→P（"话题层"体现的言后语境）
（4）Ⅳ级激活层级（P语境）
R（言内语境）→P（"事件层"体现的言后语境）
（5）Ⅴ级激活层级（P语境）
R（言内语境）→P（"过程层"体现的言后语境）
（6）Ⅵ级激活层级（P语境）
R（言内语境）→P（"话题层"体现的言后语境）
（7）Ⅶ级激活层级（P语境）
R（言后语境）→P（"事件层"体现的言后语境）
（8）Ⅷ级激活层级（P语境）
R（言后语境）→P（"过程层"体现的言后语境）
（9）Ⅸ级激活层级（P语境）
R（言后语境）→P（"话题层"体现的言后语境）

具体而言，Ⅰ级激活层级的交际连贯性最高，Ⅸ级最低。这充分表明，如果R能够以最小的语境启用强度以及最低的话语表达层次触及由P的最高话语层级（对R而言）所体现的言后语境（即R付出最小的认知努力换取了最大的交际量值），则P和R之间的交际连贯性最高。

然而，一旦出现了由强至弱或由高到低的"反向激活"，则说明R对于P采取了一种"过度"的认知可及方式，那么两者的交际连贯性也会随之降低。

据此，综合8.2.1.1和8.2.1.2两小节，主体交际连贯性的"最优标准"（会话和篇章模式通用）可以概括为以下三条（须同时满足）。

（1）R为取得CA-2所启用的主体语境的处理强度最低（R的言前语境）。
（2）CA-2最终达成时R和P经历的主体可及轮次或频数最少（只有一轮"P—R—P"或者只有一次"R→P"）。
（3）P的言后语境（由P自控，非R设定）达到了"Ⅰ级激活层级"。

8.2.2 篇章模式下的交际连贯构建

由于R的话轮（或话语）在"篇章模式"下大多处于缺失状态，故"会话模式"的主体性连贯效应自然要比书面交际表现得更为显著和完整。然而，我们不能由此忽视篇章模式交际连贯性的存在及其作用。相反，在书面语篇的 CA-2 构建机制中，R 对于 P 的可及性程度（或者说 P 对于 R 的控制作用）反而会得到进一步加强。

8.2.2.1　篇章模式与会话模式在主体语境工作机制上的差异

篇章模式下的主体语境的总体运行原理同会话模式基本相同（参照 8.2.1 小节的图 8.1），主要区别在于 R 与 P 主体语境的组构方式，具体表现如下。

（1）R 的言前语境

在 R 识别或确认 P 在语篇中的"话题"成分之时，R 的主体语境表现为由该话题成分激活的与之相关的社会、历史、文化背景等信息资源，其认知活跃度较低，调用的随意性较强。

由于 R 没有话语权，故该语境系 R 对于 P 的言前语境潜势的自行选定。在无标记情况下，该语境与 P 的言前语境基本重合，并可持续体现为与 P 在该语篇中的"话题"成分相关联的"名词性"话语形式。

（2）R 的言内语境

在 R 识别或确认 P 在语篇中的"过程"成分之时，R 的主体语境反映了由该过程成分引发的与当前话题表层的"话语义"相关的信息资源，其认知活跃度相对较高，选取的任意性有所降低。

由于 R 没有话语权，故该语境系 R 对于 P 的言内语境潜势的自主设定。在无标记情况下，该语境与 P 的言内语境基本吻合，并可持续表现为与 P 在该语篇中的"过程"成分相关联的"动词性"话语形式。

（3）R 的言后语境

在 R 识别或确认 P 在语篇中的"（主体）事件"成分之时，R 的主体语境体现了由该（主体）事件成分体现的与当前话题深层的"交际义"相关的信息资源，其认知突显度最高，选择的自主性最低。

由于 R 没有话语权，故该语境系 R 对于 P 的言后语境潜势的自行假设。在无标记情况下，该语境与 P 的言后语境基本相符，并可持续表征为与 P 在该语篇中的"（主体）事件"成分相关联的"小句性"话语形式。

（4）P 的言后语境

主要指 P 在语篇中意欲向 R 展示的与当前话题相关的交际意图或者"（交际）事件"。在无标记状态下，P 的"（交际）事件"与 R 所认定的 P 的"（主体）事件"相一致，并可随着 P 的语篇推进得以突显。

同"会话模式"类似，P 的言后语境（交际事件）在语篇中未必仅表现为"事件"成分，也可由"话题"或"过程"成分予以体现。

与"会话模式"不同的是,此处的"言后"仅包含下述两层含义:
（i）P 在语篇中的首个（或先前）"（交际）事件"生成之后;
（ii）P 的原本交际意图为 R 所识别之后。

由上可知,在书面交际中,R 的主体语境几乎是在 P 的逐步引领与主导下构建的,直至双方的言后语境完全重合。据此,篇章模式下的交际连贯研究旨在揭示"R 的主体语境是 P 的主体语境在语篇中的同步再现"这一主体可及过程。

具体而言,R 的言前语境所涉范围最为宽泛,易于在 R 解读 P 的语篇过程中最先被激活。例如:

例（13）枯藤老树昏鸦,
　　　　小桥流水人家,
　　　　古道西风瘦马。

　　　　夕阳西下,
　　　　断肠人在天涯。

（马致远《天净沙·秋思》）

例（13）的首节由 9 个话题并连而成,它们具备的常规属性汇集在一起,成为 R 的言前语境,并在三个小句之间自由穿梭,时而浓墨如画,时而凄凉惨淡,为 R 创造了无限的遐想空间。正当 R 迷惑于此中的意境之际,P 于尾节随即将 R 的思绪定格在了"孤寂苦楚"之上。也就是说,该节中的"夕阳"与"断肠"等描述源自 P 的言内语境,但此时已转化为 R 的言内语境,其作用是对 R 的言前语境进行过滤和融合,使之更加靠近关乎全段主题的 P 的言后语境。例如,R 可在首节每行末尾补上"令人断肠"这一述位结构,突显三句之间的 I 级过程类衔接,将其整合为同一类事件成分,进而形成 R 的言后语境,与 P 的言后语境完全吻合。

尽管如此,仅凭例（13）并不能证明 P 和 R 的主体语境在语篇推进过程中总相契合。例如:

例（14）Mike is a thief. He stole a wallet from William. We hate him.

在例（14）中,最后一句中的 him 的回指模糊就是 P 的言内语境造成的,而且 R 往往会在 thief 和 stole 所诱发的言前语境的连带指引下,认定 him 回指的是 Mike,此时三类主体语境便被 P 和 R 完全协同起来。倘若 him 于 P 方的真实指称为 William,该语段的交际连贯就受制于 P 单方的言后语境,话题也许就此由 Mike 转换为 William。这表明,P 的言后语境往往隐匿于篇中,体现了 P 的谋篇意图,对交际连贯具有实际的约束力。由此可见,P 的言前、言内和言后语境分别具备

"附着性""消融性""意图性"这三种谋篇特征。

就 R 对于 P 语篇的理解过程而言，R 的主体语境遵循"言前→言内→言后"的顺序依次进行收束。言后语境受 P 的控制，言内语境为 P 和 R 的共享界面，三者均由 R 来调度，在篇内话题、过程和事件中的"制约起点"有所不同。我们知道，话题是 R 认知语篇的开端，话题在篇中的相对独立性使之体现的主体语境因素最为复杂，故 R 对文中话题的识解通常以其言前语境为出发点，因而三种主体语境在话题这一环节均发挥作用，如上文例（13）。在篇内句间关系的提示下，过程成分已然带有较强的谋篇功能，故其无须过于依赖 R 的言前语境，由其言内语境直接解析即可。例如：

例（15）有的人
　　　　骑在人民头上："呵，我多伟大！"
　　　　有的人
　　　　俯下身子给人民当牛马。

（臧克家《有的人——纪念鲁迅有感》）

该例中的句间关系由"X 行事于人民"这一事件成分体现。从 P 的言内语境所提供的上下文信息来看，该事件的信息焦点在语义上截然相反。尽管例（15）中的话题（有的人）表面上为 I 级衔接，但两句实则系 III 级衔接方式。

相比之下，在事件层面，P 的言后语境的制约效应会得到最大限度的发挥。我们可以从下例中的一项关于"主题化"的案例分析中找到有力的证据。

例（16）Rocky slowly got up from the mat, planning his escape. He hesitated a moment and thought. Things were not going well. What bothered him most was being held, especially since the charge against him had been weak. He considered his present situation. The lock that held him was strong, but he thought he could break it.

（Brown & Yule 1983: 139-140）

研究发现，当例（16）被分别冠以"A Prisoner Plans His Escape"和"A Wrestler in a Tight Corner"这两个标题时，R 对同一语段会产生完全不同的理解方式。标题一展现了一名孤独的囚犯正在企图越狱的场景，而标题二则反映了一位试图摆脱命运束缚的抗争者的内心渴望。这一反差说明，R 即使掌握了篇中话题和过程的构建模式，也未必完全融入 P 的言后语境，还须在事件层面与 P 达成"主题"或者"认知图式"上的最终一致。

此外，P 的言后语境在事件层面表现出的强大约束力能够迫使 R 对话题和过程成分的理解做出修正。例如在标题二的控制下，例（16）中的 lock 将失去其常规性的物理特质（R 的言前语境）而变为一个抽象的心理实体（P 的言后语境），且文中 Rocky 引发的事件也由被动关系（R 的言内语境）转为主动关系（P 的言后语境）。

上述分析表明，在每一类主体语境层级上，R 都在试图向 P 积极靠拢，主体间的认知距离也会随着语境层级的提高（言前→言内→言后）而缩小。

我们曾在第 5 章 5.2.1 小节中提到，总的来说，口语会话更关注连贯效应，而书面语篇更侧重衔接机制。据此，篇章模式下的交际连贯构建离不开主体语境以及话语成分Ⅰ、Ⅱ、Ⅲ、Ⅳ级 DA 衔接的相互契合。DA 衔接机制实质上依次体现了话语成分之间的"范畴化→过度范畴化→离范畴化"这一主体认知路径（主要指 R 方），它们可以与 P 和 R 的主体语境共同对语篇的交际连贯程度产生影响。例如前文例（15）中的"有的人"在 R 的言前语境的单独作用下可形成Ⅰ级话题类衔接，若 R 可及于 P 的言内和言后语境，它们之间实为Ⅲ级话题衔接。

再比较例（17）中的几组语段。

例（17）a. Ben is our boss. He gave David an offer. Let me introduce Ben to everyone.

　　　　b. Ben is our boss. He gave David an offer. Let me introduce David to everyone.

　　　　c. Ben is our boss. He gave David an apple. Let me introduce David to everyone.

　　　　d. Ben is our boss. John gave David an apple. Let me introduce David to everyone.

以言前语境为起点，例（17a）中的话题之间为Ⅰ级衔接（Ben=He=Ben），例（17b）和例（17c）同为先Ⅰ级后Ⅲ级衔接（Ben=He∧David），例（17d）则为Ⅲ级衔接（Ben∧John∧David）（"="代表"相同"；"∧"表示"相似"）。

以言内语境为出发点，各组的话题衔接方式不变，但过程衔接有所差别。其中，例（17a）和例（17b）总体上均表现为同一"话语范围"（职场求职）的过程关系（give an offer），故当属Ⅰ级过程类衔接。相比之下，例（17c）与例（17d）中的过程关系（give an apple）均脱离了当前的"话语范围"，故同为Ⅲ级过程类衔接。

从言后语境的角度看，例（17a）中的所有小句反映了同样的话题与主题（Ben），融合在Ⅰ级事件衔接体系之内，而例（17b）—例（17d）均暴露了话题、事件与主题（David）的不协调，导致了主体事件（R）与交际事件（P）的不一致，从而分别产生了Ⅱ、Ⅲ、Ⅳ级的事件衔接模式，P 和 R 之间的交际连贯程度也由此依次降低。

综上所述，在篇章模式下，P 和 R 的交际连贯具有以下主要特征。

（1）P 和 R 的主体语境（言前、言内、言后）会随着 P 的语篇推进（话语义的发展）而逐步协同一致（交际义的确认）。

（2）P 的语篇在话题、过程和事件层面上均呈现为Ⅰ级或者Ⅱ级 DA 衔接机制（此项由 R 控制）。

（3）R 所识别的"主体事件"受制于 P 所框定的"交际事件"。

（4）R 的"过程成分"的衔接类型取决于 P 的"事件成分"的衔接方式。

8.2.2.2 基于篇章模式的交际连贯性分级标准

与会话模式相仿，交际连贯性在篇章模式下同样要依据"R 的主体语境启动路径"和"P 的言后语境激活层级"这两个标准来进行分级。对于篇章模式而言，P 的话轮实际上仅有一个（由若干小句组成），因此构建篇章交际连贯的"P—R—P"主体可及模式主要表现为 R 的主体语境在 P 的语篇之内各个小句中的形成路径，主要包括以下两种型式（"→"代表"P 的语篇推进方向"）。

（1）句内可及型式

P 的某一小句前半部分→R 的主体语境（言前、言内或言后）→P 的同一小句后半部分（P 的言后语境输出端）。

（2）句间可及型式

P 的前一小句→R 的主体语境（言前、言内或言后）→P 的后一小句（P 的言后语境输出端）。

此外，由于此时 R 没有话轮或话语的实际掌控权，所以我们无法通过 R 的显性话语回应形式加以评判，只能借助 R 对于 P 的言后语境的各种潜在可及方式来推知 R 对 P 的语篇交际义的理解或把握程度。例如：

例（18）这名英勇的士兵击毙了自己的战友，加入了敌军，后来被送上了军事法庭，经审讯得知死者是个叛徒，士兵充当了卧底。

在例（18）中，如果 R 是以解读了前三个小句中的三个主体事件的方式形成了己方的言后语境，并使之可及于 P 在后两个小句中所展现的言后语境或交际事件（士兵是无辜的），换言之，对 R 来说，P 的上述语段出现了其"意料之外"的交际义走向，致使 P 和 R 的主体语境一共经历了三个"P—R—P"的主体可及轮次之后才得以完全重合，那么 P 和 R 的交际连贯性势必会因此受到影响。倘若 P 的首个小句（首个主体事件）之内的话题"英勇的士兵"促使 R 推测或者确信这名士兵的随后之举是正当的，也就是该话题所引发的 R 的言前语境在 P 的语段开端就直接融入了 P 的言后语境（交际事件），P 和 R 便可以此达成较高等级的交际连贯。

由此看来，前文 8.2.1.1 小节最后给出的"首要标准"同样适用于篇章模式，而"次要标准"须做如下调整（">"表示"交际连贯性高于"）。

（1）首要标准
（参见 8.2.1.1 小节，内容不变）
（2）次要标准
CA-2 最终达成时 R 所处理的 P 的小句（主体事件）数量或层次（句内可及型式 > 句间可及型式）。

值得注意的是，由于 R 的话轮（或话语）缺失，P 的言后语境以何种层级（话题层、过程层或事件层）促动 R 调取何种主体语境（言前、言内或言后）与之可及，这在篇章模式下只能以隐性的方式发生于 R 对 P 语篇的自主性处理之中，但其同样对交际连贯性起到一定的制约作用。试比较：

例（19）a. 小明门门挂科，小刚打架斗殴，小华整天逃课。这帮孩子啊！
　　　　b. 小明门门挂科，小刚打架斗殴，小华整天逃课。简直是在胡作非为！
　　　　c. 小明门门挂科，小刚打架斗殴，小华整天逃课。我们可不能像他们这样！

假定 R 在理解例（19a）—例（19c）各自的四个小句的过程中均与 P 完成了全部的三个主体可及轮次，那么决定两者交际连贯性的主要因素就是 P 的言后语境激活层级，在例（19a）—例（19c）中分别表现为话题层、过程层和事件层（因果式）。显然，如果 R 事先对小明、小刚和小华三人的平素表现了如指掌，那么 R 在处理 P 的上述语段时只需启动其言前语境即可，因而也会为此付出最小的认知努力。如此一来，P 和 R 在例（19c）中的交际连贯性最高。倘若反之，则 P 和 R 在例（19a）中的交际连贯性最低。

据此，篇章模式与会话模式的主体交际连贯性在"最优标准"上的评判尺度总体趋于一致（详见 8.2.1.2 小节）。

8.3　CA-1 和 CA-2 共建的整体性交际连贯模式

我们在前一节系统探讨了基于 CA-2 的主体交际连贯的发生过程、类型与分级标准。然而，CA-2 引发的交际连贯只体现了"R→P"这一 FA 认知路径，仅代表交际连贯的基本形态和局部机制。

如本章"引言"所述，完全意义上的交际连贯机制贯穿于"P—R—P"话语交际模式的全程，也就是说，交际连贯的完整形态须在 IA 和 FA 两个阶段以及 CA-1 与 CA-2 两种机制的共同作用下方可实现。我们可将前节和前章的 CA 模式整合为下文图 8.2 中的综合模式。需要说明的是，由于会话交际能够更充分展现"P—R—P"的全貌，故本节主要依托"对话类"文本进行分析。

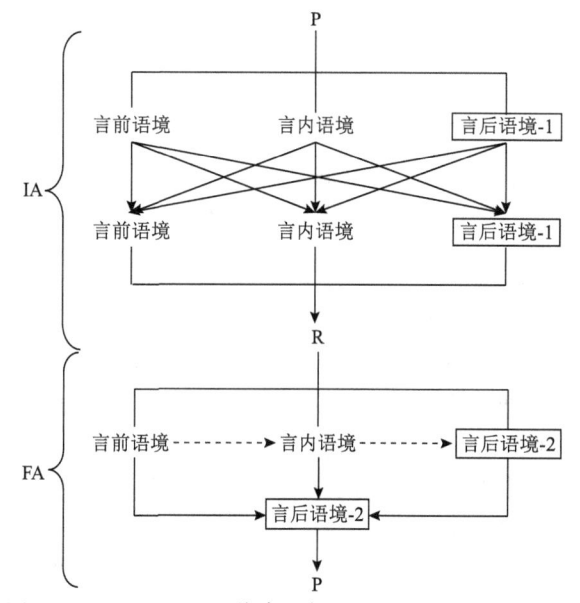

图 8.2　CA-1 和 CA-2 共建的交际连贯（P—R—P）模式

如图 8.2 所示，交际连贯的本质是 P 和 R 主体语境的融合，即 P 的言后语境为 R 的主体语境所识别的过程，其发起者和主控者均为 P，R 仅作为这一过程的中间环节。图 8.2 中有以下 4 个关键节点值得注意（以方框标识）。

（1）P 的言后语境-1

尽管该语境未必反映 P 的真实交际意图，却是 R 在 IA 阶段初步识别 P 的交际意图的关键所在。该语境通常体现为 P 的首个（或前述）话轮中的事件成分，一般出现在该话轮较为靠后的位置。该语境既是 P 和 R 之间话语连贯形成的根本保证，也是促成交际连贯的实质性起点，是联系话语连贯和交际连贯的认知基础。

（2）R 的言后语境-1

该语境是由 P 的首个（或前述）话轮中的主体语境（言前、言内或言后）激活或者转化而来的。R 可以通过该语境于 IA 阶段接纳并回应 P 话轮中的话语成分

（话题、过程或事件），以保证 P 和 R 之间的话语连贯。

（3）R 的言后语境-2

该语境同样源自 P 的首个（或前述）话轮中的主体语境（言前、言内或言后）的转换。与 R 的言后语境-1 不同的是，R 此时能够借助该语境启动 FA 阶段的 SA 机制，促使 P 据此向 R 展现其真实交际意图（或者 P 也可能由此改变其交际意图，从而引发新话题），以达成 P 和 R 之间的交际连贯。

R 的言后语境-1 和 R 的言后语境-2（只是所处的主体可及阶段和作用不同）可以被视作连通话语连贯和交际连贯的中心枢纽。

（4）P 的言后语境-2

该语境代表了 P 的真实交际意图，系 R 在 IA 阶段是否已经成功识别或于 FA 阶段最终把握 P 的交际意图的检验或确认。该语境一般体现为 P 的次个（或后续）话轮中的事件成分，原则上可能出现在该话轮中的任何位置。该语境是 P 和 R 之间交际连贯的触发点，决定了话语交际活动的走向，也是话语连贯融合于或者转换为交际连贯的根本条件。

由上可知，交际连贯的核心机制在于构建 P 和 R 的"言后语境一致性"。交际双方的言前语境和言内语境在这一过程中起到了"使成"作用，为主体间言后语境的契合提供了各种认知路径，并通过主体所付出的不同程度的认知成本和处理努力产生了若干的交际连贯等级。

同时，作为话语连贯重要载体的话语成分（话题、过程、事件）对于交际连贯的构建也发挥了至关重要的作用。从"局域性"交际连贯（R→P）模式来看，交际双方各自话轮中不同层级的话语成分可以体现己方或者激活彼方相应的主体语境，形成了"R 语境→R 话语→P 语境→P 话语"这一"FA 交际流"（FA fluid），为 CA-2 机制的顺利运行创造了"输入"（R 话语）和"输出"（P 话语）条件。就"整体性"交际连贯（P—R—P）布局而言，话语连贯以及"局域性"交际连贯的有机结合代表了主体间交际连贯的最高层次，SA 机制便可于此得以完全展现（DA+CA-1+CA-2）。

综上所述，针对交际连贯的"整体性"研究至少可从以下三个方面（或称三种视角）展开综合性分析。

（1）主体连贯整合

主要指话语连贯和交际连贯（局域性）这两种主体性连贯模式在运行机制中的协同作用，以及主体连贯性等级标准的整合与优化。

（2）言后语境融合

主要指 P 的言后语境（-1 或-2）和 R 的言后语境（-1 或-2）在充分相互转化（互为语境）之后达成一致，促使 P 和 R 构建共同的主体事件或交际事件。

（3）言后语境冲突

主要指 P 的言后语境（-1 或-2）和 R 的言后语境（-1 或-2）出现不协调之后，由前者或后者来引领或调整对方的主体事件，逐步形成 P 和 R 共认的交际事件。

后续三节我们将分别对此予以探讨。

8.3.1　主体连贯整合模式下的交际连贯机制

有时候，话语连贯和交际连贯从表面上看颇为类似，但有可能仅为一种错觉。我们不妨将第 7 章 7.4.2 小节（话语连贯）中的例（54）和本章 8.2.1.2 小节（局域性交际连贯）的例（12）置于此处进行比较[为了与本章前述例证序号保持连贯，上述两例在此分别重新标记为例（20）和例（21）]。

例（20）A: What do you think of a Whisky?

B:　a. Whisky is my favorite. Please get me a Whisky.
　　 b. I want to have a drink. Please get me a Whisky.
　　 c. I want to have a Whisky. Please get me a Whisky.

例（21）A: Kelvin is a robber.

B:　a. He is dangerous.
　　 b. I never expect that he is such a person.
　　 c. I had better stay alert to him.

A:　a. He is a real danger.
　　 b. You know him now.
　　 c. You should keep cautious of him.

尽管例（21）中的 Ⅰ、Ⅳ 和 Ⅶ 级激活层级（详见 8.2.1.2 小节）与例（20）中 a—c 的连贯方式有些类似，但前提是 R 与 P 的言后语境及相应主体事件均完全相符，否则交际连贯与话语连贯不可等量齐观。如例（21）中 Ba 和 Aa 的交际连贯性虽然弱于 Ba 和 Ac，但其话语连贯性却高于后者；Ba 和 Aa 与 Bc 和 Ac 的话语连贯度基本一致，但交际连贯性则存在一个层级上的差别。

话语连贯由 R 把持，是同一个言后语境作用下的 R 向 P 的单值匹配，一般适合于局部话语分析（如各种相邻话对），而交际连贯则受 P 的约束，由其形成的若干言后语境潜势促成 R 与 P 之间的多值对应，可用于研究主体交际过程的整体认知建构。

然而，这两种连贯机制确实能够在话语交际中产生互补。试比较：

例（22）A：小王简直是铁打的。
　　　　B：他真的很强壮。
　　　　A：你现在知道他的厉害了吧？
　　　　B：我确实不如他。
　　　　A：你别去惹他了。
　　　　B：我惹不起他。

例（23）A：小王简直是铁打的。
　　　　B：{ a. 他真的很强壮。
　　　　　　 b. 我惹不起他。
　　　　A：我是说他的皮肤黑。

不难发现，B在例（22）中的三组话对里依次与A的言前语境及话题、言内语境及过程、言后语境-1及事件构成了局部的话语连贯，随后A分别通过Ⅱ级和Ⅳ级激活层级将B逐步带入A的言后语境-2之中，最终形成一个完整的交际事件。

与例（22）的稳步推进不同，例（23）中的B对A实施了"过度可及"（参见8.2.1.2小节），破坏了交际连贯性，但是a的影响程度要低于b，因为a与A的话语连贯性要强于b，两者分别为话语成分和主体语境所激活的认知推理，a比b更易于在A的反馈话轮引导下实施话语意图的修正。

此外，话语成分之间的关联程度的变化也会改变主体语境的内部结构。例如：

例（24）A：老李他儿子留洋刚回来。
　　　　B：这小子的确是个人才。
　　　　A：我就说这孩子有出息吧。
　　　　B：改天我让他去你们村报到。
　　　　A：俺们那里条件太苦了。
　　　　B：年轻人就该到艰苦的地方磨练一下嘛。

（李安东《邻居》）

在例（24）中，B的第二个话轮与A的前两个话轮中话题和过程的关联方式由先前的Ⅰ级变为Ⅳ级（"老李他儿子"—"你们村"；给予信息—求取物品和服务），由此脱离了A的言后语境-1，触发了交际意图的转换。双方虽在话语层面出现脱节，却在语境层面得以重新融合，话语交际序列也由原先的"A—B—A"转换为"B—A—B"，致使A、B的交际主导地位发生互换，但双方的交际连贯性并未因此受到影响。由此可见，话语连贯是交际连贯在话语成分和主体语境层面上的具体表现，其体现方式的差异不会改变"P—R—P"这一交际连贯的整体运作机制。

综上，P 和 R 只有在话语连贯性和（局域性）交际连贯性这两个环节上均展现出各自的最高等级，方可达成交际连贯的整体性最优标准。例如：

例（25）潘（五爷）：你知道我最爱吃酱牛肉的啥地方吗？
　　　　朱（开山）：啥地方？
　　　　潘：筋头巴脑。这个筋头巴脑是最有嚼头了。翻过来嚼，覆过来嚼，直到把那筋头巴脑的滋味都咂摸净了，嘿，别提多舒服了。
　　　　朱：那你是不喜欢顺丝顺绺的酱牛肉了。
　　　　潘：那一口咬下去，棉花套子似的，没劲。
　　　　朱：老哥，以后我得跟你学啊，专挑那筋头巴脑的酱牛肉吃。
　　　　潘：你的牙口还行吗？
　　　　朱：我就是用牙床子嚼，也要把牛肉嚼烂了。
　　　　潘：你就不怕把牙床子硌坏了？
　　　　朱：那我就连牙床子一块儿咽下去！

（电视连续剧《闯关东》）

该剧中的两位主角在例（25）中通过话题（酱牛肉）激发了彼此的言后语境-2（明争暗斗），并逐步体现为由话题（酱牛肉的部位）和过程（给予挑衅性的信息）向事件（吃酱牛肉的方式）的转化，最终促成两人在主体语境层面的 I 级关联。

不仅如此，朱、潘二人的事件成分于话语层面构成了 I 级关联，而且双方的言后语境-2 以及事件成分在各自言前语境的驱使下已然产生一种"隐喻性"主体事件（前者为喻标话题；后者为喻源过程。详见第 7 章 7.2.2 和 7.4.3 两小节），因而在整段对话中均保持了 I 级关联。此外，该段对话全程没有出现因"过度可及"导致的话语意图修正或者由话语和/或语境层面的脱节引发的交际意图转换。

据此，诸如例（25）这类话语交际可以视为主体交际整体性连贯的最佳模式，话语连贯和（局域性）交际连贯各自的最高等级标准也汇集于此，CA-1 和 CA-2 的主体性连贯协同机制亦由此得到最大限度的优化。

8.3.2 言后语境融合条件下的交际连贯机制

如第 7 章 7.5.1 小节所述，"主体语境转化"也可以作用于交际连贯。为了保证主体交际连贯的整体性，P 和 R 的言后语境（-1 或-2）在话语交际中的"一致性"显得尤其重要。总体来讲,若 P 和 R 各自话语中的话题和话题、过程和过程、话题和过程(事件)之间均能持续形成Ⅰ级或Ⅱ级关联,表明双方已经共同参与到对同一个交际事件的构建当中,两者的言后语境(交际意图)也由此融为一体并彼此强化。我们称之为"主体互文性""主体互认""主体互为语境"。

值得注意的是,此类现象在"隐喻性"会话交际中尤为突出。试比较:

例(26)A:老伯,你儿子是块好钢。
B:真让你说中了,这小子本来就是块好钢啊!
(田牧《残阳》)

例(27)A:……你是皇上的金枝玉叶,我都不知道你会怎样想我!
B:我现在还算什么金枝玉叶呢?我只是一个平常的老百姓,一个没爹没娘的孤儿,甚至连一个名誉的家庭都没有……
(电视连续剧《还珠格格》)

在例(26)中,B 的隐喻式(即隐喻性事件,由喻标话题和喻源过程构成)是对 A 的完全肯定,在话语结构上也高度一致。相比之下,例(27)中双方的隐喻式在结构上虽属同一事件,但 A 的隐喻式被 B 完全否定,故两者实际上是相互排斥的。

上述两例代表了主体言后语境转化的两个极端:例(26)的第二个话轮未能传递任何新信息,属"重言结构",A、B 达成了"互为语境";例(27)的两个话轮在交际义上完全对立,系"语义矛盾",A、B 间的"互为语境"失效。尽管如此,后例中双方的沟通之所以未受影响,得益于 B 对 A 的隐喻式采取了语言形式上的强化和意义上的补充说明,以此填补了两者的言后语境间的信息缺失,从而确保了一定的交际连贯性。

一般情况下,隐喻性主体事件所体现的主体言后语境主要分为以下两个层面。

(1)初级(言后)语境

主要源自表层隐喻性主体事件所隐含的喻标和喻源之间与当前交际事件相符的喻底。

(2)高级(言后)语境

主要源于由该喻底引发的对双方当前交际行为起到框定作用的深层隐喻性交际事件。

例如,"Mr. Johnson is a lion"这一隐喻事件通常基于喻标(话题)Mr. Johnson 和喻源(过程)lion 的某一共性,即 strong(喻底过程)。该喻底作为主体的一种心理预设,保证了该隐喻事件的适切性。而且,无论 Mr. Johnson 与 lion 之间是否存在隐喻关系，"Mr. Johnson is strong"在主体语境中已经被赋予真值并得到固化，由此会引发一种规约性交际行为，即主体倾向于把某人之健壮同某种动物之威猛联系起来，故主体往往使用"Mr. Johnson is a lion"而非"Mr. Johnson is a dog"来表达类似事件（即使 dog 有时也可能 strong），将其作为构建某一交际活动的认知框架。

上述两级言后语境是隐喻性话语连贯向交际连贯发展的重要认知基础与实施通道。试比较：

例（28）A: Mr. Johnson is not so mild.
　　　　B: He is as strong as a lion.

例（29）A: Mr. Johnson is not so mild.
　　　　B: He is a lion.

例（30）A: Mr. Johnson is so strong.
　　　　B: He is a lion.

例（31）A: Mr. Johnson is a lion.
　　　　B: He is so strong.

例（32）A: Mr. Johnson is so mild.
　　　　B: He is a lion.

例（33）A: Mr. Johnson is a dog.
　　　　B: He is so strong.

其中，例（28）和例（29）中 A、B 话轮间的事件关联分别是由初级语境和高级语境建构的，例（30）和例（31）中的话语连贯在这两种语境的共同作用下得以加强，而例（32）的初级语境和例（33）的高级语境由于出现了冲突，两个话轮间的连贯性遭到了破坏。

在此基础上，高级语境可以进一步为交际双方所共享，从而串联起整个话语交际活动。例如：

例（34）A: It is just so hard to maintain a long distance.
　　　　B: [Six months ago he used to talk about it.
　　　　A: Relationship. Yeah, it's very very difficult.
　　　　B: Mhmmm, when you can't work things out but six months ago
　　　　　　we used to talk about marriage.

A: Yeah.

B: It was really serious, but now it's like, mhmm, weaving out of it. But it's easier to hang on rather than let go... and that's why I came here...

（Ponterotto 2000: 292）

在例（34）中，不同的高级语境充分体现于 A 和 B 各自的话语表达之中，诸如 "LOVE IS CLOSENESS"（A: to maintain a long distance）、"LOVE IS A COLLABORATIVE WORK OF ART"（B: now it's like weaving out of it）和 "LOVE IS A PRECIPICE"（B: it's easier to hang on rather than let go）。然而，"LOVE IS HARD WORK" 这一高级语境却为交际双方共用（A: It is just so hard / B: you can't work things out），A、B 两人的会话交际便于此处达成了共识。

由此可见，隐喻性交际是一种更加依赖于言后语境一致性的话语构建过程，但对 R 而言，其与 P 的言后语境的融合程度（等级）往往有所不同。试比较：

例（35）A: My neighbor is a beast.

B: He must have a good appetite.

A: He is always abusing his wife.

例（36）A: My neighbor is a beast.

B: He must have a good appetite.

A: Yes, but he is always abusing his wife as well.

例（37）A: My neighbor is a beast.

B: He is always abusing his wife.

不难发现，每组对话都是由 A 的首个话轮所隐含的初级（言后）语境 "My neighbor is a brutal man" 发起的。在例（35）中，B 完全没有把握这一语境；在例（36）中，B 的回应仅与该语境部分重合；而此语境在例（37）中被 A 和 B 完全融合起来。故可预见，以上三组隐喻性会话的整体交际连贯性也会因此依次递增。

虽然 P 有时会向 R 明示其言后语境，如例（28）—例（33），但在多数情况下，隐喻事件隐含在话语之中，R 可能会出现误解，如例（35）—例（36），须经交际双方的反复协调，这会影响到交际的整体连贯性。可见，言后语境的充分融合不能仅靠交际双方的"被动"契合，而是在共享高级语境的基础上"主动"通过相应的隐喻式促成彼此可及，将对方的隐喻性主体事件升级为由双方共建的交际事件。

前节例（25）中的 P 和 R 以隐喻的方式实现了"互为语境"，代表了隐喻性交际连贯的最高层次，双方的交际意图也就此"心照不宣"。我们不妨以隐喻性交际为例，将言后语境融合的具体运作方式分述如下。

（1）对应式融合

P 的喻标话题（或喻源过程）与 R 的喻标话题（或喻源过程）相融合，且两个喻标话题（或喻源过程）对应于同一个喻源过程（或喻标话题），如下文的例（38）和例（39）。

（2）交叉式融合

P 的喻标话题（或喻源过程）与 R 的喻源过程（或喻标话题）相融合，且喻标话题和喻源过程来自同一个隐喻性主体事件，见下文的例（40）。

（3）整体式融合

P 与 R 的隐喻性主体事件直接相融合，如下文的例（41）。

例（38）（a）A: Jessica is a flower.

　　　　　　B: She is so pretty.

　　　（b）A: Jessica is a flower.

　　　　　　B: Amanda is also a flower.

例（39）（a）A: Jessica is a flower.

　　　　　　B: That flower is so pretty.

　　　（b）A: Jessica is a flower.

　　　　　　B: That angel is so pretty.

例（40）（a）A: Look at Jessica!

　　　　　　B: That flower is so pretty.

　　　（b）A: Look at the flower!

　　　　　　B: Jessica is so pretty.

例（41）（a）A: Jessica is a flower.

　　　　　　B: She is really a flower.

　　　（b）A: Jessica is a flower.

　　　　　　B: Amanda is an angel.

　　　（c）A: Jessica is a flower.

　　　　　　B: She is an angel.

需要说明的是，言后语境融合具有"双向性"特征：一是"正向融合"，即 A 和 B 话语中的喻标话题、喻源过程或隐喻事件前后相承[如例（38a）、例（39a）

和例（41a）]或者能在特定场合下形成意义共指[如例（40a）和例（40b）]，此时B的言后语境便是A正常期待的。二是"逆向融合"，即交际双方的喻标话题、喻源过程或隐喻事件不一致[如例（39b）]，或者无法产生共指[如例（38b）和例（41b）]，抑或相互抵触[如例（41c）]，那么对于A而言，此时B的言后语境并非其所期待的。

值得注意的是，"逆向融合"并非"不融合"，不会影响到交际连贯性。如例（39b）中的 flower 和 angel 尽管分属不同的喻源过程，但两者都指称 Jessica，并突显了相同的特征。在例（41b）中，虽然A和B使用了不同的隐喻式，但两者在语域上是一致的，均涉及 the beauty of ladies 这一喻底，只是A和B的所指对象有别。此外，虽然例（41c）中出现了两个看似冲突的隐喻事件，但A和B的话语表达在指称和语域方面完全相同，只是双方对于同一个问题持有不同的观点而已。

很多时候，P和R会采用一些非隐喻性的话语手段来保证隐喻性会话交际中的言后语境融合，其中最为常见的便是纳入"附着式"和"内嵌式"这两种非隐喻性话对。具体而言，"附着式"话对旨在突显会话中的喻底成分，促使喻标和喻源之间的范畴错置得以消解。例如：

  例（42）A: <u>Clark killed an elephant</u>.
     B: <u>He is so brave</u>.
     A: Clark is a monster.
     B: Yes, he is really a monster.

  例（43）A: Clark is a monster.
     B: No, he is an ordinary man. <u>Why do you call him "monster"</u>?
     A: <u>He killed an elephant</u>.

以上两例中的画线部分为"附着式"话对，分别构成各自隐喻性会话的前、后话语序列。例（42）中的"前序列"预设了喻底，一般同单个隐喻事件支配的会话搭配使用。有时，交际双方各自生成的隐喻事件会相互抵触，往往要依靠"后序列"予以缓和，如例（43）。附着话对和隐喻性交际也可以重叠，如例（43）中的隐喻性话对的第二部分（No, he is an ordinary man.）与后序附着话对的第一部分（Why do you call him "monster"?）就共存于B的首个话轮。

隐喻性交际中相邻的两个话轮有时只因受制于同一个隐喻事件而相互依附，在结构上常被其他的非隐喻性话对阻隔开来，从而形成"内嵌式"话对，也就是一方要求另一方对其话语中的喻标、喻源和隐喻式进行解释说明。例如：

  例（44）A: Betty is a tulip.

B: Who is Betty?
A: You talked with her this morning.
B: What is tulip?
A: It is a kind of sweet flower.
B: Why do you call her "tulip"?
A: She is an elegant lady.
B: Yes, she is a tulip truly.

例（44）内嵌了三组非隐喻性话对（见画线部分）。A 分别从喻标、喻源和隐喻式三个方面依次对 B 的疑问予以澄清，A 首个话轮中的隐喻性主体事件最终为 B 所确认，交际连贯也由此形成。然而，该会话中的两个相邻话轮被割裂开来，交际连贯性整体上必然不及"附着式"话对显著。

尽管如此，交际双方对隐喻事件的某些要素有时无须反复确认（Kaal 2012：103），例（44）中的三组内嵌话对也未必同现。交际主体会通过对隐喻事件的整体性解读将喻标话题和喻源过程结合起来加以思考或阐释，以此来限定喻底的范围。相比之下，如果主体仅对喻标或喻源实施单方面解释，往往会造成喻底的开放度较高，双方可能因对喻底的理解出现偏差而相互抵触，如例（44）中 B 的第二个话轮就可以借助 "No, she is not a tulip" 的形式对 A 做出回应，从而提前终结话对。

8.3.3　言后语境冲突过程中的交际连贯机制

主体间的言后语境在交际过程中未必总是或者即刻相容的，不少言后语境的融合是交际双方相互磋商甚至彼此妥协的结果。这表明，交际连贯在某些情况下是在主体间言后语境的冲突之中构建起来的，而后往往导致某一主体的言后语境发生改变，交际双方各自的主体事件也会由此转变并升级为共同的交际事件，以另一种方式产生交际连贯的整体性效应。

总体而言，主体言后语境的冲突贯穿于 IA（CA-1）和 FA（CA-2）这两个阶段（P—R—P），可以分为以下三种情形（"="代表"相容"或"一致"；"≠"表示"冲突"或"不一致"）。

（1）I 类冲突
P（言后语境-1）≠ R（言后语境-1 或-2）= P（言后语境-2）
（2）II 类冲突
P（言后语境-1）= R（言后语境-1 或-2）≠ P（言后语境-2）

（3）Ⅲ类冲突

P（言后语境-1）≠ R（言后语境-1 或-2）≠ P（言后语境-2）

由上可知，在"Ⅰ类冲突"中，P 和 R 的言后语境虽于 IA 阶段未能协同一致，然而 FA 阶段促成了两者的语境融合，实现了"局域性"交际连贯。在"Ⅱ类冲突"中，P 和 R 有效执行了 IA，实现了话语连贯，却未能充分达成 FA，没有取得完全意义上的交际连贯。尽管受上述两类语境冲突制约的主体交际连贯性均处于较低水平，但是"Ⅰ类冲突"的交际连贯性在整体上仍优于"Ⅱ类冲突"。相比之下，P 和 R 的言后语境在"Ⅲ类冲突"条件下于 IA 和 FA 两个阶段均未相容，致使基于"P—R—P"的话语主体交际链条彻底脱节，双方的交际连贯性故而最低。

虽说上述三类言后语境冲突会对交际连贯造成不同程度的影响，但 P 或 R 此后往往能够采取某种"妥协"或者"求同存异"的方式主动可及于对方的言后语境，以此化解双方的语境冲突，进而确保交际的后续连贯性。

首先以"Ⅰ类冲突"为例。试比较：

例（45）A：小王昨晚脑溢血住院了。
　　　　B：不可能！我们昨天还在一起打篮球呢。
　　　　A：是啊。他身体一向很健康，怎么会脑溢血？
　　　　B：这种病能治好么？
　　　　A：应该会痊愈的。

例（46）A：小王昨晚脑溢血住院了。
　　　　B：不可能！我们昨天还在一起打篮球呢。
　　　　A：是啊。他身体一向很健康，怎么会脑溢血？
　　　　B：难道是昨天打篮球造成的？
　　　　A：有可能。你不该约他出来打篮球的。

从上述两例的前三个话轮中不难发现，B 的言后语境（小王不会患脑溢血）在这两组对话中均与 A 的言后语境-1（小王因脑溢血入院）产生冲突，而后又同 A 的言后语境-2（小王不会患脑溢血）发生融合。这表明，A、B 两人的主体事件虽不相容，但交际事件却高度一致。换言之，主体间的话语连贯与交际连贯没有必然联系。

在取得局部交际连贯之后，A、B 间的"整体性"交际连贯构建逐步发展为两种走势：例（45）的交际连贯整体上受制于 A，具体是由 A 的言后语境-2 所对应的主体事件中的话题成分（脑溢血）主导了两人的后续话语交际。与此相对，例（46）的交际连贯总体上是由 B 引领的，B 通过其第二话轮中的言后语境所引发的事件成分（我们一起打篮球）形成了两人随后交际的共享事件。

我们再比较一组"Ⅱ类冲突"的会话片段。

例（47）A：公司决定不再让我负责咱们部门了。
B：你的业绩那么突出，公司不该这么对你。
A：我就要调任公司副董了。
B：恭喜！咱们公司需要像你这样的副董。
A：谢谢！以后要大力支持我的工作啊。

例（48）A：公司决定不再让我负责咱们部门了。
B：你的业绩那么突出，公司不该这么对你。
A：我就要调任公司副董了。
B：你要是走了，咱们部门就垮掉了。
A：这个我明白，其实我也不想离开啊。

以上两组对话中，A和B于首个交际轮次便通过"P语境→R话语"这一"协作式"话语连贯机制（详见第7章7.4.2小节）促使B自认为识别了A的言后语境（公司要辞退A）并基于此延展了A的主体事件（公司做出了错误的决定），但A的次话轮表明B实际上误解了其言后语境（交际意图），两人的FA失效，话语连贯未能转化为交际连贯，此时双方的话语交际在理论上已然中断。

然而，B在例（47）中通过与A次话轮内的话题（副董）形成Ⅰ级关联的这种方式修正了自己先前的言后语境，使之融于A的言后语境-2。与之相反，从例（48）中B的次话轮可见，B似乎并未有意贴近A的言后语境-2，而是A主动迎合B次话轮中的主体事件（该部门离不开A），并通过Ⅰ级事件关联在其第三个话轮中融入了B的言后语境-2。如此一来，A和B在会话初期的言后语境冲突均被后续的语境融合所抵消，这表明"局域性"交际连贯的暂时失能并不影响"整体性"交际连贯效应的最终获取。

例（47）和例（48）的区别在于，两者分别由P和R主导了上述过程，修正对方的言后语境并使之主动融入己方的言后语境，各自引领和保证了两段对话的总体走向及流畅度。其中，例（47）的交际连贯性要高于例（48），原因是前者的语境校正行为始于整个对话的第四个话轮（即B的次话轮），先于后者一个话轮[上文例（45）和例（46）的情况与之类似，致使后者的交际连贯性降低]，再次印证了P在话语交际中的主控作用总体上是强于R的。

我们再来看一组基于"Ⅲ类冲突"的例证分析。

例（49）A：小聪同学考研落榜了。
B：那么优秀的孩子怎么会落榜？

　　　　A：谁说优秀的学生考研就一定能成功？
　　　　B：也对。再优秀的考生也有发挥失常的时候。
　　　　A：有的考生不算优秀，但是也考上了。
　　　　B：是啊。也许是运气好吧。

例（50）A：小聪同学考研落榜了。
　　　　B：那么优秀的孩子怎么会落榜？
　　　　A：谁说优秀的学生考研就一定能成功？
　　　　B：真不敢相信这孩子竟然落榜了。
　　　　A：是啊。他确实很优秀。
　　　　B：真是太可惜了。

　　例（49）和例（50）的前三个话轮显示 A 和 B 各自的主体事件及其言后语境（优等生落榜很平常 vs. 优等生落榜不正常）均处于冲突状态，导致 A、B 间的 CA-1（A→B）和 CA-2（B→A）的程度均为弱值。但在此后，例（49）中的 B 与例（50）中的 A 分别向其交际对象做出妥协，形成了由 A 和 B 的言后语境各自引领的交际事件，最终保证了这两组会话交际连贯的整体性与延续性。

　　值得注意的是，"Ⅲ类冲突"还可能存在一种极端情形，也就是交际主体"互不妥协"。例如：

例（51）A：小聪同学考研落榜了。
　　　　B：那么优秀的孩子怎么会落榜？
　　　　A：谁说优秀的学生考研就一定能成功？
　　　　B：不就应该是优秀的才能考上么？
　　　　A：再优秀的考生也有发挥失常的时候啊。
　　　　B：不管怎样，最后考上的肯定都是优秀的。
　　　　A：那可不一定。有的考生不算优秀，但是运气好。
　　　　B：运气再好也要建立在实力的基础上啊。

　　在例（51）中，A 和 B 的言后语境自始至终不可调和，各执一词，各说各话，那么两人的主体事件就无法整合为或者上升到同一交际事件，双方的交际连贯性（局域或整体）也便无从谈起，最后可能会出现以下两种结果之一：

　　（1）话语交际完全中断；
　　（2）双方转移话题以组构新的交际事件，形成新的言后语境，以期再次达成共识（言后语境融合）。

　　需要特别指出的是，由于 P 是话语交际活动的发起者和（局域性）交际连贯的控制者，因此我们不能囿于前文对 P 和 R 之间通过"邻近话轮"所反映的 CA 关系的考察，还应顾及 P 在 IA 和 FA 两个阶段的"自我"可及情况，也就是"P 的言后语境-1"和"P 的言后语境-2"（分别简称为"P-1 语境"和"P-2 语境"，各自体现为 P 的"主体事件"和"交际事件"）之间的"融合"与"冲突"模式，我们称之为"自主式"交际连贯，从中能够以"跨越话轮"的方式展现 P 和 R 的 CA 关系。

结合上文例（45）—例（51），此类交际连贯的等级划分（由大到小列为Ⅰ—Ⅶ级）、生成理据、主要作用以及交际走向等相关参数如表 8.1 所示（"="和"≠"分别表示"融合"和"冲突"；"→"代表话语交际推进的方向）。

表 8.1 "自主式"交际连贯模式分类

等级划分	生成理据	主要作用	交际走向	典型示例
Ⅰ级	P-1 语境=P-2 语境（Ⅰ类冲突：P 引领 P—R—P 的后续交际）	P-2 语境扩充 P-1 语境，P 以此认同 R 的语境	P 的主体事件→P 的交际事件→P 和 R 共同的交际事件	例（45）
Ⅱ级	P-1 语境=P-2 语境（Ⅱ类冲突：P 引领 P—R—P 的后续交际）	P-2 语境扩充 P-1 语境，P 以此修正 R 的语境		例（47）
Ⅲ级	P-1 语境=P-2 语境（Ⅲ类冲突：P 引领 P—R—P 的后续交际）	P-2 语境扩充 P-1 语境，P 以此排斥 R 的语境		例（49）
Ⅳ级	P-1 语境≠P-2 语境（Ⅰ类冲突：R 引领 P—R—P 的后续交际）	P-2 语境质疑 P-1 语境，P 由此转向 R 的语境	P 的主体事件→P 的交际事件→R 的交际事件→P 和 R 共同的交际事件	例（46）
Ⅴ级	P-1 语境≠P-2 语境（Ⅱ类冲突：R 引领 P—R—P 的后续交际）	P-2 语境否定 P-1 语境，P 由此转向 R 的语境		例（48）
Ⅵ级	P-1 语境≠P-2 语境（Ⅲ类冲突：R 引领 P—R—P 的后续交际）	P-2 语境脱离 P-1 语境，P 由此转向 R 的语境		例（50）
Ⅶ级	P-1 语境≠P-2 语境（Ⅲ类冲突：无人引领 P—R—P 的后续交际）	P-2 语境脱离 P-1 语境，同时 P 忽略 R 的语境	P 的主体事件→P 的交际事件	例（51）

由表 8.1 可知，交际双方不仅可以相互影响和制约，其中一方也会因对方的话语而实施一种"自我话语建构"行为。换言之，主体可及机制既可发生于主体之间，亦可存在于主体自身。后一种可及方式（又称"自我可及"）在主体的话语连贯（详见第 7 章 7.2.1 节和 7.3 节）和交际连贯构建中均发挥了重要作用。

以 P 为例，在 P 和 R 产生语境冲突的过程中，P-2 语境可以根据Ⅰ—Ⅲ类冲突类型针对 P-1 语境采取相应的"扩充式"融合策略，对其进行强调、细化或拓展，促使 R 明确 P-1 语境的真实用意（因为 P-1 语境在 IA 阶段受制于 R 的解读），并使之在 P 的引领下展开后续交际。例如，在上文例（45）、例（47）和例（49）中 P-2 语境对 R 的言后语境分别予以"认同"（A 也不相信小王患了脑溢血）、

"修正"(A消除了B以为公司已辞退A的误解)和"排斥"(A抵触B的"优等生不会落榜"这种观念)的情况下，P的交际事件随后直接发展为P和R共建的交际事件，并由此形成Ⅰ—Ⅲ级"自主式"交际连贯。

相比之下，Ⅳ—Ⅵ级"自主式"交际连贯的程度相对较低，这是由于P在双方出现Ⅰ—Ⅲ类语境冲突的同时，也借助P-2语境对P-1语境分别实施了"质疑"(A觉得小王患脑溢血另有原因)、"否定"(A认为自己的升职并非好事)和"脱离"(A不愿意深入讨论"优等生是否会落榜"这个问题而故意敷衍B)这三种相应的冲突策略[依次体现为前文例（46）、例（48）和例（50）]，其主观目的或者客观结果是P让出了话语交际的主动权和交际事件的构建权，双方便在R的组织下生成新的后续交际事件。

由此可见，P在交际中不但要应对R，同时还要与自己"博弈"，致使某一主体话语中的同一事件成分或者相同表达形式往往反映了该主体截然不同的言后语境。例如，尽管上文例（45）和例（46）、例（47）和例（48）、例（49）和例（50）这三组会话中A的第二个话轮的话语形式均完全一致，但却反映了A前后迥异的内心世界与情绪状态。

确切地讲，P-1语境与P-2语境的"融合"为P提供了平台，自我可及性较高（自我肯定），P仅需"就事论事"，其思维过程仅需维系在表层即可，故不会为此付出太大的处理努力。相反，两者的"冲突"却为R创造了机会，自我可及性较低（自我否定），P经历了一种"思辨式"或"反思式"的深层思考过程，自然也会因此消耗更大的认知努力（其他如"说谎""言不由衷""口是心非"等亦属此类）。

值得一提的是，例（51）所代表的Ⅶ级连贯似乎称不上严格意义上的"连贯"，但绝对最为"自主"，原因是P-2语境"同时脱离"了P-1语境和R的言后语境（反观R方亦是如此），也就是例（51）中的A既不想深究"优等生是否会落榜"这一事件，也不同意B的观点，更不愿交出话语权，故其交际意义垫底。

综上所述，当P和R的言后语境在"P—R—P"交际模式下发生冲突时，P以跨话轮的方式所采用的"自我连贯"这一自主可及机制在不同程度上缓和了交际双方的语境冲突，促成了两者的后续语境融合，从而维持了P和R交际连贯的整体性。

8.4 小　　结

"交际连贯"是主体性连贯的最终形态。与"话语连贯"相比，"交际连贯"

受制于 CA-2（FA 阶段）机制，主要表现为交际双方聚焦于"主体语境"层面上的 SA 分析框架，是对"话语连贯"模式的发展和延伸，将后者依托的"P→R"主体可及结构进一步拓展为"P→R→P"分析构型。总体而言，"交际连贯"包含了由 CA-2 独立主导的"局域性"机制以及由 CA-1 和 CA-2 协同共建的"整体性"模式。

在 CA-2 的单边控制下，交际连贯的局域运行机制为"R 语境→P（言后）语境"（详见 8.2.1.1 小节中的图 8.1），且为会话模式和篇章模式所通用。交际连贯性大小的主要衡量标准为"R 的主体语境启用路径"和"P 的言后语境激活层级"。如果 R 仅需开启言前语境便可达成 CA-2，且 P 和 R 实现 CA-2 时经历的 SA 轮次最少，同时 P 的言后语境取得了"Ⅰ级激活层级"，那么 P 和 R 的交际连贯性最高。此外，本章还深入探讨了篇章模式和会话模式在主体语境工作机制上的差异以及两者在交际连贯构建方式上的异同。

在 CA-1 和 CA-2 的共同作用下，话语连贯以及局域交际连贯合成为交际连贯的完全体，并由 P 的言后语境-1、R 的言后语境-1、R 的言后语境-2、P 的言后语境-2 串联成一条构建交际连贯的中轴线（参见 8.3 节的图 8.2），最终组构为 SA 机制的完整形态。在此基础上，本章从"主体连贯整合"（话语连贯+交际连贯）、"言后语境融合"（主体事件=交际事件）和"言后语境冲突"（主体事件→交际事件）三个角度系统剖析了交际连贯的整体性建构原则及其运作原理。

至此，SA 话语分析模式的理论阐述部分告一段落，我们将在最后一章集中探讨该理论体系在语言教学领域的主要应用。

第 9 章　主体可及性视角下的交际型教学新范式探索

9.1　引　　言

　　话语分析的 SA 理论构架旨在探索一种 P 和 R 通过建立"双向式"（IA+FA）心理连通关系以触发主体的"话语生成"与"话语理解"的元认知话语构建模式。SA 分析框架下的"话语成分"和"语境成分"可以分别形成 DA 和 CA 这两种具有"系统性"和"层级性"的主体可及通道，从而在"话语"和"交际"两个层面产生多种"主体性"衔接及连贯效应，以此作为"会话交际"与"书面交际"的统一形成机制和评价标准。可见，SA 理论模式不仅是一种话语分析的新方法，也可视为功能主义语言学研究的一种新思维。

　　SA 理论聚焦于"话语交际"范畴，而"教学"便是一种存在于"教师"（T）和"学生"（S）之间的特殊交际活动。其中，T 是教学活动的发起者与控制者，发挥了 P 的作用；S 是教学内容的接受者和体验者，相当于 R 的角色。以功能主义学派和交际能力等理论体系为依托的"交际（语言）型教学法"自 20 世纪 70 年代诞生以来，在教学理论和实践中起到了举足轻重的作用（Wilkins 1972；Halliday 1976；Widdowson 1978；Breen & Candlin 1980）。然而，随着教学范式改革的不断深入，其本身的种种弊端也逐渐显露出来，其中最具代表性的问题体现在以下三个方面。

　　其一，过于强调 S 在教学全程的中心地位，淡化了 T 对 S 的引领与反馈作用。

　　其二，过分注重与教学内容相关联的语境适应力及表现力的培养，弱化了教学内容本身的规则性与系统性，致使两者在教学计划的设计和执行过程中出现了不均衡、不适配的状况（例如，交际型教学法在外语专业"听说"类教学中的实际作用与效能远大于"读写译"类教学）。

　　其三，人才培养目标与教学效果评估有时相脱节，难以制定一套面向 T 和 S 的统一评价考核方式与标准。

　　据此，本章将充分结合 SA 话语分析模式中的相关理念，尝试从"教学思维理念""教学计划流程""教学评价标准"三个环节对当前的"交际型教学法"加以改进，初步打造一套基于 SA 理论架构的教学行为新范式。

9.2 教学思维理念的转变：SA 模式下的教学体系新格局

一直以来，各类教学思维模式的核心环节均离不开如何处理"教"与"学"的关系问题。T 的关注点在于"教什么"（教学内容）、"怎样教"（教学方法）和"教得如何"（教学目标或效果）；S 的聚焦点在于"学什么"（学习内容）、"怎样学"（学习策略）和"学得如何"（学习目的或效果）。然而，当前很多教学活动出现了"教"与"学"两种思维相脱节的问题，可以归纳为下列 12 类情形。

（1）T 认为其教学内容足够全面，但 S 认为其教学内容不够全面。
（2）T 认为其教学内容不够充分，但 S 认为其教学内容足够充分。
（3）T 认为 S 的学习内容足够全面，但 S 认为其学习内容不够全面。
（4）T 认为 S 的学习内容不够充分，但 S 认为其学习内容足够充分。
（5）T 认为其教学方法已然奏效，但 S 认为其教学方法已经失效。
（6）T 认为其教学方法已经失效，但 S 认为其教学方法仍然奏效。
（7）T 认为 S 的学习策略已然奏效，但 S 认为其学习策略已经失效。
（8）T 认为 S 的学习策略已经失效，但 S 认为其学习策略仍然奏效。
（9）T 认为其教学目标已经达成，但 S 认为其教学目标并未达成。
（10）T 认为其教学目标并未达成，但 S 认为其教学目标已经达成。
（11）T 认为 S 的学习目的已经达成，但 S 认为其学习目的并未达成。
（12）T 认为 S 的学习目的并未达成，但 S 认为其学习目的已经达成。

我们认为，上述问题的主要症结源于以下三个方面。

其一，虽然传统交际式教学法强调 S 是教学活动的核心环节，但某些"交际"教学执行过程依然由 T 完全掌控，重"教"轻"学"，课上一味"满堂灌"或"硬互动"（如大规模提问等），遏制了 S 的参与度和主动性，T 课下充当"甩手掌柜"，对于 S 的学习动态充耳不闻、放任自流，不做及时的反馈与跟进。S 往往感到授课过程颇为热闹，但其实并未领悟到所学知识点的实际功能。这种 T 和 S 之间的"过程互动"而非"整体互动"的教学模式或者"课上 T 做主，课后 S 做主"的教学理念本质上仍是"以 T 为中心"的"知识导向型"教学，并非真正意义的"交际导向型"教学。

其二，也是极易被忽视的一点，即传统交际型教学思维在由"以 T 为中心"向"以 S 为中心"转变的过程中存在不同程度的"过度转向"或"矫枉过正"的现象，致使很多教学关系已步入"T→S"（"→"表示可及于）这一"单向性"发展轨道，S 的自主权被充分释放，而 T 的反向引导和监控作用（S→T）被逐步压制。由此，教学关系的平衡同样被打破，师生之间在教学活动中甚至出现了"两张皮"似的"真空地带"。

其三，"教学内容"与"学习内容"、"教学方法"与"学习策略"、"教学目标"与"学习目的"这三对教学活动的构成性要素之间也会受以上两种情况的影响而发生偏离，其内部关系需要进一步厘清。更为重要的是，在各自受制于 T 和 S 的情况下，上述三个层面共计六大要素之间目前尚缺乏一个系统且有效的协同联动机制，这也是造成"教"与"学"相分离的重要因素之一。

为此，本节将以 SA 理论为基础，充分融合 T 和 S 这两大教学主体及其内部各要素，进而构建"T→S→T"这一"双向主导型"的交际型教学关系模式。

9.2.1 基于 SA 的交际型教学体系总体模式

如本章引言所述，T 和 S 可以分别充当交际型教学活动中 P 和 R 的身份，由此两者也能够形成一种 SA 模式下的交际关系（图 9.1）。

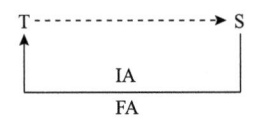

图 9.1 T 和 S 之间的 SA 交际关系模式

由图 9.1 可知，T 和 S 组构为一种"交互式"的主体可及关系。单从"话语交际"的角度出发，T 和 S 同 P_n（R_n）和 P_{n+1}（R_{n+1}）所建立的 SA 机制（详见第 4 章 4.5.1 小节）并无二致：假如 S 作为"当前话语"的持有者 P_{n+1}，那么 S 会把上一轮话语的产出者 T 视为 R_n。其中，P_{n+1} 和 R_n 分别充当"表层"和"深层"交际主体。由此，T 和 S 之间同样存在 IA 和 FA 这两次主体可及阶段（图 9.1 中分别以虚线和实线箭头表示）。具体而言，IA 反映了 S 对 T 话语的自主理解，这时 T 受制于 S；FA 显示了 S 对于 T 的实际交际效果，此时 S 受控于 T。与一般性的 SA 构建原则类似，IA 和 FA 分别代表 T 和 S 话语交际的起始及收尾阶段，其中 FA 体现了 T 的真实交际意图以及 S 对此诠释和领会的结果，揭示了 T 和 S 话语交际行为的终极认知走向。

当然，T 和 S 之间不限于单纯的话语交际研究，两者在 SA 模式下建立的"交际型教学关系"更具实践意义，也是本节探讨的重点。总体上讲，依托于 SA 的教学关系仍可分解为 IA 和 FA 两个流程（参照图 9.1）。

(1) IA 阶段的教学关系（T→S）

在 T 向 S 实施教学行为之后，S 通常会站在 T 的角度，分别从 T 的教学内容、教学方法和教学目标中选择 S 认定的最为匹配（或称"最佳预期"）的相关要素来指导己方相应的学习内容、学习策略和/或学习目的，或者 S 直接以其假定的 T 的教学目标来构建己方的学习内容、学习策略和/或学习目的。上述两种情形均为 T 对于 S 的主体可及，由此激发了 S 的学习行为。

(2) FA 阶段的教学关系（S→T）

在 S 的学习行为发生之后，T 一般会针对 S 的学习内容、学习策略和/或学习目的做出反馈，并向其展示己方真正的教学目标，从而验证或修正 S 于 IA 阶段形成的最佳预期，以便获得 T 预期的教学效果，是为 S 对于 T 的主体可及，从而构成了一个可以闭合的教学可及关系循环，并进入下一个 SA 教学循环。

由此可见，上述两种 SA 教学关系分别受制于 S 和 T，也就是说，SA 控制下的交际型教学活动本质上是在 S 和 T 的先后主导（IA→FA）下运行的。简言之，T 的教学活动以 S 为主导，S 的学习活动以 T 为主导，T 和 S 的交际型教学活动始于 T 又终于 T。

同 P 和 R 相仿，在 SA 教学关系中，T 和 S 各自的"教学"和"学习"体系同样源于"语境成分（主体语境）"与"话语成分"的双重构建模式。总体要点如下所示。

(1) T 的教学体系构建

(i) 教学语境（教学总体规划）

(a) 教前语境：教学计划要素。

(b) 教内语境：教学方法设计。

(c) 教后语境：教学总体目标。

(ii) 教学成分（具体施教活动）

(a) 教学话题：实际教学内容。

(b) 教学过程：教学方法实施。

(c) 教学事件：教学实际效果。

(2) S 的学习体系构建

(i) 学习语境（学习整体规划）

(a) 学前语境：学习计划要素。

(b) 学内语境：学习策略制定。

(c) 学后语境：学习总体目的。

（ⅱ）学习成分（具体施学行为）
（a）学习话题：实际学习内容。
（b）学习过程：学习策略执行。
（c）学习事件：学习实际效果。

如前述章节所言，"主体语境"反映了 P 和 R 在构建各自话轮（话语）过程中的心理状态与认知模式，"话语成分"则是"主体语境"在话语层面的体现或输出方式。在无标记条件下，"言前""言内""言后"这三类语境成分分别体现为或对应于"话题""过程""事件"这三种话语成分。

在交际型教学活动中，T 和 S 的"主体语境"主要表现为各自的教学和学习的总体规划，其"话语成分"主要是指与之相应的教学和学习的具体实施情况。在无标记状态下，后者是前者的实际体现。

需要说明的是，为了突显 T 和 S 之间的教学关系特征，本章 9.2 节拟分别采用"教学/学习语境"和"教学/学习成分"等术语替换"主体语境"和"话语成分"。同时，改用"教前/学前""教内/学内""教后/学后"取代"言前""言内""言后"等语境成分名称。此外，P 和 R 各自的"话题""过程""事件"也根据 T 和 S 在教学活动中的不同身份分别调整为"教学/学习话题""教学/学习过程""教学/学习事件"。

具体说来，T 的"教前语境"专指其教学计划的基本构成要素，主要包括课程设置依据、课程性质（公共或专业基础课、专业核心或方向课、公共选修课、实践类课程等）、教学内容总体构架、授课对象（本科生、研究生等）、心理状态（T 对 S 学习情况的总体掌握或预估）等。

T 的"教内语境"专指其教学方法的设计模式，主要包含授课方式（线上、线下教学或混合式教学等）、学业相关要求（课上和课下作业设计、课程考核方式及赋分标准等）、课堂教学基本流程（正常或翻转式教学等）、教学安排与教学日历等。

T 的"教后语境"专指其教学目标的总体指向，主要涵盖相关课程的人才培养目标（短期目标或长远目标等）、人才培养规格（素质、知识、能力等）等。不难发现，T 的上述三类"教学语境"通常集中反映于 T 所设计的课程教学实施方案（教纲）中。

一般情况下，T 的"教学成分"是其"教学语境"在现实教学过程中的体现。其中，T 的"教学话题"成分特指其实际教学内容，T 可以视其自身和/或 S 的知识结构与素质水平对已确定的教学计划要素加以灵活取舍或适当增补。

T 的"教学过程"成分特指其教学方法的具体实施情况，T 可能根据具体的教学环境及教学条件（硬件设施、软件配置、信息资源、教育经费等）对已设定的教学方法和路径做出适当精减或拓展。

T的"教学事件"成分特指其实际显现出来的教学效果（S理论与实践能力的提升等），是实际执行的教学内容和教学方法有机融合的结果。T可以依托所在单位的教学质量保证、评价、监督和管理体系的相关要求及反馈情况对已构拟的教学目标进行部分调整、改进或全面重构。

与T彼此相对，S的"学前语境"专指其学习规划的内容范围，主要包含S所属学科类别与专业特点、知识结构、学习环境、学习任务、学习能力、学业素养、学习态度、学习兴趣、心理状态（S对T授课内容及方式的总体期待或预判）等。

S的"学内语境"专指其学习策略和方法的构建途径，主要包括学习流程设定（课前预习、课上学习、课后复习等）、学习工具使用、学习日程安排、学习行为模式（比较法、分类法、笔记法、重述法等）、学习思维方式（认知策略、记忆策略、调控策略、管理策略等）等。

S的"学后语境"专指其对于学习目标的基本诉求或总体设想，主要分为学习动机（内部动机或外部动机）、学业目标（近景目标或远景目标）、学业取向（理论导向或实践导向）等。由此可见，S的以上三种"学习语境"一般现于T的实际教学过程以及S对T的教学反馈或评价中。

通常情况下，S的"学习成分"是其"学习语境"在学习过程中的具体表现。确切地讲，S的"学习话题"成分特指其实际所掌握的教学内容及其代表的学业水平，S可以根据自身的学习实力（或实际需要）和/或T的教学水平对其预设的学习内容进行适当筛选。

S的"学习过程"成分特指其学习策略与方法的实际操作情况，S能够按照T具体的教学要求对己方的学习程序安排或行动思维方式做出相应改变。

S的"学习事件"成分特指其直接感受到的或实际取得的学习效果（S学业成绩的提升等），是其学习内容与学习策略在T的教学过程中充分结合的结果。S亦可参考T所提供的学习建议或反馈（相关学业考核等）对起初自定的学习目标予以反思和修正。

故而可见，T和S对于交际型教学活动的"双向主导"机制（IA：T→S；FA：S→T）建立在各自的"活动规划"和"活动实施"之间"适配"的基础上，因此，教学和学习的最终效果取决于其内部相应（或同类）要素的"适配"程度。

此外，与普通的SA建构方式类似，除了"双向性"之外，SA教学模式同样拥有"系统性"和"层级性"特征，即S的学习体系中有部分要素被系统迁移至T的教学体系当中，并通过DA与CA（CA-1和CA-2）机制协同实现，从而形成一个多元立体化的SA交际型教学研究框架，如图9.2所示（"→"表示"可及方向"）。

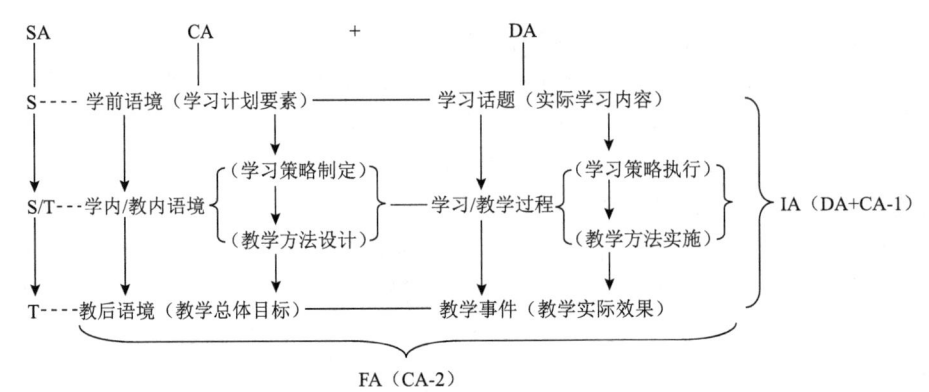

```
SA              CA              +              DA
 │               │                              │
 ▼               ▼                              ▼
S---- 学前语境（学习计划要素）――――――学习话题（实际学习内容）⎫
 │               │                              │        ⎪
 │         ⎧(学习策略制定)⎫              ⎧(学习策略执行)⎫ ⎬ IA（DA+CA-1）
 ▼         ⎩(教学方法设计)⎭              ⎩(教学方法实施)⎭ ⎪
S/T----学内/教内语境―――――学习/教学过程                    ⎪
 │                                                       ⎭
 ▼
T---- 教后语境（教学总体目标）――――――教学事件（教学实际效果）
                         ⎱_____⎰
                                    FA（CA-2）
```

图 9.2　基于 SA 的交际型教学体系架构

图 9.2 的"横向"架构反映了 T 和 S 在 DA 和 CA-1 机制的促动下结成的"语境—话语"三级对应关系。如前文所述，"学前语境"代表了"执行前"的学习计划要素，并体现为"执行后"的施学内容（学习话题）；"学内/教内语境"代表了"执行前"的学习策略制定/教学方法设计，并体现为"执行后"的施学/施教策略（学习/教学过程）；"教后语境"代表了"执行前"的教学总体目标，并体现为"执行后"的施教效果（教学事件）。

相比之下，图 9.2 中的"纵向"架构表明交际型教学进程总体上是以 S 向 T "层层可及"的方式实现的。具体而言，S 可对 T 的教学理念形成多点认知或多重期待，而 T 的教学目标往往无法满足 S 的全部设想或实际需求，且大多数"显性"的教学效果（如各类考查或考试成绩等）均将 S 置于相对被动的地位，故现行的教学活动在很大程度上是 S 向 T 的教学目标（教后语境）实施主体可及的过程（受控于 CA-2 机制）。如图 9.2 所示，这一过程具有"渐变性"，形成了一个"S→S/T→T"的连续体。其中，S 的"学习"和"施学"策略与 T 的"教学"和"施教"方法的融合（或是 S 对于 T 在"言内语境/过程"这一认知层面的可及性）可视为连通"教"与"学"的界面。

综合图 9.1 和图 9.2，S 和 T 在交际型教学活动中"分工"明确：S 专注于理解和执行 T 的教学思维，并可由其任一层面的"学习规划"（学习语境）突出 T 相应层级的"施教活动"（教学成分），以此指导 S 的"施学行为"。相对而言，T 主要负责诠释和检验自身的教学理念，并以其"教学总体目标"（教后语境）评判 S 的"施学行为"（学习成分）是否与其教学思维相吻合。

在此基础上，分别受控于 DA、CA-1 和 CA-2 的"话语衔接""话语连贯""交际连贯"机制同样主导了 T 和 S 所构建的 SA 交际型教学关系模式。下文将分别予以探讨。

9.2.2 DA 机制与交际型教学体系构建

对于一般性话语交际而言，DA 表现为 P 的"话语成分"（话题、过程、事件）在 R 的解读下通过"类属"和"层级"这两个范畴参数所构成的话语衔接机制（详见第 5 章）。与之相仿，T 的"教学成分"（施教活动）亦可于 S 的学习体系内形成基于 DA 衔接的交际型教学关系。

如上节所述，T 的施教活动主要包括"实际教学内容""教学方法实施""教学实际效果"三个环节，分别相当于 T 的"教学话题""教学过程""教学事件"。具体说来，"实际教学内容"是指 S 理解和掌握的 T 讲授的系列知识点；"教学方法实施"指的是 S 接收到的 T 对于相应知识点的传授方式和途径；"教学实际效果"主要指 S 体验并获取的 T 所执行的教学内容及教学方法的"合力效应"。

由此可见，在无标记条件下，S 在处理 T 的以上三种"教学类"话语成分的过程中所需付出的认知努力呈现依次递增之势。我们可将三者的关系简化为下述公式：

实际教学内容（教学话题）+教学方法实施（教学过程）=教学实际效果（教学事件）。

在 DA 控制下的交际型教学衔接关系中，"类属"和"层级"分别代表了 S 视角下的 T 的"施教内容的同质性"（主要指课程架构的完整性和授课要点的贯通性）以及"施教方法的层次性"（主要指教学要求的高低和课业难度的大小）。这两类参数可从宏观上组构为四种级别的教学活动衔接模式（表 9.1）。

表 9.1　基于 DA 的交际型教学衔接关系等级量表

DA 衔接等级	T 施教内容的同质性（类属） （话题类衔接）	T 施教方法的层次性（层级） （过程类衔接）
Ⅰ级交际型教学关系 （事件类衔接）	课程架构总体完整 授课要点前后贯通 （同类）	教学要求前后统一 课业难度总体平稳 （同层）
Ⅱ级交际型教学关系 （事件类衔接）	课程架构总体完整 授课要点前后贯通 （同类）	教学要求忽高忽低 课业难度大小不一 （不同层）
Ⅲ级交际型教学关系 （事件类衔接）	课程架构部分缺失 授课要点前后脱节 （不同类）	教学要求前后统一 课业难度总体平稳 （同层）
Ⅳ级交际型教学关系 （事件类衔接）	课程架构部分缺失 授课要点前后脱节 （不同类）	教学要求忽高忽低 课业难度大小不一 （不同层）

从表 9.1 可知，T 的"教学内容"与"教学方法"的具体执行情况扮演了双重角色：两者既可分别充当构成 DA 教学衔接关系的"类属"和"层级"参数，又可在此基础上分别自主构建"话题类"和"过程类"DA 教学主体衔接机制，进而整合为Ⅰ—Ⅳ级代表"事件类"DA 衔接的交际型教学关系总体模式。

不难发现，上述Ⅰ—Ⅳ级教学关系的"衔接力"呈下降态势，T 和 S 在教学活动中的"凝聚力"也由此变弱，致使 T 的实际教学效果（在 S 看来）逐级衰减。此外，表中Ⅱ、Ⅲ级教学关系的差异化说明 T 施教内容的同质性在构建 DA 教学关系过程中发挥的作用要大于 T 施教方法的层次性。

据此，我们可归纳出以下几条推论。

（1）Ⅰ级交际型教学关系为 S 视角下的交际型教学活动的最高标准，此时 T 已取得最佳的实际教学效果。

（2）T 施教内容的同质性（教学话题衔接）和施教方法的层次性（教学过程衔接）分别作为保证 T 的施教效果（教学事件衔接）的充分条件和必要条件，前者对于交际型教学关系的构建作用更为突出（有别于一般性话语交际中的 DA 衔接机制）。

（3）T 的施教效果（教学事件衔接）是构建交际型教学关系总体模式的根本条件。

从局部而论，T 在某门课程中的施教内容（话题）、施教方式（过程）及由此产生的施教效果（事件）既可共现于同一节课之内（简称"课内"），也可贯穿于几节课之间（简称"课际"）。S 可运用 DA 机制并根据自身需要任意变换其对于 T 的具体施教活动（教学成分）的关注重心，而非完全受制于 T 的教学总体规划（教学语境）。

由此，DA 主导下的 T 的施教行为可形成以下 18 种交际型教学类衔接构型（"→"表示 S 对于 T 的实际施教行为关注点的转移方向）。

（1）事件类教学衔接
　　施教内容——（课内）——→施教方式
（2）话题类教学衔接
　　施教内容——（课内）——→施教内容
（3）事件类教学衔接
　　施教内容——（课内）——→施教方式——（课内）——→施教内容
（4）过程类教学衔接
　　施教方式——（课内）——→施教方式

（5）事件类教学衔接

施教方式——（课内）——→施教内容

（6）话题类教学衔接

施教内容——（课际）——→施教内容

（7）事件类教学衔接

施教内容——（课际）——→施教方式

（8）过程类教学衔接

施教方式——（课际）——→施教方式

（9）事件类教学衔接

施教方式——（课际）——→施教内容

（10）话题类教学衔接

施教内容——（课际）——→施教内容——（课内）——→施教内容

（11）事件类教学衔接

施教内容——（课际）——→施教方式——（课内）——→施教内容

（12）过程类教学衔接

施教方式——（课际）——→施教方式——（课内）——→施教方式

（13）话题类教学衔接

施教内容——（课内）——→施教内容——（课际）——→施教内容

（14）事件类教学衔接

施教内容——（课内）——→施教方式——（课际）——→施教内容

（15）过程类教学衔接

施教方式——（课内）——→施教方式——（课际）——→施教方式

（16）话题类教学衔接

施教内容——（课际）——→施教内容——（课际）——→施教内容

（17）事件类教学衔接

施教内容——（课际）——→施教方式——（课际）——→施教内容

（18）过程类教学衔接

施教方式——（课际）——→施教方式——（课际）——→施教方式

上述教学型 DA 衔接结构反映了 S 对于 T 的教学执行情况的各种关注点及其认知迁移路径。确切地讲，"话题类""过程类""事件类（话题+过程）"教学衔接分别表现为 S 对 T 在"课内"和/或"课际"实施的具体"教学内容"和/或"教学方法"的一系列"突显方式"或"关注链条"。

正是因为 S 一般不会对 T 全部的教学内容与方法给予同等程度的关注，以上各类衔接构型中的"施教内容"和"施教方式"均为 S 在解读 T 的施教行为时重点处理的成分，所以 S 往往更易于视其为前景化的"变量"，而其余未被 S 突显的成分则可能被其假定为背景化的"常量"。

此外，结合表9.1，在无标记条件下，S 在"课内"时段一般更注重对 T 的局部性"授课要点"（教学话题）和/或"课业难度"（教学过程）的解读；S 于"课际"时段往往更关心对 T 的宏观性"课程架构"（教学话题）和/或"教学要求"（教学过程）的把握。

从上述18种教学衔接结构可见，T 的施教行为对 S 的"控制"功能在依次减弱，而对教学活动的"推进"作用在逐步增强。据此可知，与普通的 DA 话语衔接相仿，T 和 S 的交际型教学活动须遵循以下两种"教学类"DA 衔接原则，并由此产生与之对应的两类 DA 教学型式。

（1）教学控制原则（"稳进型"教学模式）

（i）T 在"课内"衔接中对于教学活动的掌控度强于"课际"衔接（原因是 S 在单位课时之内只需付出较少的认知努力便可了解 T 的教学活动中各要素之间的"表层"或"已有"联系）。同理可证，先"课内"后"课际"的教学行为控制力弱于先"课际"后"课内"的教学衔接模式（因为前者归结为"课际"衔接，所以 T 的教学掌控力不及终结于"课内"衔接的后者）。

（ii）"施教内容""施教方式""施教效果"（前两者产生的综合效应）在各自的教学衔接结构中推进的频次越多（表明 S 在频繁转换其学业关注点的过程中需要付出更大的认知努力），T 对其教学行为的控制性就越弱（"事件类"课内衔接除外）。

（iii）在"施教内容"先于"施教方式"的条件下，先"内容"后"方式"的教学活动稳定性原则上强于先"方式"后"内容"的教学衔接模式（认知贴进度使然）。相比之下，在"施教方式"先于"施教内容"的情况下，先"方式"后"内容"的教学活动稳定性理论上强于先"内容"后"方式"的教学衔接模式（原理同上）。

（iv）T 在仅存"课内"或"课际"的衔接模式中的教学控制力强于"课内"和"课际"同现的教学衔接型式（S 此时无须在课内和课际反复变换其学业关注点）。相对而言，T 在仅有"施教内容"或"施教方式"的衔接模式中的教学掌控度未必强于"施教内容"和"施教方式"同现的教学衔接模式。

（v）"课内衔接优先"在教学活动稳定性和控制力方面比"施教内容衔接优先"更为明显，换言之，原则（i）优先于原则（iii）。

（2）教学推进原则（"拓展型"教学模式）

（i）T 在"课内"衔接中对于教学过程的推进力弱于"课际"衔接（理由是 S 通常需要经过多个课时的学习并为此付出较大的认知努力才能把握 T 的教学活动

中各要素之间的"深层"或"未知"联系)。由此推知,先"课内"后"课际"的教学活动的推进力强于先"课际"后"课内"的教学衔接模式(由于前者终结于"课际"衔接,因此 T 的施教推动力胜过归结为"课内"衔接的后者)。

(ii)"施教内容""施教方式""施教效果"(前两者产生的综合效应)在各自的教学衔接构型中存续的次数越多(说明 R 需要耗费更大的认知努力以持续更新其学业关注点),T 对其教学过程的推进力就越强("事件类"课内衔接除外)。

(iii)在"施教内容"先于"施教方式"的情况下,先"内容"后"方式"的教学行为活跃性理论上弱于先"方式"后"内容"的教学衔接模式(受认知贴近度影响)。相对而言,在"施教方式"先于"施教内容"的条件下,先"方式"后"内容"的教学行为活跃性原则上弱于先"内容"后"方式"的教学衔接模式(原理同上)。

(iv) T 在只有"课内"或"课际"的衔接模式中的教学推进力弱于"课内"和"课际"同现的教学衔接构型(S 此时需要在课内和课际不断转换其学业关注点以保持知识的新鲜度)。相比之下,T 在仅存"施教内容"或"施教方式"的衔接模式中的教学推进力未必弱于"施教内容"和"施教方式"同现的教学衔接构型。

(v)"课际衔接优先"在教学过程推进力和拓展性方面比"施教方式衔接优先"更加突出,换言之,原则(i)优先于原则(iii)。

我们认为,上述两种受制于 DA 的交际型教学运行模式对于 S 来讲各有利弊。其中,"稳进型"教学模式虽然具有更强的教学稳定性,但其知识更新频率较低,教学方式也比较单一,降低了 S 的学习效率,有碍于其长远学习目标的实现。相比之下,"拓展型"教学模式尽管展现出更强的教学活跃性,但其知识传授及教学方法的转换节奏过快,影响了 S 的学习专注度,其在短期内可能较难适应。

综上所述,T 在教学过程中需要充分发挥其在 IA 阶段"T→S"的主体可及作用,及时把握 S 的学习动态与实际需求,积极构建并推行"靶向式"分类分层教学理念,保证"课内"与"课际"的施教内容及施教方法的"统一性"和"针对性",合理分配和使用课时,从而为 S 提供更加切实有效的施教方案。

9.2.3　CA-1 机制与交际型教学体系构建

本书认为,DA 仅作用于 P 的"话语成分",而 CA-1 可与 DA 形成联动机制,不仅可同时控制 P 和 R 的"话语成分",更能支配两者的"话语成分"和"主体语境"之间的协同可及,从而促成主体性"话语连贯"。此类连贯模式仍处于 IA 阶段(P→R),具体分为由 P 或 R 各自主导的"自主式"连贯以及 P 和 R 之间的"协作式"连贯两种类型（参见第 7 章的图 7.3）。

T 和 S 构建的交际型教学活动同样存在受制于 CA-1 的"教学型"可及关系。与普通的话语交际类似，基于 CA-1 的教学关系模式亦须依托以下两个"前置假设"，以此在 T 和 S 之间建立起基本的"互信"关系。

（1）T 的前置假设

己方的教学总体目标（教后语境）可以通过己方的具体施教行为（教学成分）一次性为 S 所识别或把握，无须己方的再次（或反复）确认或修正。

（2）S 的前置假设

己方能够一次性识别或把握 T 的具体施教活动（教学成分）所体现的教学总体目标（教后语境），不必经过 T 的再次（或反复）确认或修正。

具体而言，T 或 S 的"自主性"或"内省式"连贯通常现于 T 的施教活动或 S 的施学行为的初始阶段（T 或 S 此时尚未得到对方的有效回应或反馈），主要表现为 T 的教学总体规划或 S 的学习整体计划（教学/学习语境）与己方的具体施教活动或施学行为（教学/学习成分）之间的"无标记"对应关系，其中最为典型的自主连贯构建路径主要有以下三种（"→"表示连贯机制的执行次序）。

（1）Ⅰ级"自主式"教学型连贯

（i）T 的自主连贯

T 启用其前置假设→T 由此形成总体教学方案→T 借助其施教活动向 S 展现其 Ⅰ 级交际型教学关系（参见上节表 9.1）

（ii）S 的自主连贯

S 启用其前置假设→S 由此形成整体学习规划→S 通过其施学行为体现 T 的 Ⅰ 级交际型教学关系（同上）

（2）Ⅱ级"自主式"教学型连贯

（i）T 的自主连贯

T 启用其前置假设→T 据此假定 S 的整体学习规划→T 由此形成总体教学方案→T 借助其施教活动向 S 展现其 Ⅰ 级交际型教学关系（同上）

（ii）S 的自主连贯

S 启用其前置假设→S 据此假设 T 的总体教学方案→S 由此形成整体学习规划→S 通过其施学行为体现 T 的 Ⅰ 级交际型教学关系（同上）

（3）Ⅲ级"自主式"教学型连贯

（i）T 的自主连贯

T 启用其前置假设→T 由此形成总体教学方案→T 据此假定 S 的整体学习规

划→T 借助其施教行为向 S 展现其Ⅰ级交际型教学关系（同上）

（ⅱ）S 的自主连贯

S 启用其前置假设→S 由此形成整体学习规划→S 据此假设 T 的总体教学方案→S 通过其施学行为体现 T 的Ⅰ级交际型教学关系（同上）

不难发现，Ⅰ级自主式连贯程度最高，得益于 T 或 S 并未调用其认知资源去假定对方的主体语境（整体学习规划或教学方案），而是凭借个人的前置假设直接构建其主体语境（总体教学方案或学习规划），并促使 T 产出Ⅰ级"事件类"DA 教学衔接关系，故 T 或 S 在此过程中耗费的处理努力相对最小。

与之相比，Ⅱ、Ⅲ级自主连贯构建的共性在于：T 在达到Ⅰ级教学关系之前，均动用了与 S 的 CA-1 机制，即 T 或 S 对于彼此的主体语境（整体学习规划或教学方案）事先做出假设，付出了额外的认知成本，故其连贯性均不如Ⅰ级。值得注意的是，由于Ⅲ级自主连贯阻断了 T 或 S 的语境层面（总体教学方案或学习规划）与各自的话语层面（具体施教活动或施学行为）之间的直接（对应）联系，因而其连贯程度稍逊于Ⅱ级。

随着交际型教学活动的不断深入，T 和 S 的互动与共进也由此展开，主要体现在 T 的"教学成分"（具体施教活动）和 S 的"学习语境"（学习整体规划）之间的各种"协作"或"匹配"关系上，如图 9.3 所示。

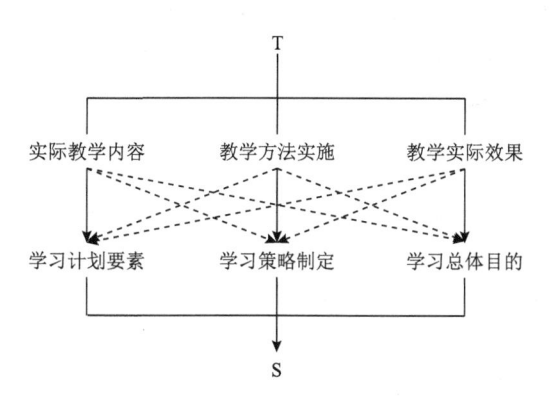

图 9.3　CA-1 控制下的 T 和 S "协作式"主体连贯路径图

注：实线箭头代表"直接可及于"；虚线箭头代表"间接可及于"

根据图 9.3，在确保"自主式"教学型连贯的基础上，T 和 S 可在 CA-1 的作用下产生下面九种"协作式"连贯机制（"→"表示"可及于"）。

（1）Ⅰ级"协作式"教学型连贯

T（实际教学内容）→S（学习计划要素）

（2）Ⅱ级"协作式"教学型连贯

T（教学方法实施）→S（学习策略制定）
（3）Ⅲ级"协作式"教学型连贯
T（教学实际效果）→S（学习总体目的）
（4）Ⅳ级"协作式"教学型连贯
T（教学实际效果）→S（学习计划要素）
（5）Ⅴ级"协作式"教学型连贯
T（教学方法实施）→S（学习计划要素）
（6）Ⅵ级"协作式"教学型连贯
T（教学实际效果）→S（学习策略制定）
（7）Ⅶ级"协作式"教学型连贯
T（实际教学内容）→S（学习策略制定）
（8）Ⅷ级"协作式"教学型连贯
T（教学方法实施）→S（学习总体目的）
（9）Ⅸ级"协作式"教学型连贯
T（实际教学内容）→S（学习总体目的）

由上可知，在上述Ⅰ—Ⅲ级连贯模式中，T的"教学类"话题、过程和事件依次可及于S的学前语境（学习计划）、学内语境（学习策略）与学后语境（学习目的），并分别体现为与之同层对应的施教内容、施教方法和施教效果，充分展现了T的教学成分与S的学习语境之间的"无标记"匹配关系，因此前三级的教学连贯程度整体上要高于其余各级。值得注意的是，S的学习语境在Ⅰ—Ⅲ级连贯机制中的调用成本与处理强度逐级提升，故Ⅰ级教学连贯性为最优。

显然，T和S在Ⅳ—Ⅸ级连贯模式下的教学成分和学习语境并非同级对应，此时教学主体连贯程度的衡量依据取决于教学活动的"经济性"原则，也就是T的具体施教行为的复杂性对于S的总体学习规划的影响力。

其中，S在Ⅳ级连贯中仅需大致设定若干学习要点并对T的教学形式进行初步预判（学前语境）便可直接达成T的施教效果（教学事件），以最小的付出取得了最大的成效，故其引领了后续的五级连贯机制。

相比之下，T在Ⅸ级连贯模式下试图仅凭借一些分散的施教内容要点（教学话题）来覆盖并实现S的整体学业诉求和总体学习目标（学后语境），这样可能导致S对T的施教活动的期望值过高，以最大的付出换取了最小的成果，造成S的短期学业目标与长期学业目标严重脱节，此时T和S的"协作性"最低，教学连贯性最差。

由此可见，与一般性话语交际类似，T的教学成分（施教活动）和S的学习语境（学习策划）之间匹配的"标记性"是"协作式"教学连贯的决定因素，并且与之成反比，而两者之间匹配的"经济性"则为"协作式"教学连贯的重要条件，并且与其成正比。这就要求 T 的实际教学内容、方法及成效最好分别与 S 事先设定的学习计划、策略及目标实现"一一对应"或者"同层适配"，并在此基础上促使 S 以尽可能小的学业处理成本来尽可能多地展现 T 的实际教学效果。

9.2.4 CA-2 机制与交际型教学体系构建

前两节阐述的"教学型"主体衔接和连贯模式体现了 T 和 S 于 IA 阶段形成的主体可及关系及据此建立的"T→S"交际型教学体系。在 DA 和 CA-1 机制的协同作用下，S 在交际型教学活动中的主导地位得以充分彰显。

但事实上，T 的教学总体目标（教后语境）未必总能为 S 所识别或认同，这时 T 需要根据 S 的具体施学行为（对于讲授内容的掌握情况、学习方法和策略的使用情况、学习效果的考评情况等）进一步确认其教学目的或者修正调整 S 的学习规划（学习语境）。T 和 S 的主体可及也由此进入了 FA 阶段（"S→T"），也就是在 S 的施学行为发生之后，T 可在 CA-2 机制的作用下最大限度地发挥其在教学活动中的引领和示范作用，积极引导 S 全面进入其教学轨道，从而确保交际型教学的"双向"主体可及关系（"T→S→T"）的完整性与闭合性，增进 T 和 S 的教学互补性。

与普通的 SA 交际模式相仿，CA-2 亦可促使 T 和 S 建立一种"S（学习语境）→T（教后语境）"的教学可及关系，其中 S 的整体学习规划（计划要点、策略制定、总体目的）会以不同的方式或路径来"对标"T 的教学设计目的（图 9.4）。

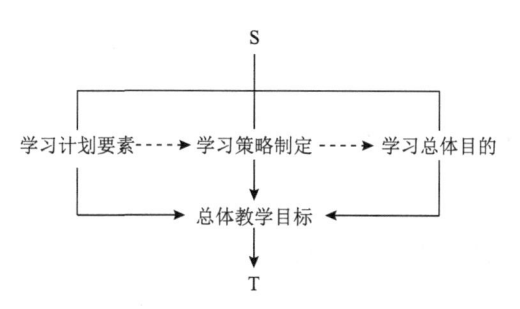

图 9.4　CA-2 作用下的 T 和 S 教学关系构架

注：实线箭头表示"可及于"；虚线箭头代表"S 的学习语境（整体学习规划）的调用次序"

从图 9.4 中可知，在 T 的引导下，S 可对其总体学习规划不断进行调整。通常情况下，T 的教学总目标不会随着 S 的三种主体语境的转换而轻易改变。只有 S 的学习计划、学习策略或学习目的与 T 的教学总目标产生可及关系，由 CA-2 所控制的教学活动方可真正发挥作用。由此可见，作为 T 的教后语境，其教学总目标虽可现于 T 的施教行为以及 S 的施学活动发生前后，但必须被 S 识别或确认

"之后"才具备其现实意义，否则仅为一种"形同虚设"的教学理念或者"理想化"的教学思维而已。

根据图 9.4，为了达成 CA-2 模式下的教学型连贯，S 的整体学习规划（学习语境）可以借助以下七种运行方式实现与 T 的总体教学目标（教后语境）的主体可及（"→"为"可及于"；"∧"表示"S 的各级学习规划的启动顺序"）。

（1）I 级 CA-2 教学可及路径
S（学习计划要素）→T（总体教学目标）
（2）II 级 CA-2 教学可及路径
S（学习策略制定）→T（总体教学目标）
（3）III 级 CA-2 教学可及路径
S（学习总体目的）→T（总体教学目标）
（4）IV 级 CA-2 教学可及路径
S（学习计划要素）∧S（学习策略制定）→T（总体教学目标）
（5）V 级 CA-2 教学可及路径
S（学习计划要素）∧S（学习总体目的）→T（总体教学目标）
（6）VI 级 CA-2 教学可及路径
S（学习策略制定）∧S（学习总体目的）→T（总体教学目标）
（7）VII 级 CA-2 教学可及路径
S（学习计划要素）∧S（学习策略制定）∧S（学习总体目的）→T（总体教学目标）

不难发现，I—III 级"S→T"教学可及路径明显短于其他各级，表明 S 的各层学习语境不必费太多周折便可融入 T 的教后语境，或者说 T 的教学目标更易于为 S 所识别或遵循，故而前三级的教学连贯性总体上要高于后四级。此外，前三级中的 S 分别通过学前、学内和学后语境可及于 T 的教后语境，意味着 S 逐步加大了对于 T 的施教行为及其实际效果的认知与评判力度，故 T 和 S 在 I—III 级可及路径中所表现出的教学连贯性在依次降低。

同样，S 在 IV—VII 级路径中对于 T 的教后语境的可及程度也在逐步减弱，尤其是 VII 级中的 S 同时调用了学前、学内和学后三种学习语境模式才与 T 的教后语境相容，此时 S 的施学行为原则上耗时最长，故 T 和 S 的教学连贯性也最低。

值得注意的是，IV—VI 级的教学可及路径虽然长度一致，但 T 和 S 在 IV 级路径中的教学连贯性要略高一些，这是因为 S 在 IV 级路径中调用学习语境（学前语境∧学内语境）所付出的认知努力与处理难度相对来说要小于 V 级（学前语境∧学后语境）和 VI 级（学内语境∧学后语境）。

由此可见，S 的学习语境的启用路径对于 T 和 S 的 CA-2 教学连贯性确有影响,其评价标准可以总结为以下两点("<"表示"启动力度弱于")。

(1)第一标准

S为融入T的教后语境所启用的学习语境的处理力度(学前语境<学内语境<学后语境)

(2)第二标准

S在融入T的教后语境的过程中所经历的教学可及路径的长度(调用的学习语境的数量或种类)

在交际型教学活动中,上述两类标准通常一方为常量,另一方为变量,且均与FA阶段的教学连贯性成反比。

此外,与一般性话语交际类似,T的教后语境的"激活层级"可作为CA-2主导的教学连贯性的另一评判标准,分为下述九个等级("→"表示"可及于")。

(1)Ⅰ级激活层级

S(学前语境)→T("教学事件层"对应的教后语境)

(2)Ⅱ级激活层级

S(学前语境)→T("教学过程层"体现的教后语境)

(3)Ⅲ级激活层级

S(学前语境)→T("教学话题层"体现的教后语境)

(4)Ⅳ级激活层级

S(学内语境)→T("教学事件层"对应的教后语境)

(5)Ⅴ级激活层级

S(学内语境)→T("教学过程层"体现的教后语境)

(6)Ⅵ级激活层级

S(学内语境)→T("教学话题层"体现的教后语境)

(7)Ⅶ级激活层级

S(学后语境)→T("教学事件层"对应的教后语境)

(8)Ⅷ级激活层级

S(学后语境)→T("教学过程层"体现的教后语境)

(9)Ⅸ级激活层级

S(学后语境)→T("教学话题层"体现的教后语境)

其中,T和S分别于Ⅰ级和Ⅸ级激活层级下展现出最高和最低的教学连贯性。由此可见,如果S通过启用力度最小的"学习语境"(作为"学前语境"的学习计划要素)以及最低层次的"学习成分"(充当"学习话题层"的实际学习内容)便可融入T的最高层级的"教学成分"(作为"教学事件层"的教学实际效果)

所对标的"教后语境"（教学总体目标），这就意味着 S 以最小的学习努力或课业负担实现了与 T 的整体教学目标的最高可及性或契合度，那么 T 和 S 之间的教学连贯程度也自然最高。显然，倘若 S 对于 T 的教后语境实施了从高到低或者由强至弱的"反向"激活行为，表明 S 对 T 的教学目标采取了"过度"诠释或期待行为，那么两者的教学主体连贯性也便由此减弱。

综上所言，CA-2 机制作用下的教学连贯性的"最优"标准须同时达到以下要求。

（1）S 在 FA 阶段所调用的学习语境的处理强度最低（即 S 的学前语境）；

（2）FA 阶段结束时，T 和 S 在 CA-2 控制下各自启动的教学语境与学习语境的数量或类型最少；

（3）T 的教后语境在 CA-2 的主导下启用了"I 级激活层级"。

为了达到上述标准，T 应尽力引导和帮助 S 制订有针对性的整体学习规划，通过明确或限定 S 的具体学习计划要点，并充分结合 S 的学科专业特点、知识结构、学业素养、学习兴趣等因素为其"量身定做"个性化的学习方案与学习任务。同时，T 亦可根据 S 的学习规律，在不改变总体教学目标的前提下，适时调整其教学内容与教学方法，引导 S 尽量于"课内"（而非"课际"）时段适应其教学节奏并快速融入其教学语境当中，同时强化 T 对 S 的"课后"补充或跟踪指导作用，逐步形成"课上以 S 为中心，课下以 T 为中心"这一"双核心""双向主导"的教学思维与教学体系，从而使得 T 和 S 均可少走弯路，大幅提升各自的教学及学习效率。

9.3 教学计划流程的优化：SA 框架下的课程设计新思路

前节阐述的由 T 和 S 结成的 SA 主体关系代表了交际型教学体系中的"元认知"模式，其整体构建及具体实施均离不开与之配套的"课程体系"，因为相应课程的配置方案及其运行方式是教学活动的主要载体，也是人才培养的根本途径，决定了整个教学进程的实际走向和产出效果。据此，本节以 SA 话语分析框架为基础，以外语类专业主干课程为示例，尝试设计一套能够系统融入 DA、CA-1 和 CA-2 机制的课程分类模式以及相应类别课程的总体实施策略。

9.3.1 基于 SA 机制的课程分类模式

传统的课程设置模式偏重于"信息性"和"独立性"：前者注重授业的深度和广度，淡化了 T 和 S 的"共进"关系；后者强调课程或课型的排他性，割裂了不同课程或是同类课程之间的"渐进"关系。交际型教学模式虽在一定程度上缓解了上述不足,提升了课程教学的"共进性"和"渐进性",但仍不尽如人意,主要表现在以下四方面。

第一,不少课程设计及实施方案并未充分将 T 和 S 的职责与相关课程的实际内容紧密结合起来,仅规定了 T 和 S 的一些最为基本的施教举措和施学要求,致使很多课程尽管名称和性质大相径庭,但其教学方案及运作流程却高度雷同,缺乏必要的针对性,降低了 T 和 S 与特定课程的融合度,双方的交际性也必然因此而减弱。也就是说,在某些教学活动中,T 和 S 之间所谓的"交际"行为在很大程度上"重形式"而"轻内容",形同虚设,未能依托所授或所学内容灵活变换各自的交际角色,或者 T 没有充分引导 S 融入课程角色当中,往往导致课堂氛围沉闷尴尬,教学节奏生硬单调,到最后 T 也许会勉强达到其教学目的,但 S 却可能难以真正实现其学习目标,即使其能够在课程及学业考核中取得令人满意的成绩。

第二,课程类型并未按其"交际属性"进行分类,致使诸多课程的教学方法及施教路径"单一化"或"同质化"的现象较为普遍。我们认为,参照话语研究的 SA 分析模式(详见第 4 章 4.5 节),课程属性总体上可以划分为以下两类。

(1)"本体类"课程

此类课程一般聚焦于相关学科专业基础内容的传授,通常依托于相关教材(或课件),理论性与固化性较强,重在训练和考查 S 对于所学知识的识记和储备能力,T 和 S 在教学活动中的"交际性"相对较弱。

(2)"主体类"课程

此类课程大多为基础类课程以外的背景、关联及周边知识的讲解,一般不拘泥于所选教材(或课件),应用性和动态性较强,旨在培养和发掘 S 对于所学知识的实践和拓展能力,T 和 S 在教学活动中的"交际性"相对较强。

然而,对于很多"主体类"课程而言,T 仍囿于"本体类"课程普遍采用的"知识输入式"教学方法,较少尝试"语境输入式"或者"角色浸入式"教学途径,致使此类课程固有的交际特征没有得到充分发挥。

第三,大多数课程的实施方案重点描述了 T 的阶段性教学目标,或者 T 与 S 各自的阶段性教学和学习目标之间的对应关系(一般体现在教学安排表或教学日历当中),这种将 T 的教学总体目标(教后语境)"碎片化"的处理方式虽然不无道理,但有时会割裂教学活动的部分与整体的关系,T 在实施分段教学的过程中可能会逐渐偏离其当初制定的总体教学目标,从而导致课程方案的描述与执行不统一,或者授课计划与实际效果不相符。我们认为,T 对于课程设置目标的具体分解应是针对 S 的学习进阶而设定的,但是 T 在施教的每一阶段均应牢牢把握住课程方案制定的总目标。

第四，各学科专业课程体系的设置或教学整体规划（教学语境）未能依据课程的 SA 特性（"本体类"或"主体类"）进行统筹编制，交际性差异明显的课型往往分布不均衡，反而交际属性相仿的课程有时却表现出施教方式的较大差异，课程设置缺乏过渡性和系统性，导致 T 和 S 难以达成 I 级或 II 级交际型教学衔接关系（参阅 9.2.2 小节），不利于教学资源的合理配置，也会影响到同一课程组内部或者课程组之间的协调性与联动性。同时，S 对于"专业选修课"的选择也可能会因此表现出严重的"偏向性"，即 S 并非在"选课"，而是在"选老师"。这在某种程度上既降低了 S 的选课余地与自主权，缩小了 S 在同一学期/学年的专业方向课程的覆盖面，又不利于 S 的学习整体规划（学习语境）及总体学习目标（学后语境）的全面达成，影响了 S 的实际学习体验。

综上所述，我们有必要基于 SA 分析框架对现有的课程体系予以重构，以此充分彰显 T 和 S 的交际型教学关系，并根据特定课程的交际属性进一步优化教学资源配置，提升课程设置及其教学方法的适配性。

下面我们以高等院校本科"外国语言文学类"专业核心及方向课程（语言文学方向）为例，尝试运用 SA 模式对其进行重新分类（表 9.2）。

表 9.2　依托 SA 的外语类专业核心及方向课程（语言文学方向）分类

课程分类 （基于SA模式）	课程名称	DA 话语衔接		CA-1 话语连贯		CA-2 交际连贯
		结构性	非结构性	协作式 I	协作式 II	
本体类课程 T→S （A类:IA阶段）	外语语音	中	高	低	低	低
	外语语法	中	高	低	低	低
	基础外语	高	中	中	中	中
	高级外语	高	中	中	中	中
	第二外语	高	中	中	中	中
	（其他 A 类课程）					
主体类课程 T→S+P→R （B类:IA阶段）	外语听力	中	中	高	中	中
	外语阅读	中	高	高	中	中
	外语口语	中	中	中	高	中
	外语写作	高	高	中	高	中
	外语翻译	中	高	中	高	中
	（其他 B 类课程）					

续表

课程分类 （基于SA模式）	课程名称	DA 话语衔接		CA-1 话语连贯		CA-2 交际连贯
		结构性	非结构性	协作式Ⅰ	协作式Ⅱ	
主体类课程 S→T+R→P （C类：FA阶段）	外国语言学	高	中	中	中	高
	外国文学	中	中	中	中	高
	西方文明史	低	低	高	中	高
	跨文化交际	低	中	高	高	高
	学术科研方法	中	中	中	高	高
	（其他C类课程）					

从纵向看，外语专业的"本体类"课程（简称"A类课程"）一般为T向S传授"语言知识"的"专业基础"课程，其行课流程源于IA阶段，S居于教学向心位置（T→S），T和S的交际型教学关系媒介由话语本体充当，无须融入其他话语交际角色。同属IA阶段的"主体类"课程（简称"B类课程"）主要包括T向S传输"语言能力"（话语的理解、生成与传递）的"专业核心"课程，S仍处于教学主导地位（T→S），不过此时T和S的关系媒介不再局限于话语本体，而是渗透了需要T和S设定或扮演的与特定课程相关的话语角色（P/R）。相比之下，进入FA阶段的"主体类"课程（简称"C类课程"）通常包含T指导S的"语言运用"（话语交际与思辨能力）的"专业方向"课程，此时T占据教学的主导地位（S→T），其主要任务在于适时监督反馈S作为话语主体的思维方式并助其提升交际性思维的构建能力，为此，T和S仍需渗入与特定课程对应的交际角色（P/R）来改进教学效果，换言之，双方不再构成单纯的教学关系或是仅依赖于话语媒介实施教学。不难发现，上述三种课程类型的人才培养目标层级呈递增之势。

横向看来，不同的课程类别突显了基于SA的不同课程培养目标。如表9.2所示，课程名称与各种SA培养机制的切合度分为"高""中""低"三个等级。具体而言，"A类课程"有赖于T运用DA机制激发S对于外国语言基本知识及其功能的"结构性"与"非结构性"识解。"B类课程"倾向于在T和S之间建立两种依托CA-1机制的"协作式"话语连贯关系。其中，"协作式Ⅰ"催生了"T话语→S语境"这类"话语输入（理解）型"课程（如"听力""阅读"等）；"协作式Ⅱ"体现为"T语境→S话语"这类"话语输出（生成）型"课程（如"口语""写作""翻译"等）。"C类课程"试图充分发挥T在CA-2的作用下与S形成的交际连贯机制，在A、B类课程的基础上进一步巩固和深化S的各层学习语境，并使之融合于T的教后语境（教学总目标）。

由于以上各类课程的总体设置已同 IA 和 FA 全面融合,因而改变了传统外语类课程"各自为政"的局面,统筹兼顾了"话语(本体)"与"交际(主体)"这两大环节,从而整合了相关的教学资源,也加强了课程组之间的协同性。

从学年/学期的课程分布来看,表 9.2 中的 A、B、C 三类课程分别适合于外语专业第一、第二、第三学年开设。在同类课程之内,培养单位可依据每门课程所对应的 SA 培养机制的"综合级别"予以分学期授课。以"A 类课程"为例,由于"外语语音"和"外语语法"的 SA 培养等级整体上逊于"基础外语""高级外语""第二外语",因此前两门课程推荐在第一学期(秋季学期)开设,后三门课程建议于第二学期(春季学期)实施。值得注意的是,"基础外语"和"高级外语"因其施教路径高度相似(参见下文 9.3.2.1 小节),故两者亦可合并为一门"综合外语"课程,分别安排在第二学期的前半期和后半期行课,前后半期的学业要求有所不同(前低后高)。

从课程推进方式的角度讲,教学总计划与分学期课表应考虑把类型相同或相近的课程尽可能集中排课,形成 A→A→C→C、A→C→A→C、B1→B1→B2→B2("B1"代表"协作式Ⅰ"课程;"B2"表示"协作式Ⅱ"课程)或 B1→B2→B1→B2(每门课程设定为 2 学时/周)的课程配置模式。以"B 类课程"为例,培养单位可考虑实施"阅读→阅读→写作→写作"或者"阅读→写作→阅读→写作"的课程推进方案。若条件允许,也可尝试对关联课程加以融合,即 A/C→A/C 或者 B1/B2→B1/B2 匹配方式(每门课程设定为 0.5 学时/周),例如开设专门的"读写课"或"听说课"等。

上述课程设置方案的主要优势可归纳为以下几点。

(1)扩大了 S 的修课跨度,均衡了不同外语类课型的整体布局;
(2)将基于"话语理解"和"话语生成"的外语类课程予以充分整合;
(3)将依托"书面交际"与"口头交际"的外语类课程充分融会贯通;
(4)强化了某些外语类课程的"主体性"和"交际性"本质;
(5)优化了课程资源的配置,加深了外语教学法的交流与互补。

需要指出的是,A、B、C 三类课程板块之间的区分与界限是相对的,SA 培养机制的具体分布与量级也并非泾渭分明,有关培养单位或者 T 和 S 也可以结合实际情况进行适当调整、统筹或变通。

9.3.2 依托 SA 模式的课程实施策略

在表 9.2 的基础上,本节以外语类专业 A、B、C 类课程为例,针对 SA 模式下主要专业课程的总体施教方案进行简要探讨。

9.3.2.1 "A类课程"施教策略概览

外语专业"A类课程"依托于"话语本体"的DA机制，重在针对S的基本语言构建能力进行系统的"话语输入"训练。T应充分运用"结构性"与"非结构性"DA衔接手段，促使S对所学外语的本体特征，也就是在"话题""过程""事件"这三个"话语层"展开全方位认知。相对而言，"语境层"对于"A类课程"的影响效力并不显著。

其中，"外语语音"和"外语语法"属于"A类课程"中的"初阶"课程，因而两者对于"非结构性"DA衔接的依赖程度相对较高。具体而言，这两门课程涉及的"话语成分"主要包括以下施教内容。

（1）话题层
（i）语音课程：元音和辅音及其所属要素的成音特征、音位及其变体的构成性特征等。
（ii）语法课程：词汇层的名词、代词、动词、介词、形容词、副词、冠词、数词及其所属词组（短语）等。
（2）过程层
（i）语音课程：成音过程、成音规则以及音位的区别性特征等。
（ii）语法课程：句法层的时态、语态、语气等用法，陈述句、疑问句、祈使句等主要句型，以及并列关系、从属关系等主要句式结构。
（3）事件层
（i）语音课程：音节、重音、语调等超音段特征。
（ii）语法课程：篇章层的照应、省略、替代、连接等语法衔接，重复、同义、反义、上下义、搭配等词汇衔接，以及特定的篇章结构等。

根据"非结构性"DA衔接的基本原理，"语音"和"语法"类课程实施内容可以通过"类属"（各层话语成分所属的相关知识点）与"层级"（话题层、过程层和事件层）这两个范畴参数形成以下Ⅰ—Ⅳ级施教路径。

（1）Ⅰ级"A类课程"施教路径
同一话语层所属的同一类型知识点（Ⅰ级DA话语衔接）。
（2）Ⅱ级"A类课程"施教路径
不同话语层所属的同一类型知识点（Ⅱ级DA话语衔接）。
（3）Ⅲ级"A类课程"施教路径
同一话语层所属的不同类型知识点（Ⅲ级DA话语衔接）。

(4) IV级"A类课程"施教路径

不同话语层所属的不同类型知识点（IV级 DA 话语衔接）。

具体说来，Ⅰ、Ⅱ级路径重在保持所授知识点的"同质性"。其中，Ⅰ级路径反映了教学内容的"同层同类"关系，即专门针对某项知识点的系统深入讲解，故衔接度最高。Ⅱ级路径代表了教学内容的"跨层同类"关系，知识点的衔接力因"跨层"的缘故稍逊于Ⅰ级路径，但其揭示了某项知识点的"纵向"体现方式，突显了该知识点的层级"辐射性"。

以"外语语法"课程为例，T 在讲授"话题层"的"动词"的基本用法（如"及物/不及物""延续/非延续"等）时，亦可顺带简介"动词"于"过程层"体现的"时态""语态""语气"以及在"事件层"展示的"（动词类）语法衔接/词汇衔接"等关联知识，而不必待讲解到句子和篇章用法时才涉及上述内容。这样有助于 S 对于"动词"周边知识的"预热式"了解，为其后的相关教学内容提供必要的"预备/先行知识"，同时也可训练 S 对于"动词"用法的"举一反三"能力。

相比之下，Ⅲ、Ⅳ级路径试图彰显所授知识点的"延伸性"。其中，Ⅲ级路径展现了施教内容的"同层跨类"联系，强化了某一认知层面的两个及以上知识点之间的"依存"关系。尽管知识点类别的差异加大了授课及学业难度，使得Ⅲ级路径的衔接度不如Ⅰ、Ⅱ两级，但可促使 S 把握不同知识点的"横向"区别与联系，形成"触类旁通"效应，巩固并拓展 S 的知识面。该路径尤其适合于知识点的"阶段性"推进与复习。

以"外语语音"课程为例，T 可以引导 S 充分体会"音位"和"语音"（话题层）、"发音规则"和"发音过程"（过程层）、"重音"和"音节"（事件层）之间各自内在的体现关系，帮助 S 对各种易于混淆的语音知识进行系统融合与甄别。

值得注意的是，Ⅳ级路径阐明了施教内容的"跨层跨类"关系，此时的知识点"纵横交错"，关系繁杂，衔接力也因而相对较弱，但其更注重知识的"整体性"分布，T 可用其指导 S 的"总结性"复习，与Ⅰ级路径的"局域性"特征形成鲜明对比。由此可见，上述Ⅰ—Ⅳ级 DA 教学路径既可以循序渐进的方式依次实施，也可在具体的施教过程中根据实际情况有所侧重。

相对而言，"基础外语""高级外语""第二外语"（统称"综合外语"）可视为"A 类课程"中的"高阶"课程，故其主要受控于整体约束力更强的"结构性"DA 衔接机制。此类课程所涵盖的"话语成分"集中表现为以下环节。

(1) 话题层

语言知识传授：T 主要针对语音、词汇、句法、篇章等语言基本知识对 S 实施"贯通式"综合讲解。

（2）过程层

语言知识拓展：T 主要围绕与上述语言基础知识相关联的文学、历史、社会、文化等环节对 S 的人文素养展开"扩充式"综合培育。

（3）事件层

语言思维培养：T 针对融合于话题层和过程层的中外思维方式面向 S 进行比较分析，并在此基础上强化 S 的"思辨式"能力训练。

依照"结构性"DA 衔接的基本原则，T 在进行"综合外语"类课程教学时总体上可采取"控制"和"推进"两种施教策略，且于"课内"与"课际"这两个范围的实施效力和衔接程度有所不同。

其中，"控制"策略易于在"课内"（如"某一授课单元内"）施行。由于"综合外语"课程各个单元的"过程层"与"事件层"的教学目标不尽相同，独立性和针对性较强，所以此种课程的"过程类"和"事件类"的 DA 衔接在"课际"（如"跨单元"）阶段相对较难维系。从这个意义上讲，"语言知识传授""语言知识拓展""语言思维培养"于各个单元的累进或更迭的频率越高，T 的教学控制力就越弱，施教难度也会因此增加。值得注意的是，在所授外语基础知识的内容多于相关社会、文化或思维因素的条件下（如"基础外语"课程或其某一单元），T 针对"话题层"的优先考虑或重点施教可以显著提升教学控制力及其施教效力。反之，在文化和思维训练重于单纯的语言技能训练的前提下（如"高级外语"课程或其某一单元），T 给予"过程层"或"事件层"的充分关注能够明显增强教学控制力以及教学效果。需要指出的是，无论是"基础外语""高级外语"或是"第二外语"，如果 T 仅限于"话题""过程""事件"其中的一个层面施教，那么其对于此类课程的教学控制力未必强于三者兼备却各有侧重的教学方式，"综合"二字的内涵也就无从体现。

由此可知，T 更倾向在"课际"（如"跨单元"）范围执行"推进"策略。表面上看，该策略的教学衔接度似乎不及"控制"策略，但其更有利于"综合类"基础课程总体教学目标的达成。也就是说，"语言知识传授""语言知识拓展""语言思维培养"这三个施教层面在各个授课单元交叉出现的次数越多，T 的教学推进力就越强，相应的学业挑战度也就越高。与"控制"策略相对，当语言知识点明显多于相关文化思维知识点之时（如"基础外语"课程或其某一单元），T 可以通过加大"过程层"或"事件层"的施教力度来提升教学推进力。相反，在一些需要强化文化思维能力培养的"综合外语"课程中（如"高级外语"课程或其某一单元），T 可以借助深入探讨"话题层"的部分环节将 S 对于特定社会文化因素的注意力暂时转移到语言基础知识中来，以此保证教学节奏的持续推进。

需要强调的是，不管是"基础外语""高级外语"抑或"第二外语"，即使 T 只围绕"话题""过程""事件"的任一层面施教，该门课程表现出的教学推进力也未必弱于三者兼备的教学路径，仍可彰显其"综合类"课程的属性。

值得注意的是，尽管理论上 A 类课程对于"主体语境"并不十分敏感，但并不等于说此类课程完全不受 CA 机制的制约，只是受限程度不及 B、C 两类课程。事实上，A、B、C 三类课程各自的"教学进阶"（阶段性教学目标）均该与其相应的"教学总目标"（教后语境）统一起来，这两个环节的实施主体分别为 S 和 T。

在针对外语专业的施教过程中，T 可将其教学内容根据 S 的实际情况"自下而上"分为三级进阶（话题→过程→事件；言前→言内→言后），T 在每个阶段应积极引导 S 自主地处理"话语本体"及相应课程的"主体语境"的关系（IA 阶段）。此后，T 可依据 S 的处理结果将其分成若干层次或组别，以"自上而下"的方式力图使 S 的每个学习级阶均能与 T 的教学总目标（教后语境）挂钩（FA 阶段），而非直到第三级阶才向 S 展示所授课程要求的最高层次的教学目标。

以"外语语法"课程为例，S 可以尝试依照 T 的教学计划对不同层面的语法形式（词汇层、句法层和篇章层所属的话语成分）的用法分别展开自由讨论或者自查自纠，而 T 则须紧扣篇章层（事件层）来强化 S 对上述三个层次语法表达的深入理解。换言之，S 可对语言知识实施分层解读，T 则应依托最高层级的话语知识所对应的语境成分（含 T 的主体语境及教学语境）促使 S 对所学语言知识的全面有效把握。当然，T 在课前也可对 S 有可能采取的处理方式进行预估，并根据所授课程性质与总体教学目标（教后语境）拟定相应的授课纲要并可在施教过程中适时调整。

9.3.2.2 "B 类课程"施教策略综述

和"A 类课程"相比，"B 类课程"具备两个显著特征：一是 CA 机制的作用开始突显，T 和 S 的"语境层"和"话语层"之间的"协作式"主体连贯覆盖了课程实施的全程；二是 T 和 S 的主体互动不再是纯粹意义上的教学行为，两者同时演绎了与课程内容相关联的类似于 P 或 R 的话语角色。

关于 T 和 S 所建立的宏观意义上的"协作式"交际型教学连贯机制，本章 9.2.3 小节已有系统阐述，在此不复赘言。在此基础上，本小节重在揭示 T 和 S 如何在外语专业"B 类课程"中通过 CA-1 机制和借助某一课程专属的话语交际身份展开协作。因此，本小节关注的"语境层"与"话语层"并非如前节那样泛指 T 和 S 的"教学/学习语境"和"教学/学习成分"，而是特指 T 和 S 依托具体课程内容处理的话语成分以及由此形成的主体语境。

如上文 9.3.1 小节所述，"B1 类课程"（依托"协作式 I"培养机制）中的

"外语听力""外语阅读"因其"话语输入"属性而受制于"T 话语→S 语境"这一 CA-1 连贯机制（协作式Ⅰ）。T 和 S 在这两门课程中各自支配的话语与语境成分可归纳如下。

（1）T 的话语成分
（i）话题：T 所授"名词性"或"动词性"成分的语音语调特征（听力课程）/篇章语义功能（阅读课程）。
（ii）过程：上述"名词性"或"动词性"成分与其他的"名词性"或"动词性"成分之间的语音协同关系（听力课程）/篇章衔接和连贯关系（阅读课程）。
（iii）事件：T 所授"小句性"成分的语音语调特征（听力课程）/篇章语义功能（阅读课程）及其所属的"名词性""动词性"成分之间或者与其他的"小句性"成分之间的语音协同关系（听力课程）/篇章衔接和连贯关系（阅读课程）。

（2）S 的主体语境
（i）言前语境：T 所授话语成分（"名词性""动词性""小句性"成分）的语音语调特征（听力课程）/篇章语义功能（阅读课程）促使 S 激活的话语交际环境、群体思维模式和/或个体认知状态。
（ii）言内语境：引导 S 限制或确认 T 所授话语成分之间的语音协同关系（听力课程）/篇章衔接和连贯关系（阅读课程）的特定语段及其周边信息。
（iii）言后语境：T 所授话语成分的语音语调特征及语音协同关系（听力课程）/篇章语义功能及篇章衔接和连贯关系（阅读课程）共同揭示的特定语段的话语交际意图及其社会文化思维模式。

由此可见，外语专业"B1 类课程"的基本运行方式在于 T 借助其讲授的特定层次的"话语成分"来激活 S 相应层级的"主体语境"，以此确保和提升"语言输入"的连贯性与有效性。在"听力"类课程中，T 和 S 分别充当了"发话者"与"受话者"的话语角色；在"阅读"类课程中，T 和 S 分别发挥了"作者"与"读者"的交际功能。更为重要的是，"协作式Ⅰ"机制从某种意义上整合了"外语听力"和"外语阅读"两门课程的教学方案，统一了"话语输入型"课程的总体施教思路。

具体说来，"B1 类课程"可以产生下述九级施教路径（"→"代表"可及于"）。

（1）Ⅰ级"B1 类课程"施教路径
T（话题）→S（言前语境）
（2）Ⅱ级"B1 类课程"施教路径
T（过程）→S（言内语境）

(3) Ⅲ级"B1类课程"施教路径

T(事件)→S(言后语境)

(4) Ⅳ级"B1类课程"施教路径

T(事件)→S(言前语境)

(5) Ⅴ级"B1类课程"施教路径

T(过程)→S(言前语境)

(6) Ⅵ级"B1类课程"施教路径

T(事件)→S(言内语境)

(7) Ⅶ级"B1类课程"施教路径

T(话题)→S(言内语境)

(8) Ⅷ级"B1类课程"施教路径

T(过程)→S(言后语境)

(9) Ⅸ级"B1类课程"施教路径

T(话题)→S(言后语境)

其中,前三级路径符合"协作式"主体连贯构建的"首要标准"(参见第7章7.4.1.1小节),也就是T(连同其在相关课程中充当的"发话者"或"作者"等交际角色)所授的话语成分和S(连同其在特定课程中演绎的"受话者"或"读者"等参与者身份)被激活的主体语境类型之间形成了"无标记"的对应关系,因此这三种路径的教学连贯性高于其他路径。此外,Ⅰ、Ⅲ级路径各自体现了在"无标记"条件下T和S付出的教学和学习的最小与最大认知成本,故可分别融入本章9.3.2.1小节探讨的"教学控制"和"教学推进"这两种施教原则中。我们认为,上述Ⅰ、Ⅱ、Ⅲ级施教路径可以分别作为"初级/中级/高级外语听力"或"初级/中级/高级外语阅读"等课程方案设计及配套教材编写的基本思路。

相对而言,后六级路径满足"协作式"主体连贯机制的"次要标准"(同上),即T向S传递的话语层级和S被激活的语境层级之间的"交叉匹配"关系,由此产生不同程度的施教"经济性"策略。例如,S可借助Ⅳ级路径以最小的处理努力(言前语境)获取T输入的最大话语信息(事件成分),而在Ⅸ级路径中,S虽耗费了最大的认知成本(言后语境),但仅取得了T输入的最小话语信息(话题成分)。可见,在有标记状态下,Ⅳ—Ⅸ级施教路径的"经济性"依次降低,教学连贯性也随之逐级减弱。

以"外语阅读"课程为例,如果T仅关注阅读材料中的重点或难点词汇的讲解,则S仍可能需要付出较大的自学成本方可把握整个语段的背景信息、语篇脉络和主题思想等深层信息。反过来,若S事先已通过自学的方式对阅读材料的上述深层信息有所了解，但结果 T 只是重点讲授了所选语段中的词汇项目，那么 S 依然会觉得"徒劳无功"，同样也会影响学习效果。

相比之下，"B2 类课程"（基于"协作式Ⅱ"培养机制）中的"外语口语""外语写作""外语翻译"由于其自身的"话语输出"特质而受控于"T 语境→S 话语"的主体连贯机制（"协作式Ⅱ"）。T 和 S 在这三门课程中各自主导的话语及语境成分可整合如下。

（1）T 的言后语境

T 所授话语成分（"名词性""动词性""小句性"成分）的语音语调特征及语音协同关系（口语课程）/篇章语义功能及篇章衔接和连贯关系（写作课程）/外汉形式和语义差异及对等关系（翻译课程）共同反映的特定语段的话语交际意图及其社会文化思维模式（由 S 设定）。

（2）S 的话语成分

（i）话题：S 生成的"名词性"或"动词性"成分的语音语调特征（口语课程）/篇章语义功能（写作课程）/外汉形式和语义差异（翻译课程）。

（ii）过程：上述"名词性"或"动词性"成分与其他的"名词性"或"动词性"成分之间的语音协同关系（口语课程）/篇章衔接和连贯关系（写作课程）/外汉形式和语义对等关系（翻译课程）。

（iii）事件：S 生成的"小句性"成分的语音语调特征（口语课程）/篇章语义功能（写作课程）/外汉形式和语义差异（翻译课程）及其所属的"名词性""动词性"成分之间或者与其他的"小句性"成分之间的语音协同关系（口语课程）/篇章衔接和连贯关系（写作课程）/外汉形式和语义对等关系（翻译课程）。

不难发现，"B2 类课程"的运作模式与"B1 类课程"正好相反，前者的语境和话语成分的匹配方式与后者是逆向对调的，即 S 事先设定 T 的言后语境，并以此激活 S 不同层级的"话语成分"，从而保证其"语言输出"的连贯性和可接受性。在"口语"类课程中，T 和 S 分别充当了"受话者"与"发话者"的话语角色；在"写作"类课程中，T 和 S 分别发挥了"读者"与"作者"的参与者作用；在"翻译"类课程中，T 和 S 分别行使了"（源文本）发话者/作者"和"译者"的交际功能。由上可知，"协作式Ⅱ"机制在一定程度上融合了"外语口语""外语写作""外语翻译"这几门课程的教学思路，协同了"话语输出型"课程的整体施教策略。

具体而言，"B2 类课程"能够形成以下三级施教路径（"→"表示"可及于"）。

（1）Ⅰ级"B2 类课程"施教路径

T（言后语境）→S（事件）

(2) Ⅱ级"B2 类课程"施教路径

T(言后语境)→S(话题)

(3) Ⅲ级"B2 类课程"施教路径

T(言后语境)→S(过程)

如果依据"协作式"主体连贯性评判的"首要标准",上述Ⅰ级路径由于实现了 T(连同其在特定课程中充当的"受话者""读者""(源文本)发话者/作者"等话语角色)的言后语境与 S(连同其在相应课程中代表的"发话者""作者""译者"等主体身份)被激活的事件成分之间的"无标记"可及关系,故而该路径的教学主体连贯性大于其他两级路径。

例如,T 只有在"外语写作"课程中深入指导 S 充分发挥"小句层"的语篇功能并将"词汇层"和"小句层"各自的衔接手段系统融入整个语篇的连贯构建之中,S 才会真正担负起"作者"的角色,向"读者"(T)完整地传递其话语交际意图。

若以"协作式"连贯构建的"次要标准"衡量,Ⅱ级路径的施教"经济性"强于Ⅲ级路径,原因是前者能够引导 S 以相对较小的话语处理努力及输出成本(话题成分)直接显映 T 所对应的特定话语角色的深层交际意图或思维方式(言后语境),体现出较高的教学和学习效率,也是一种相对便捷的施教手段。

例如,在某些"外语写作"课程中,T 特别注重外语词汇在语篇中的实际运用能力,在选词、用词、组词、同义词的替换、一词多义的辨析、高级/热点/专业/特色词汇的活用等环节对 S 实施了针对性训练,同样可使 S 充分明晰地展布其写作意图,并已在很多外语写作测试或竞赛中得到了充分验证。然而,这对于 S 自身的语言基本功及思辨能力也提出了更高的要求。

值得注意的是,由于"阅读""写作""翻译"这三类课程对于"篇章层"的依赖性显著高于其他"B 类课程",所以三者必要时须引入部分"A 类课程"的施教策略,也就是它们与 DA 话语衔接这一培养机制的融合度要高于"听力"和"口语"类课程(参见 9.3.1 小节的表 9.2),这样便可与 CA-1 话语连贯模式相得益彰,从而取得更佳的教学效果。

9.3.2.3 "C 类课程"施教策略举要

与前两类课程不同的是,"C 类课程"对于"语境层"的敏感度最高,更注重 S(包含其在特定课程中充当的交际角色)的各层"主体语境"与 T(及其与 S 在同一课程中相对应的主体身份)的"言后语境"在 CA-2 作用下的可及机制。由此可见,相较于 A、B 类课程,处于 FA 阶段的"C 类课程"最大限度地发挥了 T 对于 S 的引领与制约作用。需要说明的是,因为 T 和 S 基于 CA-2 构成的交际型教学关系模式已于前文 9.2.4 小节系统探讨过，所以本小节仍以外语类专业的"C 类课程"为例，专门阐释 T 和 S 由特定的课程内容所引发的主体语境之间的连贯机制。

通常而言，"C 类课程"在某个学科专业的课程体系中展现出较强的理论性和专业方向性。根据 9.3.1 小节的表 9.2，T 和 S 在外语专业（语言文学方向）的几门代表性"C 类课程"中所构成的主体语境要素可总结如下。

（1）T 的言后语境

（i）语言学课程：S 能够掌握语言使用的一般规律和特征，通过语言学理论深入系统分析各种语言现象与交际行为，将语言学知识应用于其他相关学科领域。

（ii）文学课程：S 可以运用外国文学理论和研究方法分析评价相关文学作品，以此深度把握相关国家和地区的社会历史文化的发展规律与趋势。

（iii）文化学课程（主要指"西方文明史""跨文化交际"等外国文化类课程的统称，下同）：S 能够全面掌握外国文化各个历史时期、各行各业、各个领域、各种交际模式的历史演变与主要特征，充分结合我国文化与交际的实际情况，具备深厚的"唯物性""历史性""人文性""多样性""批判性"的文化理念。

（iv）科研训练课程：S 可以通过系统学习学术论文的写作规范与科学研究的基本方法，全面掌握外语类专业的学术性思维及相关研究路径，牢固树立本专业的学术道德规范，充分激发学术创新能力。

（2）S 的主体语境

（i）语言学课程：S 初步了解语言及语言学的基本概念与基础理论（言前语境）；S 进一步理解普通语言学各个分支（如语音学、音系学、形态学、句法学、语义学、语用学等）的理论体系、主要流派及其联系与区别（言内语境）；S 深入把握应用语言学各个分支（如人类语言学、社会语言学、心理语言学、计算机语言学、外语教学法、话语分析等）的研究范式与实践意义（言后语境）。

（ii）文学课程：S 初步了解特定国别的代表性作家及其经典文学作品的创作特色与主要内容（言前语境）；S 进一步理解有关国家和地区不同时期的文学家、文学作品、文学理论、文学流派之间的区别与联系（言内语境）；S 深入把握相关文论思想与文学批评手段在揭示特定国家的文化思维方面所发挥的启示和引导作用（言后语境）。

（iii）文化学课程：S 初步了解外国文化的主要特征与发展进程、跨文化沟通的主要方式及途径（言前语境）；S 进一步理解不同领域和时期的外国文化现象及主体交流方式之间的联系与区别（言内语境）；S 深入把握中外文化发展史和中外话语交际模式差异的深层理据及应对策略（言后语境）。

（iv）科研训练课程：S 初步了解外语类学术论文的基本性质、主要分类、组成部分及其格式规范（言前语境）；S 进一步理解外语学科的各种科学研究方法及其区别与联系（言内语境）；S 深入把握外语专业科学研究的总体思维观念及其应恪守的道德准则与学术伦理（言后语境）。

概括起来，"C 类课程"的施教路径通常体现为下述七个等级（"→"代表"可及于"；"∧"表示"S 的各层主体语境的调动顺序"）。从中可见，随着 S 对其主体语境启用层级的提升（Ⅰ—Ⅲ级路径）以及各类主体语境调用次数的增多（Ⅳ—Ⅶ级路径），S 所付出的知识处理努力与学习认知成本也会相应增加，那么由 CA-2 机制主导的 T 和 S 之间的教学连贯性便因此逐步减弱。

（1）Ⅰ级"C 类课程"施教路径
S（言前语境）→T（言后语境）
（2）Ⅱ级"C 类课程"施教路径
S（言内语境）→T（言后语境）
（3）Ⅲ级"C 类课程"施教路径
S（言后语境）→T（言后语境）
（4）Ⅳ级"C 类课程"施教路径
S（言前语境）∧S（言内语境）→T（言后语境）
（5）Ⅴ级"C 类课程"施教路径
S（言前语境）∧S（言后语境）→T（言后语境）
（6）Ⅵ级"C 类课程"施教路径
S（言内语境）∧S（言后语境）→T（言后语境）
（7）Ⅶ级"C 类课程"施教路径
S（言前语境）∧S（言内语境）∧S（言后语境）→T（言后语境）

不难发现，尽管上述七种施教路径的教学主体连贯性是逐级递减的，但其教学内容的推进性与专业知识覆盖面却呈逐级递增之势。一般情况下，"C 类课程"多为理论性和方向性最强的专业主修或选修课程，因而 T 在充分发挥对 S 的反馈和指导作用的同时，还须兼顾教学活动的"连贯性"（主要表现为Ⅰ—Ⅲ级路径）与"推进性"（集中体现于Ⅳ—Ⅶ级路径）。总体而言，T 对于两者应各有侧重，这主要取决于 T 的"教学语境"（教学总体规划）与 S 的"学习语境"（学习整体计划）的适配程度（详见本章 9.2 节）：如果这两种语境在某门"C 类课程"实施过程中"正相关"，那么 T 应突出该课程教学的"整体推进性"和"局部连贯性"；若上述两个语境"负相关"，则 T 在相关"C 类课程"的施教方案中应关注"整体连贯性"与"局部推进性"。

以"外国语言学"这门课程为例，对于科技类、工程类或财经类高校外语专业而言，由于 S 对专门用途英语的兴趣及需求（学习语境）有别于普通外语类专业 T 的教学计划及目标（教学语境），因此该门课程可以列为"专业选修课"（教前语境）。T 在不降低"语言学"课程学业要求（T 的言后语境）的条件下，需对指定的外国语言学教材中的相关内容根据本专业 S 的实际情况加以取舍，如重点讲解语言学基础知识（Ⅰ级路径）、普通语言学基本理论（Ⅱ级路径）或者应用语言学基本方法（Ⅲ级路径），以聚焦于特定专题的方式达成整体的教学连贯效应，确保选定的专题能够形成一个贯穿授课始终的独立知识模块。

反之，外语类、师范类或综合类院校外语专业人才培养方案中 T 和 S 的主体语境通常高度契合，故该门课程有必要设定为"专业必修课"（教前语境）。此时 T 可以最大限度提升"语言学"相关教材的利用度与授课内容的广度，严格按照教材与教纲的各项要求实施语言学知识点的全覆盖，最终实现整体推进目标（Ⅶ级路径）。在此之前，T 仍需本着"由浅入深""循序渐进"的原则帮助 S 逐步逐层地了解和掌握、深化并整合普通语言学（含其主要流派）、应用语言学及其各个分支之间的系统关系（Ⅳ—Ⅵ级路径），从而构建一个完整的语言学知识体系。在此期间，T 也可适当提高对 S 的课业要求或学业挑战度（T 的言后语境）。

值得一提的是，由于"B 类课程"在很大程度上同"西方文明史""学术科研方法""跨文化交际"等"C 类课程"在话语能力培养方面构成了一种"先行后序"的推进关系，因此上述三门课程同 CA-1 机制的联系也较为密切。其中，"西方文明史"和"学术科研方法"分别源于"阅读"和"写作"训练，故各自对"协作式Ⅰ"和"协作式Ⅱ"主体连贯机制有一定的依赖性。相比之下，"跨文化交际"基于"听说"和"翻译"能力，故其对上述两种 CA-1 连贯模式均表现出较高的敏感度。

综上所述，A、B、C 三类课程在宏观层面上体现了 T 和 S 对于某种 SA 教学机制的偏好或倾向性，由此引发 T 的课程策略及施教路径存在显著差异。然而，这并不代表 DA、CA-1 和 CA-2 机制可以在教学活动中独立运行，更不意味着 IA 和 FA 阶段可以被教学主体人为割裂开来。事实上，任何一门课程在具体实施的过程中均须全面覆盖上述各种 SA 机制，只是侧重点不同而已，尤其是 T 和 S 在很多情况下有必要融入特定课程所对应的话语角色或主体身份之中。

下面我们以"翻译"类课程为例，对此做进一步探讨。

翻译本身的实践性与应用性较强，为了优化教学效果以达成学习目的，T 和 S 须分别浸入"（源文本）作者"和"（目标文本）产出者（译者）"这两种话语角色，并将之渗透到翻译教学或翻译实践的全程。

一般认为，翻译是在两种语言之间寻求并建立"对等"关系的话语交际过程。然而，完全意义上的"对等"实际上是不存在的（Catford 1965），只能在两种语言的部分层面予以体现。我们认为，翻译活动本质上也遵循了 SA 交际路径，并在"笔译"及"口译"的施教过程中分别采取与"书面交际""口头交际"类似的 SA 分析模式,以此有机整合 DA、CA-1 和 CA-2 这三种 SA 认知机制。

对于"笔译"而言,作者与译者分别充当 SA 架构下的 P 和 R 的身份。在 IA 阶段,译者可根据(目标语)读者的实际需要(译者的主体语境)突显作者源文本 DA 层级中的任意一层(如"文学"语类可突出其"话题层";"非文学"语类可强化其"过程层"),以此框定目标文本的组篇方式。然而,译者的真正价值主要体现于 FA 阶段,评判依据取决于目标文本的话语表达与作者原创意图(作者的言后语境)的贴近程度。由于笔译附属于"书面交际",故译者对源文本的解读直接决定了翻译质量,其具体的质量等级可根据译文与原文在"功能"(类属参数)和"形式"(层级参数)上的对等程度由高到低依次分为"Ⅰ级(同类同层)""Ⅱ级(同类不同层)""Ⅲ级(同层不同类)""Ⅳ级(不同类不同层)"这四个级别。

据此,笔译主要受控于 DA 和 CA-1 机制,译文的"话语层"和原文的"语境层"须同级对应。其中,"事件层"是体现笔译对等原则的最高单位,"话题层"和"过程层"的对等分别作为"事件层"对等的必要和充分条件,译者与作者在"言后语境"和"事件层"的Ⅰ级对等可视为笔译实践与教学的最高标准。

相比之下,目前主流的"口译"理论并未广泛接纳笔译研究中的"对等"概念,而是大多采用"发言人—译员—听众"这种"三段式"分析路径,将译员视作发言人和听众的"中间人"或"结合体"(Pochhacker 2003)。我们认为,口译教学与实践仍可依托 SA 理念建立一个"双向对等"的互动模式。在此模式下,译员充当 R,而 P 的身份要视口译的交际方向而定。

具体说来,"单边"口译(如普通的"会议口译"等)由"发言人"承担;"双边"口译(如"对话口译""联络口译"等)则由"发言人"和"接受人"交替担当。译员在 IA 阶段依照(目标语)听众的需求生成临时的译员主体语境,以此确定源语中相应话语层级(话题、过程或事件)的突显方式,并于 FA 阶段根据(源语)发言人的交流意图(言后语境)适时调整其口译策略。

与笔译不同的是,口译所涉的 IA 和 FA 间隔较短(如"交替传译")甚至几无时隔(如"同声传译"),留给译员的处理时间非常有限。此外,译员在实施"双边"或"多边"口译的过程中须对目标语的信息输出量加以灵活掌控,因为发言人与接受人(或者不同的发言人)的各层主体语境(言前、言内或言后)之间往往互相交叉,无法取得一一对应。这表明,口译过程主要依附于 CA-2 机制,其中影响最大的就是译员把源语表达转换为意义这一环节,即所谓的"脱离源语外壳"阶段(Seleskovitch & Lederer 1984:168)。由此可知,如何在该阶段以最小的话语处理层级将源语转化为发言人的最大交际量值(言后语境)并将之传递给目标受众,这便是译员理想化工作目标之所在,同时也彰显了口译课程的最佳施教与学习成效。

9.4 教学评价标准的重构：SA 视角下的教学考核新途径

对于教学活动的考查与评估通常围绕 T 和 S 分别施行。尽管各个培养单位已根据业内普遍推行的方案并结合本单位的实际情况制定了相应的考核指标及评价标准，但目前仍然存在以下几点瑕疵。

（1）T 和 S 的评价体系相互分离，缺乏统一架构；
（2）T 和 S 自身的"自我评价"缺乏清晰定位；
（3）"总体评估"与"过程评估"及其标准尚未明确区分；
（4）T 的教学质量评价时长受限（大多限于课内或某一学时）；
（5）缺乏能够跨学期/学年的"阶段考核"及相应的考评标准；
（6）缺少根据课程类型而设立的"分类考核"及相应的评价机制；
（7）S 的学业水平考查与测试的类型及标准存在雷同。

针对上述问题，综合本章前两节对基于 SA 话语交际模式的教学体系与课程设置的探讨，我们初步设计了以下"五位一体"的 SA 教学考评机制（表9.3）。

表 9.3　SA 模式下的教学评价及考核标准体系

评价类型	优秀 （85—100 分）	良好 （70—84 分）	一般 （60—69 分）	较差 （60 分以下）
自我评价 （5%）	T/S 的 I 级"自主式"（CA-1）连贯	T/S 的 Ⅱ 级"自主式"（CA-1）连贯	T/S 的 Ⅲ 级"自主式"（CA-1）连贯	T/S 的其他等级"自主式"（CA-1）连贯
总体评估 （15%）	I 级交际型教学关系（非结构性 DA）	Ⅱ 级交际型教学关系（非结构性 DA）	Ⅲ 级交际型教学关系（非结构性 DA）	Ⅳ 级交际型教学关系（非结构性 DA）
过程评估 （25%）	教学/学习控制原则（课内）+教学/学习推进原则（课际）（结构性 DA）	教学/学习控制原则（课内+课际）（结构性 DA）	教学/学习推进原则（课内+课际）（结构性 DA）	教学/学习推进原则（课内）+教学/学习控制原则（课际）（结构性 DA）
阶段考核 （25%）	Ⅰ—Ⅲ级"协作式"（CA-1）教学连贯（前期）+Ⅰ—Ⅲ级 CA-2 教学可及路径（后期）	Ⅳ—Ⅴ级"协作式"（CA-1）教学连贯（前期）+Ⅳ级 CA-2 教学可及路径（后期）	Ⅵ—Ⅶ级"协作式"（CA-1）教学连贯（前期）+Ⅴ—Ⅵ级 CA-2 教学可及路径（后期）	Ⅷ—Ⅸ级"协作式"（CA-1）教学连贯（前期）+Ⅶ级 CA-2 教学可及路径（后期）
分类考核 （30%）	A/B/C 类课程与其对标的 SA 培养机制的切合度约为 90%	A/B/C 类课程与其对标的 SA 培养机制的切合度约为 70%—80%	A/B/C 类课程与其对标的 SA 培养机制的切合度约为 50%—60%	A/B/C 类课程与其对标的 SA 培养机制的切合度不足 50%

关于以上五种评价标准各自的具体来源依据，我们已在本章9.2节和9.3节予以系统阐释，此处不再一一详述。本节重点针对表9.3中的评价及考核体系的具体使用和操作方法进行解读。

纵列中的评价类型可以组构为一个综合性评价量表，但各自所占的权重有所差异。为了保证考评体系的完整性，表中专设了"自我评价"模块，用以促动"自省式"或"反思式"教学的推进（基于CA-1机制）。此类评价方式自然由T或S本人执行，分别对己方的教学或学习的"自主"连贯性进行自查。为了确保评价标准的客观性，"自我评价"占比仅为5%，其余四种均系"他方评价"。

与其他"他方评价"形式相比，"总体评估"的主观性和偶然性相对较高，故其在同类评价中的比重最小（15%）。"分类考核"因其考评指标最为具体（参见表9.2）、客观性较强，故占比最高（30%）。"过程评估"和"阶段考核"占比居中（25%），在一定程度上降低了评价结果的或然性。需要说明的是，"他方评价"不限于T和S对彼方的评价，还包括来自"第三方"的考评，且实施评价的主体层次与评价的侧重点均有所不同。培养单位既可择取其中的某一单项进行独立评价，也可将上述各项评价结果汇总后按比例采取统一的综合性评价。

具体而言，"总体评估"可由培养单位及相关部门负责人（如校领导、校学生会干部等）以随机抽查或者集中调研的方式实施，初步评判T或S的整体教学或学习情况以及双方是否已建立起教学型的主体衔接关系（依托"非结构性"DA机制）。

"过程评估"建议由培养单位的教学主管部门负责人（如教务处领导、校学生会学习部等）和校级教学专家团队（如教学督导组成员等）以随机听课或者重点巡查的形式开展，重点考查T或S是否于同一课时内以及不同课时间分别采取了"稳进型"和"拓展型"的教学或学习策略（基于"结构性"DA机制），并能将二者融会贯通。该类评估因涉及"课内"与"课际"这两个参数，故不可囿于某一学时，而应"跨课时"进行（如当日连续观摩2—3节课或者针对同一门课连续观摩2—3周等）。

"阶段考核"可由T或S所在的二级部门（如学院、中心、系所等）相关负责人（如学院和中心分管教学的领导、系主任、院学生会干部等）以随机抽查或者重点巡查的途径实施，旨在评价T或S于一个完整的学期或学年内"前后半程"的教学或学习情况。其中，"前半期"通常为教学活动的IA阶段，评价时需重点关注基于CA-1（T→S）的"协作式"教学主体连贯性；"后半期"一般系教学活动的FA阶段，评估时应特别留意依托CA-2（S→T）的教学主体连贯性。此种考核的时间跨度较大，比较适合于"跨学期（学年）"设置的专业基础课或必修课的教学评价。

"分类考核"建议由T或S所在的二级部门（同上）的教学同行（如T所在

课程组组长、课程组成员、班级干部等）以随机听课或者重点巡查的方式开展，依据 SA 的课程架构及实施策略，重点考查 T 和 S 对于 A、B、C 类课程分别应体现的 SA 培养机制的落实度和覆盖面。可见，该类考核的针对性较强，可操作性也相对最高。

更为重要的是，表9.3将 T 和 S 置于同一个考评体系中，针对 T 的教学评估标准可以转化为对于 S 的学习考评依据，两者的评价标准由此便可相互依存并互为参照。例如，"总体评估"中对于"交际型教学关系"的等级划分所依赖的"T 施教内容的同质性"（类属）与"T 施教方法的层次性"（层级）这两个参数（详见表9.1）可以分别体现为"S 学习内容的同质性"（即 S 所学课程架构的完整性和其学习要点的贯通性）和"S 学习方法的层次性"（即 S 学习需求的高低与其学业难度的大小）。又如，"过程评估"中对于 T 的"教学控制/推进原则"执行力度的评判完全可以经由评估方从对 S 的"学习控制/推进"情况的考查结果中"间接地"表现出来。同样，对 S 实施的"分类考核"也可视为对 T 教学效果的"同期"验收。据此，只有 T 和 S 共享同一套评价标准，双方起初各异的"主体语境"才会逐步融为一体，最终实现"教"与"学"的相得益彰。

值得一提的是，由 SA 主导的"分类考核"机制还可增强 T 对于 S 课业考查的针对性和有效性，以此改进并丰富课程测试手段，防止"千篇一律"。

以外语类专业为例，现有的外语交际性测试手段不一而足，主要包括"正式与非正式""主观与客观""考试与考查"这三种测试体系（Halliday et al. 1964: 214-220）。问题在于测试的具体内容与评测依据基本对应于各类题型所反映的仅与本课程相关的阶段性教学任务，与教学方案和考试大纲要求的总体目标尚存一定距离，这种较为分散的评价标准显然会影响对教学实际效果的检验。由此，依据 SA 的等级判定标准可为不同的外语类课程教学提供相对统一的评估参照体系。

如前所言，IA 和 FA 这两个阶段分别依托"话语"和"交际"这两类可及性衡量标准，故"本体类"与"主体类"外语课程的总体评价依据也应有所区分：前者可基于"类属"（话语意义）与"层级"（话语形式）这两个认知参数实施评价；后者可依托"认知努力"和"交际量值"之间的匹配情况加以评估。此外，各自的具体测试方案又会因相关课程的话语交际方式（书面或口头交际）的不同而略有差异。

具体而论，A 类和 B1 类外语课程的测试设计应重点考查 S 的"话语衔接"和"话语连贯"（前者指语法或意义一致，后者指语篇衔接或连贯）能力，每种题型的评分标准均可由高到低分为"同类同层""同类不同层""同层不同类""不同类不同层"这四个 DA 衔接等级。其中，"书面交际类"测试（如"语法""阅读"等考试）应加大针对 S 的句法或语篇结构的考查力度，适当减少语义关系和词汇部分的测试比重（后者应比前者的覆盖面更小）。相比之下，"口头交际类"评估（如"语音""听力"等考试）则应在此基础上强化 S 对话语"事件层"的整体性辨识及相应"言后语境"的响应时与激活度的测试。

相对而言，C 类与 B2 类外语课程的测试方案旨在考核 S 的"交际连贯"（前者指文化或情景语境的契合，后者指话语主体语境的匹配）能力，按照 S 的话语处理层次与其所包含的实际信息量的配列情况，此二类课程考试的相关题型在量分等级上可由高到低分为"小—大"（即 S 以"最小"的认知努力换取了 T "最大"的交际量值，后面以此类推）、"小—中"、"小—小"、"中—大"、"中—中"、"中—小"、"大—大"、"大—中"、"大—小"这九个级别。其中，"书面交际类"评测（如"语言学""文学""西方文明史""写作""笔译"等考试）重在考查 S 在思维及篇章组织中能否以较为经济的文字内容衬托出较为丰富的社会文化与思想内涵，T 可考虑适当增加课堂测试与平时成绩的比重。与其相比，"口头交际类"测试（如"跨文化交际""口语""口译"等考试）意在检验 S 在即时交流中是否以相对简易的表达方式显示出较为复杂的话语交际意图，T 可尝试将此类测试安排在 S 和 S 之间进行，T 负责对测试质量予以实时评估。

9.5 小　　结

教学活动是 T 和 S 之间以"知识"为载体或渠道的"话语"传送过程，因而本质上也属于一种主体间的话语交际行为。由此，T 和 S 同样可以建立一种基于 SA 机制的主体认知关系。传统的交际型教学法在教学关系的基本架构、课程设置与实施、教学评价标准等环节存在一定的弊端，这些问题可以借助 SA 主导下的交际型教学模式加以解决。

交际型教学行为由 T 发起，进而分为 IA 和 FA 两个实施阶段，分别由 S 和 T 主导，最终形成"T→S→T"这种"双向式""双核心"的 SA 交际型教学模式。在该模式下，T 和 S 的"主体语境"（教学/学习语境：教学和学习的总体规划）和"话语成分"（教学/学习成分：教学和学习计划的执行情况）可以构成"系统性"与"层级性"的可及关系（参见 9.2.1 小节的图 9.2），并经由 DA 与 CA（CA-1 和 CA-2）认知机制构建为各种类型与等级的交际型教学主体间的衔接关系和连贯效应，成为交际型教学体系中的"元认知"模式。

基于 SA 的教学设计框架需要相应的课程设置方案与之适配。根据 SA 交际型教学理念，我们提出了"本体类"和"主体类"课程分类模式，并结合 T 和 S 在不同类型课程中的交际属性建立了依托 DA、CA-1 和 CA-2 的课程（分别标记为 A、B、C 类课程）实施策略及人才培养机制。在此基础上，本章以"外语类"本科专业为例，重构了该专业的主要核心及方向课程的总体施教方略（详见 9.3.1 小节的表 9.2），充分彰显了 T 和 S 在外语教学活动中的 SA 主体关系，优化了本专业的教学资源配置，强化了外语类课程设置的层次性及其交际型教学策略的针对性。

此外，我们可以按照 SA 模式下的教学主体衔接性与连贯性等级划分标准以及课程设置实施方案来制定面向 T 和 S 的教学与学习质量的综合评价体系（参见上节的表 9.3），将"自我评价"和"他方评价"、"总体评估"和"过程评估"、"阶段考核"和"分类考核"有机融合起来，进一步提升教学考评方式的全面性、系统性与科学性。

参 考 文 献

蔡龙权. 2005. 关于把隐喻性表达作为外语交际能力的思考. 外语与外语教学, (6): 21-25.

曹青云. 2018. "身心问题"与亚里士多德范式. 世界哲学, (4): 32-42+160.

陈嘉映. 2003. 语言哲学. 北京: 北京大学出版社.

陈忠华, 刘心全, 杨春苑. 2004. 知识与语篇理解——话语分析认知科学方法论. 北京: 外语教学与研究出版社.

成晓光. 2009. 语言哲学视域中主体性和主体间性的建构. 外语学刊, (1): 9-15.

程琪龙. 2001. 认知语言学概论——语言的神经认知基础. 北京: 外语教学与研究出版社.

邓晓芒. 1992. 思辨的张力——黑格尔辩证法新探. 长沙: 湖南教育出版社.

高鸿. 2006. 现代西方哲学主体间性理论及其困境. 教学与研究, (12): 53-59.

桂诗春. 2000. 新编心理语言学. 上海: 上海外语教育出版社.

何自然, 冉永平, 莫爱屏, 等. 2006. 认知语用学——言语交际的认知研究. 上海: 上海外语教育出版社.

胡曙中. 2005. 英语语篇语言学研究. 上海: 上海外语教育出版社.

胡壮麟. 1994. 语篇的衔接与连贯. 上海: 上海外语教育出版社.

胡壮麟. 2000. 功能主义纵横谈. 北京: 外语教学与研究出版社.

胡壮麟, 朱永生, 张德禄. 1989. 系统功能语法概论. 长沙: 湖南教育出版社.

姜望琪. 2011. 语篇语言学研究. 北京: 北京大学出版社.

姜望琪. 2014. 语用推理之我见. 现代外语, 37(3): 293-302+437.

金惠敏. 2005. 从主体性到主体间性——对西方哲学发展史的一个后现代性考察. 陕西师范大学学报(哲学社会科学版), (1): 47-59.

林波, 王文斌. 2003. 从认知交际看语用模糊. 外语与外语教学, (8): 6-10.

刘润清. 1995. 西方语言学流派. 北京: 外语教学与研究出版社.

苗力田. 1989. 古希腊哲学. 北京: 中国人民大学出版社.

苗兴伟, 秦洪武. 2010. 英汉语篇语用学研究. 上海: 上海外语教育出版社.

苗兴伟, 殷银芳. 2008. 含意传达的元语用策略. 外语与外语教学, (11): 5-8.

彭宣维. 2000. 英汉语篇综合对比. 上海: 上海外语教育出版社.

石毓智. 2000. 语法的认知语义基础. 南昌: 江西教育出版社.

石毓智. 2004. 认知语言学的"功"与"过". 外国语, (2): 21-33.

束定芳. 2000a. 现代语义学. 上海: 上海外语教育出版社.

束定芳. 2000b. 隐喻学研究. 上海: 上海外语教育出版社.

苏宏斌. 2009. 主体性·主体间性·后主体性——当代中国美学的三元结构. 湖北大学学报(哲学社会科学版), 36(2): 1-6.

陶渝苏. 2013. 西方哲学史简论. 贵阳: 贵州大学出版社.

田苗. 2011. 英语口语隐喻类型和功能分析. 外语学刊, (2): 68-71.

汪子嵩, 张世英, 任华. 1972. 欧洲哲学史简编. 北京: 人民出版社.

王林海, 赵海燕. 2008. 交际口语中人际冲突话语的隐喻类型及频率分析. 外语电化教学, (4): 54-58.

王寅. 2002. 认知语言学的哲学基础:体验哲学. 外语教学与研究, (2): 82-89+160.

王寅. 2004. 认知语言学之我见. 解放军外国语学院学报, (5): 1-5.

王寅. 2005. 语篇连贯的认知世界分析方法——体验哲学和认知语言学对语篇连贯性的解释. 外语学刊, (4): 16-23+112.

王寅. 2007. 认知语言学. 上海: 上海外语教育出版社.

王寅. 2014. 语言哲学研究:21世纪中国后语言哲学沉思录. 北京: 北京大学出版社.

文旭. 1999. 国外认知语言学研究综观. 外国语, (1):35-41.

文旭. 2001. 认知语言学:诠释与思考. 外国语, (2):29-36.

文旭. 2002. 认知语言学的研究目标、原则和方法. 外语教学与研究, (2): 90-97+160.

吴丹苹, 庞继贤. 2011. 政治语篇中隐喻的说服功能与话语策略——一项基于语料库的研究. 外语与外语教学, (4): 38-42+47.

徐盛桓. 2008. 隐喻为什么可能. 外语教学, (3): 1-7.

徐盛桓. 2014. 隐喻的起因、发生和建构. 外语教学与研究, 46(3): 364-374+479-480.

姚小平. 2011. 西方语言学史. 北京: 外语教学与研究出版社.

俞大絪. 1964. 英语(第五册). 北京:商务印书馆.

俞东明. 1996. 话语角色类型及其在言语交际中的转换. 外国语, (1): 19-22.

俞东明, 左进. 2004. 语用模糊、会话策略与戏剧人物刻画. 外语教学与研究, (5): 379-384.

袁毓林. 1996. 认知科学背景上的语言研究. 国外语言学, (2): 1-12.

曾凡桂. 2004. 论关联理论语用推理的溯因特征. 外语与外语教学, (5): 6-9.

张德禄. 1998. 功能文体学. 济南: 山东教育出版社.

张德禄. 2005. 语篇衔接中的形式与意义. 外国语, (5): 32-38.

张德禄, 刘汝山. 2003. 语篇连贯与衔接理论的发展及应用. 上海: 上海外语教育出版社.

张玮. 2008. 认知语言学流派的互补性与"新认知主义"转向. 沈阳教育学院学报, (1): 1-5.

张玮. 2011. 隐喻性言语行为模式下的话语交际构建机制研究. 外语教学与研究, 43(5): 676-688+799.

张玮. 2012. 认知隐喻谋篇机制的再思考——兼谈汉英隐喻篇内映射方式的差异. 外国语, 35(4): 52-60.

张玮. 2013. 会话结构分析的隐喻模式探索. 现代外语, 36(4): 347-354+437.

张玮. 2014. 范畴理论视角下的语篇连贯研究. 外语教学与研究, 46(2): 177-189+319.

张玮. 2015a. 话语研究的主体可及性理论模型及其应用. 中国外语, 12(4): 26-32.

张玮. 2015b. 人际映射机制初探. 外语与外语教学, (6): 6-10.

张玮. 2015c. 言语交际形成的范畴化识解. 外国语, 38(6): 48-56.

张玮. 2019a. 语篇衔接的主体可及性分析路径探索. 外语教学与研究, 51(2): 239-249+320.

张玮. 2019b. 主体可及性作用下的连贯主体与本体的界面研究. 现代外语, 42(2): 194-205.

张玮, 马涛. 2010. 语篇连贯的认知研究: 理论回顾与模式探索. 外语与外语教学, (2): 49-53.

张再林. 2000. 关于现代西方哲学的主体间性转向. 人文杂志, (4): 9-15.

张志伟. 2004. 西方哲学十五讲. 北京: 北京大学出版社.

赵敦华. 2000. 现代西方哲学简史. 北京: 北京大学出版社.

赵彦春. 2010. 范畴理论是非辨——认知语言学学理批判之三. 外国语文, 26(6): 57-63.

赵艳芳. 2001. 认知语言学概论. 上海: 上海外语教育出版社.

朱永生, 严世清, 苗兴伟. 2004. 功能语言学导论. 上海: 上海外语教育出版社.

Albertazzi, L. 2000. *Meaning and Cognition: A Multidisciplinary Approach*. Amsterdam John Benjamins Publishing Company.

Al-Sharafi, A. G. M. 2004. *Textual Metonymy: A Semiotic Approach*. Houndmills, Basingstoke, Hampshire and New York: Palgrave Macmillan.

Ariel, M. 1988. Referring and accessibility. *Journal of Linguistics*, (24): 65-87.

Ariel, M. 1994. Interpreting anaphoric expressions: A cognitive versus a pragmatic approach. *Journal of Linguistics*, 30(1): 3-42.

Armstrong, S. L., Gleitman, L. R. & Gleitman, H. 1983. What some concepts might not be. *Cognition*, 13(3): 263-308.

Atkinson, J. & Heritage, J. (eds.). 1984. *Structures of Social Action: Studies in Conversation Analysis*. Cambridge: Cambridge University Press.

Austin, J. L. 1962. *How to Do Things with Words*. Oxford: Oxford University Press.

Barcelona, A. (ed.). 2000. *Metaphor and Metonymy at the Crossroads*. Berlin/New York: Mouton de Gruyter.

Beaver, D. I. 2004. The optimization of discourse anaphora. *Linguistics and Philosophy*, 27(1): 3-56.

Benveniste, E. 1958. Subjectivity in language. In E. Benveniste (Ed.), *Problems in General Linguistics* (pp. 223-230). Coral Gables: University of Miami Press.

Berk, L. M. 1999. *English Syntax: From Word to Discourse*. Oxford: Oxford University Press.

Berry, H. M. 1975. *An Introduction to Systemic Linguistics*. London: Batsford.

Biber, D., Johansson, S., Leech, G., et al. 1999. *Longman Grammar of Spoken and Written English*. London: Longman.

Blakemore, D. 2002. *Relevance and Linguistic Meaning: The Semantics and Pragmatics of Discourse Markers*. Cambridge: Cambridge University Press.

Breen, M. P. & Candlin, C. N. 1980. The essentials of communicative curriculum in language teaching. *Applied Linguistics*, 2: 89-112.

Brown, G. & Yule, G. 1983. *Discourse Analysis*. Cambridge: Cambridge University Press.

Brown, P. & Levinson, S. C. 1978. Universals in language usage: Politeness phenomena. In E. N. Goody (Ed.), *Questions and Politeness: Strategies in Social Interaction* (pp. 56-311). Cambridge: Cambridge University Press.

Brown, P. & Levinson, S. C. 1987. *Politeness: Some Universals in Language Usage*. Cambridge: Cambridge University Press.

Burke, K. 1945. *A Grammar of Motives*. New York: Prentice Hall.

Butler, C. S. 2003. *Structure and Function: A Guide to Three Major Structural-functional Theories*. Amsterdam: John Benjamins Publishing Company.

Cameron, L. & Deignan, A. 2006. The emergence of metaphor in discourse. *Applied Linguistics*, 27(4): 671-690.

Capone, A. 2005. Pragmemes (a study with reference to English and Italian). *Journal of Pragmatics*, 37(9): 1355-1371.

Carroll, J. S. & Freedle, R. O. 1972. *Language Comprehension and the Acquisition of Knowledge*. Washington, D. C.: V. H. Winston.

Catford, J. C. 1965. *A Linguistic Theory of Translation: An Essay in Applied Linguistics*. London: Oxford University Press.

Chafe, W. 1996. Inferring identifiability and accessibility. In T. Fretheim & J. K. Gundel (Eds.), *Reference and Referent Accessibility* (pp. 37-46). Amsterdam: John Benjamins Publishing Company.

Charteris-Black, J. 2004. *Corpus Approaches to Critical Metaphor Analysis*. New York: Palgrave Macmillan.

Chilton, P. 2004. *Analysing Political Discourse: Theory and Practice*. London: Routledge.

Coates, J. 2003. *Men Talk: Stories in the Making of Masculinities*. Oxford: Blackwell.

Cotter, C. 2001. Discourse and media. In D. Schiffrin., D. Tannen & H. E. Hamilton (Eds.), *The Handbook of Discourse Analysis* (pp. 416-436). Malden, MA: Blackwell.

Coulthard, M. 1977. *An Introduction to Discourse Analysis*. London: Longman.

Coupland, J. 2003. Small talk: Social functions. *Research on Language & Social Interaction*, 36(1): 1-6.

Croft, W. & Cruse, D. A. 2004. *Cognitive Linguistics*. Cambridge: Cambridge University Press.

Danes, F. (ed.). 1974. *Papers on Functional Sentence Perspective*. The Hague: Mouton.

de Beaugrande, R. & Dressler, W. U. 1981. *Introduction to Text Linguistics*. London: Longman.

Dik, S. C. 1981. *Functional Grammar*. Dordrecht: Foris.

Dirven, R., Hawkins, B. & Sandikcioglu, E. 2001. *Language and Ideology (Vol. 1): Theoretical Cognitive Approaches*. Amsterdam: John Benjamins Publishing Company.

Dressler, W. U. 1978. *Current Trends in Textlinguistics*. Berlin: Walter de Gruyter.

Drew, P. & Heritage, J. 1992. *Talk at Work: Interaction in Institutional Settings*. Cambridge: Cambridge University Press.

Drew, P. & Holt, E. 1998. Figures of speech: Figurative expressions and the management of topic transition in conversation. *Language in Society*, 27(4): 495-522.

Du Bois, J. W. 2014. Towards a dialogic syntax. *Cognitive Linguistics*, 25(3): 359-410.

Elizabeth, C. K. & Selting, M. 2018. *Interactional Linguistics: Studying Language in Social Interaction*. Cambridge: Cambridge University Press.

Enfield, N. J. 2009. Relationship thinking and human pragmatics. *Journal of Pragmatics*, 41(1): 60-78.

Enkvist, N. E. 1978. Coherence, pseudo-coherence, and non-coherence. In J. O. Ostman (Ed.),

Cohesion and Semantics (pp. 109-128). Abo: Abo Akademi Foundation.

Evans, V. & Green, M. 2006. *Cognitive Linguistics: An Introduction*. Mahwah: Lawrence Erlbaum Associate Publishers.

Fairclough, N. 1995. *Critical Discourse Analysis: The Critical Study of Language*. London: Longman.

Fairclough, N. 2003. *Analyzing Discourse: Textual Analysis for Social Research*. London: Routledge.

Fairclough, N. & Wodak, R. 1997. Critical discourse analysis. In T. A. Dijk (Ed.), *Discourse as Social Interaction (Discourse Studies: A Multidisciplinary Introduction. Vol. 2)* (pp. 258-284). London: Sage.

Fauconnier, G. & Turner, M. 1998. Conceptual integration networks. *Cognitive Science*, 22(2): 133-187.

Fawcett, R. P. 1973. Generating a sentence in systemic functional grammar. In M. A. K. Halliday & J. R. Martin (Eds.), *Readings in Systemic Linguistics* (pp. 146-183). London: Batsford.

Fawcett, R. P. 1980. *Cognitive Linguistics and Social Interaction: Towards an Integrated Model of a Systemic Functional Grammar and the Other Components of a Communicating Mind*. Heidelberg: Julius Groos Verlag.

Firth, J. R. 1950. Personality and language in society. *The Sociological Review*, 42(1): 37-52.

Garfinkel, H. 1967. *Studies in Ethnomethodology*. New York: Printice-Hall.

Geluykens, R. & Pelsmaekers, K. (eds.). 1999. *Discourse in Professional Contexts*. Munchen/Newcastle: LINCOM Euroa.

Givón, T. 1995a. *Functionalism and Grammar*. Amsterdam: John Benjamins Publishing Company.

Givón, T. 1995b. Coherence in text vs. coherence in mind. In M. A. Gernsbacher & T. Givón (Eds.), *Coherence in Spontaneous Text* (pp. 59-116). Amsterdam: John Benjamins Publishing Company.

Goatly, A. 1997. *The Language of Metaphors*. London: Routledge.

Goldberg, A. E. 1996. *Conceptual Structure, Discourse, and Language*. Stanford: CSLI Publications.

Goodwin, C. 1984. Notes on story structure and the organization of participation. In J. M. Atkinson & J. Heritage (Eds.), *Structures of Social Action* (pp. 225-246). Cambridge: Cambridge University Press.

Grice, P. 1989. *Studies in the Way of Words*. Cambridge, Mass.: Harvard University Press.

Gundel, J. K., Hedberg, N. & Zacharski, R. 1993. Cognitive status and the form of referring expressions in discourse. *Language*, 69(2): 274-307.

Halliday, M. A. K. 1976. The teacher taught the student English: An essay in applied linguistics. In P. A. Reich (Ed.), *The Second LACUS Forum* (pp. 344-349). Columbia, South Carolina: Hornbeam Press.

Halliday, M. A. K. 1978. *Language as Social Semiotic: The Social Interpretation of Language and Meaning*. London: Edward Arnold.

Halliday, M. A. K. 1985/1994. *An Introduction to Functional Grammar*. London: Edward Arnold.

Halliday, M. A. K. 1996. Things and relations: Regrammaticizing experience as technical knowledge. In J. Martin & R. Veel (Eds.), *Reading Science: Critical and Functional Perspectives on Discourses of Science* (pp. 185-235). London: Routledge.

Halliday, M. A. K. & Hasan. R. 1976. *Cohesion in English*. London: Longman.

Halliday, M. A. K. & Hasan, R. 1985. *Language, Context and Text: Aspects of Language as a Socio-semantic Perspective*. Victoria: Deakin University Press.

Halliday, M. A. K., McIntosh, A. & Strevens, P. 1964. *The Linguistic Sciences and Language Teaching*. London: Longman.

Harnett, C. G. 1986. Static and dynamic cohesion: Signals of thinking in writing. In B. Couture (Ed.), *Functional Approaches to Writing: Research Perspectives* (pp. 142-153). London: Frances Pinter.

Harris, J. A. 2015. *Hume: An Intellectual Biography*. New York: Cambridge University Press.

Harris, Z. S. 1952. Discourse analysis. *Language*, 28(1): 1-30.

Harweg, R. 1968. *Pronomina und Textkonstitution*. Munich: Fink.

Haugh, M., Kádár, D. & Mills, S. 2013. Interpersonal pragmatics: Issues and debates. *Journal of Pragmatics*, 58: 1-11.

Heinaman, R. 1990. Aristotle and the mind-body problem. *Phronesis*, 35(1): 83-102.

Hoey, M. 1991. *Patterns of Lexis in Text*. Oxford: Oxford University Press.

Hoey, M. 2001. *Textual Interaction*. London: Routledge.

Horn, L. 1972. *On the Semantic Properties of Logical Operators in English* (PhD. dissertation). UCLA, Los Angeles.

Horn, L. 1988. Pragmatic theory. In F. J. Newmeyer (Ed.), *Linguistics: The Cambridge Survey* (pp. 113-145). Cambridge: Cambridge University Press.

Hyland, K. & Jiang, F. K. 2016. Change of attitude? A diachronic study of stance. *Written Communication*, 33(3): 251-274.

Hyland, K. 2005. Stance and engagement: A model of interaction in academic discourse. *Discourse Studies*, 7(2): 173-192.

Hymes, D. 1974. *Foundations in Sociolinguistics: An Ethnographic Approach*. Philadelphia: University of Pennsylvania Press.

Jackendoff, R. 1996. Semantics and cognition. In S. Lappin (Ed.), *The Contemporary Semantic Theory* (pp. 539-560). Oxford: Blackwell.

Jalkobson, R. 1957. *Shifters, Verbal Categories, and the Russian Verb*. Cambridge, Mass.: Harvard University Press.

Jiang, F. & Hyland, K. 2017. Metadiscursive nouns: Interaction and cohesion in abstract moves. *English for Specific Purposes*, 46: 1-14.

Johnson, E. 2005. Proposition 203: A critical metaphor analysis. *Bilingual Research Journal*, 29: 69-84.

Jowett, B. 1997. *The Dialogues of Plato: Vol. IV*. Bristol: Thoemmes Press.

Kaal, A. A. 2012. *Metaphor in Conversation*. Amsterdam: Vrije University.

Kamp, H. & Reyle, U. 1993. *From Discourse to Logic*. Dordrecht: Kluwer.

Kimmel, M. 2010. Why we mix metaphors (and mix them well): Discourse coherence, conceptual metaphor, and beyond. *Journal of Pragmatics*, 42: 97-115.

Kintsch, W. 1974. *The Representation of Meaning in Memory*. Hillsdale, NJ: Lawrence Erlbaum Associates Inc.

Kiss, E. K. (ed.). 1995. *Discourse Configurational Languages*. Oxford: Oxford University Press.

Kuno, S. 1987. *Functional Syntax: Anaphora, Discourse and Empathy*. Chicago: University of Chicago Press.

Labov, W. 1973. The boundaries of words and their meanings. In C. J. N. Bailey & R. W. Shuy (Eds.), *New Ways of Analysing Variation in English* (pp. 340-371). Washington, DC: Georgetown University Press.

Lakoff, G. 1990. The invariance hypothesis: Is abstract reason based on image-schemas?. *Cognitive Linguistics*, 1(1): 39-74.

Lakoff, G. 1993. The contemporary theory of metaphor. In A. Ortony (Ed.), *Metaphor and Thought* (pp. 202-251). Cambridge: Cambridge University Press.

Lakoff, G. & Johnson, M. 1980. *Metaphors We Live by*. Chicago: Chicago University Press.

Lakoff, G. & Turner, M. 1989. *More than Cool Reasons: A Field Guide to Poetic Metaphor*. Chicago:

University of Chicago Press.

Lamb, S. M. 1966. *Outline of Stratificational Grammar*. Georgetown: Georgetown University Press.

Lamb, S. M. 1999. *Pathways of the Brain: The Neurocognitive Basis of Language*. Amsterdam: John Benjamins Publishing Company.

Langacker, R. W. 1982. Space grammar, analysability, and the English passive. *Language*, 58(1): 22-80.

Langacker, R. W. 1987. *Foundations of Cognitive Grammar (Vol. I): Theoretical Prerequisites*. Stanford, California: Stanford University Press.

Langacker, R. W. 1988. An overview of cognitive grammar. In B. Rudzka-Ostyn (Ed.), *Topics in Cognitive Linguistics* (pp. 71-96). Amsterdam: John Benjamins Publishing Company.

Langacker, R. W. 1999. *Grammar and Conceptualization*. Berlin: Mouton de Gruyter.

Langacker, R. W. 2001. Discourse in cognitive grammar. *Cognitive Linguistics*, 12(2): 143-188.

Lee, A. & Poynton, C. M. (eds.). 2000. *Culture and Text: Discourse and Methodology in Social Research and Cultural Studies*. Lanham: Rowman & Littlefield Publishers, Inc.

Lee, D. 2001. *Cognitive Linguistics: An Introduction*. Oxford: Oxford University Press.

Leech, G. N. 1983. *Principles of Pragmatics*. London: Longman.

Leech, G. N. 1974. *Semantics*. Harmondsworth: Penguin.

Levinson, S. C. 1983. *Pragmatics*. Cambridge: Cambridge University Press.

Levinson, S. C. 1987. Pragmatics and the grammar of anaphora: A partial pragmatic reduction of binding and control phenomena. *Journal of Linguistics,* 23: 379-434.

Liao, M. 1999. Metaphor as a textual strategy in English. *Text & Talk*, 19(2): 227-252.

Locher, M. & Graham, S. L. (eds.). 2010. *Interpersonal Pragmatics*. Berlin: Mouton de Gruyter.

Lyons, J. 1981. *Language and Linguistics: An Introduction*. Cambridge: Cambridge University Press.

MacCormac, E. R. 1990. *A Cognitive Theory of Metaphor*. London: MIT Press.

Mann, W. C. & Thompson, S. 1987. Rhetorical structure theory: Toward a functional theory of text organization. *Text*, 8(3): 243-281.

Marschak, J. 1965. Economics of language. *Behavioral Science*, 10(2): 135-140.

Martin, J. R. 1992. *English Text: System and Structure*. Amsterdam: John Benjamins Publishing Company.

Matthiessen, C. 1992. Interpreting the textual metafunction. In M. Davies & L. Ravelli (Eds.), *Advances in Systemic Linguistics: Recent Theory and Practice* (pp. 37-82). London: Pinter.

McCarthy, M. & Carter, R. 1994. *Language as Discourse: Perspectives for Language Teaching*. London: Longman.

McQuade, D. & Atwan, R. 1998. *Thinking in Writing: Rhetorical Patterns and Critical Response*. Boston: McGraw-Hill.

Mey, J. L. 2001. *Pragmatics: An Introduction*. Oxford: Blackwell.

Nanny, M. & Fischer, O. 1999. *Form Miming Meaning: Iconicity in Language and Literature*. Amsterdam: John Benjamins Publishing Company.

Newmeyer, F. J. 1983. *Grammatical Theory: Its Limits and Its Possibilities*. Chicago: University of Chicago Press.

Nunan, D. 1993. *Introducing Discourse Analysis*. London: Penguin Group.

O'Driscoll, J. 2013. The role of language in interpersonal pragmatics. *Journal of Pragmatics*, 58: 170-181.

Orscherson, D. N. & Smith, E. E. 1981. On the adequacy of prototype theory as a theory of concepts. *Cognition*, 9(1): 35-58.

Overstreet, M. & Yule, G. 1997. Locally contingent categorization in discourse. *Discourse Processes*, 23(1): 83-97.

Panther, K. U. & Thornburg, L. 1998. A cognitive approach to inferencing in conversation. *Journal of Pragmatics*, 30: 755-769.

Peeters, B. 2001. Does cognitive linguistics live up to its name? In R. Dirven et al. (Eds.), *Language and Ideology (Vol. 1): Theoretical Cognitive Approaches* (pp. 83-106). Amsterdam: John Benjamins Publishing Company.

Pochhacker, F. 2003. *Introducing Interpreting Studies*. London: Routledge.

Ponterotto, D. 2000. The cohesive role of cognitive metaphor in discourse and conversation. In A. Barcelona (Ed.), *Metaphor and Metonymy at the Crossroads: A Cognitive Perspective* (pp. 283-298). Berlin: Mouton de Gruyter.

Prince, E. F. 1988. Discourse analysis: A part of the study of linguistic competence. In F. J. Newmeyer (Ed.), *Linguistics: The Cambridge Survey (Vol. II)* (pp. 164-182). Cambridge: Cambridge University Press.

Radden, G. & Kövecses, Z. 1999. Towards a theory of metonymy. In K. U. Panther & G. Radden (Eds.), *Metonymy in Language and Thought* (pp. 17-59). Amsterdam: John Benjamins Publishing Company.

Reddy, M. J. 1979/1993. The conduit metaphor: A case of frame conflict in our language about language. In A. Ortony (Ed.), *Metaphor and Thought* (pp. 164-201). Cambridge: Cambridge University Press.

Richards, J., Platt, J. & Weber, H. 1985. *Longman Dictionary of Applied Linguistics*. London: Longman.

Rosch, E. 1978. Principles of categorization. In E. Rosch & B. B. Lloyd (Eds.), *Cognition and Categorization* (pp. 27-48). Hillsdale, NJ: Lawrence Erlbaum.

Sacks, H. (ed.). 1992. *Lectures on Conversation (Vol. 1)*. Oxford: Blackwell.

Sanders, T. & Gernsbacher, M. A. 2004. Accessibility in text and discourse processing. *Discourse Processes*, 37(2): 79-89.

Sanders, T. 1997. Psycholinguistics and the discourse level: Challenges for cognitive linguistics. *Cognitive Linguistics*, 8(3): 243-265.

Sanders, T. J., Spooren, W. P, & Noordman, L. G. 1992. Toward a taxonomy of coherence relations. *Discourse Processes*, 15(1): 1-35.

Saussure, F. 1959. *Course in General Linguistics*. New York: Columbia University Press.

Schegloff, E. A. 1968. Sequencing in conversational openings. *American Anthropologist*, 70(6): 1075-1095.

Schiffrin, D. 1994. *Approaches to Discourse*. Oxford: Blackwell.

Searle, J. R. 1969. *Speech Acts: An Essay in the Philosophy of Language*. Cambridge: Cambridge University Press.

Searle, J. R. 1975. Indirect speech acts. In P. Cole & J. L. Morgan (Eds.), *Syntax and Semantics 3: Speech Acts* (pp. 59-82). New York: Academic Press.

Seleskovitch, D. & Lederer, M. 1984. *Interpréter pour Traduire*. Paris: Didier Erudition.

Smith, B. C. 1999. Computation. In R. A. Wilson & F. C. Keil (Eds.), *The MIT Encyclopedia of the Cognitive Sciences* (pp. 153-155). Cambridge, MA: MIT Press.

Smith, C. S. 2003. *Modes of Discourse: The Local Structure of Texts*. Cambridge: Cambridge University Press.

Spencer-Oatey, H. 2011. Conceptualising "the Relational" in pragmatics: Insights from metapragmatic emotion and (im)politeness comments. *Journal of Pragmatics*, 43(14): 3565-3578.

Sperber, D & Wilson, D. 1986/1995. *Relevance: Communication and Cognition*. Oxford: Blackwell.

Stubbs, M. 1983. *Discourse Analysis: The Sociolinguistic Analysis of Natural Language*. Oxford: Blackwell.

Sunderland, J. 2004. *Gendered Discourses*. New York: Palgrave Macmillan.

Taylor, J. R. 1989. *Linguistic Categorization: Prototypes in Linguistic Theory*. Oxford: Clarendon Press.

Taylor, J. R. 2002. *Cognitive Grammar*. Oxford: Oxford University Press.

Thomas, J. 1991. *Pragmatics: Lecture Notes*. Lancashire: Lancaster University.

Thomas, J. 1995. *Meaning in Interaction: An Introduction to Pragmatics*. London: Longman.

Thornborrow, J. 2002. *Power Talk: Language and Interaction in Institutional Discourse*. Harlow: Longman.

Tracy, K. 2005. Reconstructing communicative practices: Action-implicative discourse analysis. In K. Fitch & R. Sanders (eds.). *Handbook of Language and Social Interaction* (pp. 301-318). Mahwah, NJ: Lawrence Erlbaum.

Tracy, K., Ilie, C. & Sandel T. 2015. *The International Encyclopedia of Language and Social Interaction*. Boston: John Wiley & Sons.

Traugott, E. C. 2003. From subjectification to intersubjectification. In R. Hiekey (Ed.), *Motives for Language Change* (pp. 124-140). Cambridge: Cambridge University Press.

Traugott, E. C. 2010. (Inter) subjectivity and (inter) subjectification: A reassessment. In K. Davidse, L. Vandelanotte & H. Cuyckens (Eds.), *Subjectification, Intersubjectification and Grammaticalization* (pp. 29-74). Berlin, New York: Mouton de Gruyter.

Traugott, E. C. & Dasher R. B. 2002. *Regularity in Semantic Change*. Cambridge: Cambridge University Press.

Ungerer, F. & Schmid H. J. 1996. *An Introduction to Cognitive Linguistics*. London: Longman.

van Dijk, T. A. 1972. *Some Aspects of Text Grammars*. The Hague: Mouton.

van Dijk, T. A. 1977. *Text and Context: Explorations in the Pragmatics of Discourse*. London: Longman.

van Dijk, T. A. 1993. Principles of critical discourse analysis. *Discourse & Society*, 4(2): 249-283.

van Dijk, T. A. 1997. *Discourse Studies: A Multidisciplinary Introduction*. London: Sage.

van Dijk, T. A. 1999. Discourse Studies: A new multidisciplinary journal for the study of text and talk. *Discourse Studies*, 1(1): 5-6.

van Dijk, T. A. 2001. Critical discourse analysis. In D. Schiffrin., D. Tannen. & H. E. Hamilton

(Eds.), *The Handbook of Discourse Analysis* (pp. 352-371). Malden, MA: Blackwell.

van Dijk, T. A. 2008. *Discourse and Context: A Socio-cognitive Approach.* Cambridge: Cambridge University Press.

van Dijk, T. A. 2014. *Discourse and Knowledge: A Sociocognitive Approach.* Cambridge: Cambridge University Press.

van Hoek, K., Kibrik, A. & Noordman, L. G. M. 1999. *Discourse Studies in Cognitive Linguistics.* Amsterdam: John Benjamins Publishing Company.

Verhagen, A. 1995. *Constructions of Intersubjectivity: Discourse, Syntax, and Cognition.* Oxford: Oxford University Press.

Verschueren, J. 2000. *Understanding Pragmatics.* Beijing: Foreign Language Teaching and Research Press.

Walker, M. A., Joshi, A. K. & Prince, E. F. 1998. *Centering Theory in Discourse.* Oxford: Clarendon Press.

Walsh, C. 2001. *Gender and Discourse: Language and Power in Politics, the Church and Organizations.* London: Routledge.

Weatherall, A. 2002. *Gender, Language and Discourse.* London: Routledge.

Werth, P. 1999. *Text Worlds: Representing Conceptual Space in Discourse.* New York: Pearson Education Limited. Widdowson, H. G. 1978. *Teaching Language as Communication.* Oxford: Oxford University Press.

Wilkins, D. A. 1972. *Notional Syllabuses.* London: Oxford University Press.

Wilson, J. 2001. Political discourse. In D. Schiffrin., D. Tannen. & H. E. Hamilton (Eds.), *The Handbook of Discourse Analysis* (pp. 398-415). Malden, MA: Blackwell.

Wodak, R. & Meyer, M. 2001. *Methods of Critical Discourse Analysis.* London: Sage.

Zimmer, K. E. 1966. Cartesian linguistics: A chapter in the history of rationalist thought by Noam Chomsky. *Philosophical Review,* 77(2): 201-204.

后　　记

　　"主体可及性"是一个新术语，系笔者多年来从事认知话语分析工作凝结而成的研究理念，并非一时心血来潮盲目杜撰出来的标新立异之词。对于话语主体之间的可及关系和主体可及程度的描写与阐释是笔者近年来的主攻方向，并以此为课题成功申请到了国家社会科学基金项目。

　　相较于现有的话语研究范式，本书的主要价值在于把"语境"和"话语"这两个要素系统地置于"参与者（主体）"的框架内进行研究，将言语交际的表层和深层研究以及主体认知的静态与动态分析相融合，并充分改进现有的话语分析理论与认知分析方法，提出"主体可及性"话语分析理论，进而构建一个既适用于书面语篇又适用于口语文本的多维度话语认知分析模式。

　　在此基础上，本书拟将主体可及性分析框架深入地运用到语言教学等相关领域，力图对语言教学思维的转变、教学大纲的设计与执行、课程设置方案、教学测试与评价的标准等问题有一定的实际操作与应用价值。

　　由于书中提出的话语分析模式与传统相关理论存在较大差异，本书在撰写过程中遇到了很多前所未有的困难与挑战，如话语主体可及关系的认知本质、话语主体可及研究的理论框架、话语主体可及性大小的评估方法、主体可及理论视角下的话语分析程序、两次主体可及的发生过程与联系、两次主体可及对于同一话语（当前话语）构建方式的差异、语境可及与言语可及的对应关系以及两者的体现层级在话语分析中的作用、两次主体可及分别在话语连贯和交际连贯中的具体表现以及对于不同类型连贯标准的制定、基于话语主体可及理论的交际型语言教学大纲设计思路以及评价标准的重构等，上述种种难题曾使得本书的撰写一度举步维艰，不过这些"硬骨头"后来都被笔者"啃"下来了，现在回想起来，也是感慨万千，学术创新之路充满了荆棘。

　　当然，由于笔者水平所限，书中难免存在不足之处，很多理论观点的提出都是初步探索性的。笔者在此恳请广大学界同人不吝赐教，多多批评指正，让我们一同继续深入考察认知话语分析的新思路和新方法。

张　玮
2024 年 9 月